Europe

OF THE EUROPEAN UNION

Comparison with the principal partners of the European Union

33rd edition

Cataloguing data can be found at the end of this publication
Information on methodology can be obtained from the following persons:

Unit	Authors	Contributions/Tables
National accounts	J.-P. Arnotte (B2)	2.1 to 2.4, 2.6, 2.7, 2.29b
	L. Debaisieux (B2)	2.1 to 2.4, 2.6, 2.7, 2.29b
	J. Fenat (B2)	2.5, 2.8, 2.9
	J. Hubertus (B2)	2.10, 2.10a
Consumer prices	P. Eckefeldt (B3)	2.43
Finance	S. Warton Woods (B4)	2.28 to 2.37
Balance of payments	A. Avdoulos (B5)	2.38 to 2.42
External trade	P. Wolff (C4)	6.1 to 6.13
	C. Kelhetter (C4)	6.1 to 6.13
	J. Kolber (C4)	6.1 to 6.13
Energy and raw materials	N. Roubanis (D1)	4.15 to 4.32
	J. Welliong (D1)	4.2, 4.3, 4.5 to 4.13
Industry, iron and steel	M. Sauber (D2)	4.11 to 4.14
	B. Feldmann (D2)	4.1 to 4.14
	G. Di Giacomo (D2)	4.33 to 4.36
Research and development	V. Dekanel (D3)	2.11, 2.11a
	M. Pino (D3)	2.11, 2.11a
Distributive trades, services and transport	M. Loos (D4)	7.12
	C. Simon-Lacroix (D4)	7.1
	A. Fohr (D4)	7.2
	H. Strelow (D4)	7.3 to 7.11
	J.-D. Guinoiseau (D4)	7.5
Population, migration, employment and unenployment	T. Chrissanthaki (E1)	3.1, 3.10 to 3.13
	A. Persenaire (E1)	3.15 to 3.22
Living conditions of households	T. Bento (E2)	3.31 to 3.37
Working conditions	A. Nobre (E3)	3.38 to 3.44
	R. Harris (E3)	3.14
Regional indicators	A. Baigorri (E4)	2.12 to 2.27
	S. Gouvras (E4)	3.2 to 3.9, 3.23 to 3.30
Agricultural accounts and structures	K. Rais (F1)	5.15 to 5.19
	P. Bascou (F1)	5.22 to 5.26
	G. Mahon (F1)	5.20, 5.21
Agricultural products and fisheries	H. Utz (F2)	5.1 to 5.4
	J. Hoffmann (F2)	5.5
	P. Platte (F2)	5.8, 5.10
	E. Detje (F2)	5.6
	H.-F. Fank (F2)	5.7, 5.13, 5.14
	J.-P. Esch (F2)	5.9, 5.11, 5.12
	D. Cross (F2)	5.27 to 5.29
Environment	D. Heal (F3)	8.1a to 8.6b
EFTA Secretariat	R. Delémont	EFTA data

Luxembourg: Office for Official Publications of the European Communities, 1997
ISBN 92-827-8495-9
© ECSC-EC-EAEC, Brussels • Luxembourg, 1997
Reproduction is authorized, except for commercial purposes, provided the source is acknowledged
Printed in Germany

FOREWORD

The task of Eurostat, the Statistical Office of the European Communities, is to provide the Commission and all the citizens of Europe, via the European statistical system, with the statistical information that is essential for understanding European society and for taking decisions.

In order to make this information available to as wide a public as possible, Eurostat disseminates general publications, specialized statistical documents, CD ROMs and electronic products.

The aim of this 33rd edition of Basic Statistics of the European Union is to meet the needs of all those who would like to get to know the European Union and its neighbours better. It compares the major aspects of all the EU Member States, other European countries, the United States, Canada, Japan and the CIS.

It contains, for the first time, data made available to Eurostat by the member countries of Cestat (Central Europe cooperation in statistics): the Czech Republic, Slovakia, Poland and Hungary.

Basic Statistics of the European Union does not contain commentaries. The *Eurostat Yearbook*, however, contains commentaries on an even wider range of annual indicators of virtually all aspects of European life. Eurostat also publishes *Europe in Figures,* reaffirming one of the main purposes of statistics: to explain! Lastly, *Facts through Figures* is intended for a wide public and presents the most important details of life in Europe.

Yves Franchet
Director-General

For further information, please contact:

Data Shop Eurostat Luxembourg
2, rue Jean Engling
L-1466 Luxembourg Dommeldange
Tél. (352) 43 35-2251
Fax (352) 43 35-22221

Data Shop Eurostat Bruxelles
Rue Joseph II 121
Bureau 3/235
B-1049 Bruxelles
Tél. (32-2) 299 66 66
Fax (32-2) 295 01 25

Data Shop Paris
INSEE INFO SERVICE
195, Rue de Bercy
Tour Gamma A
F-75582 Paris Cedex 12
Tél: (33) 1 53 17 89 32
Fax: (33) 1 53 17 88 22

Data Shop New York
HAVER ANALYTICS
60 East 42nd Street
Suite 2424
New York, NY 10165
Tél: (1) 212 986 93 00
Fax: (1) 212 986 58 57

NOTE TO USERS

In this publication, data with monetary values are generally expressed in European currency units, ecus.
The ecu is a 'basket' unit, based on the market exchange rates of a certain quantity of each Community currency.

It must be emphasized that the monetary parities do not reflect the relations between the domestic purchasing powers of the currencies. For this reason, a comparison of the values in ecu of the individual countries cannot be regarded as providing a measure of the differences in real levels between countries. In order to take this phenomenon into account, some figures, especially data on per capita GDP, are given in a unit (PPS = purchasing power standard) which cancels out differences in price levels and can be used to make comparisons in real terms. The last price survey taken as the basis for calculating the PPS contained in this publication was carried out in 1990; the results were extrapolated back to 1960. For this reason (and also due to the change of reference year for the numéraire, which is now 1990 instead of 1975) the data on PPS in this publication are no longer comparable to those of previous publications.

Furthermore, the abolition of customs formalities on 1 January 1993 and the introduction of a new system called 'Intrastat' gave rise to an unprecedented upheaval in the methods of compiling intra-Community trade statistics. The changes of definition, the direct collection of data from enterprises and these enterprises' non-response rate are all factors which impair the comparability of the results with those of previous periods.

As far as the sources of the data are concerned, it should be noted that, except where otherwise indicated below the table in question, data relating to European Union Member States come from Eurostat publications; those concerning third countries are generally taken from the publications of the United Nations Statistical Office or of the Organization for Economic Cooperation and Development (OECD) and from national statistical yearbooks.

For the Commonwealth of Independent States, some tables have been extended with figures for CIS as a whole and for Russia as one of the most important States.

SYMBOLS AND ABBREVIATIONS USED

–	nil
0	datum less than half the unit used
:	not available
*	estimate
x	multiply by
<	less than
>	more than
≥	greater than or equal to
%	percentage
% AT	percentage change
‰	per thousand
CO_2	carbon dioxide
Mio	million
Mrd	1 000 million
Mio t	millions of tonnes
km	kilometre
ha	hectare
sq. km	square kilometre (Km^2)
m^3	cubic metre
kg	kilogram
NOx	nitrous oxide
SOx	sulphur oxide
t	tonne
t = t	tonne for tonne
tkm	tonne-kilometre
tep	tonne of oil equivalent
hl	hectolitre
GCV	gross calorific value
TJ	terajoule = 10^9 kilojoules
kJ	kilojoule
FTE	full-time equivalent
kWh	kilowatt-hour
GWh	gigawatt-hour = 10^6 kWh
MW	megawatt = 10^3 kilowatt
Ø	average
⊕	world

ECU	European currency unit
BEF	Belgian franc
DKK	Danish crown
DEM	German mark
GRD	Drachma
PTE	Escudo
FRF	French franc
NLG	Dutch guilder
IEP	Irish pound
LUF	Luxembourg franc
ITL	Italian lira
ESP	Peseta
GBP	Pound sterling
CAD	Canadian dollar
FIM	Finnish markka
ISK	Icelandic crown
NOK	Norwegian krone
ATS	Schilling (Austria)
SUR	Rouble
CHF	Swiss franc
SEK	Swedish krona
USD	US dollar
JPY	Japanese yen
CZ	Czech Republic
HU	Hungary
PL	Poland
SK	Slovak Republic
CSK	Czechoslovak crown
SKK	Slovak crown
CZK	Czech crown
HUF	Hungarian forint
PLZ	Polish zloty
SDR	Special drawing right
AA	Agricultural area
ACP	African, Caribbean and Pacific countries parties to the Lomé Convention
BLEU	Belgo-Luxembourg Economic Union
cif	Cost, insurance and freight
CIS	Commonwealth of Independent States
CST	Statistical and tariff classification for international trade
EC	European Communities
ECSC	European Coal and Steel Community
EEA	European Economic Area

EUR 12	Total of Member States of the EC (pre–1995)
EUR 15	Total of Member States of the EU
Eurostat	Statistical Office of the European Communities
Esspros	European system of integrated social protection statistics
FAO	Food and Agricultural Organization
fob	Free on board
GDP	Gross domestic product at market prices
IATA	International Air Transport Association
IEA	International Energy Agency
ILO	International Labour Office
IMF	International Monetary Fund
NACE	General industrial classification of economic activities within the European Communities (See Table 3.41)
NUTS	Nomenclature of territorial units for statistics (see p. 8)
OCTs	Overseas countries and territories
OECD	Organization for Economic Cooperation and Development
PPS	Purchasing power standard
R&D	Research and development
SITC	Standard international trade classification (Eurostat)
UAA	Utilized agricultural area
UN	United Nations

GLOSSARY

Belgique/België (B) = Belgium
Danmark (DK) = Denmark
Deutschland (D) = Germany
Ελλάδα (EL) = Greece
España (E) = Spain
France (F) = France
Ireland (IRL) = Ireland
Italia (I) = Italy
Luxembourg (L) = Luxembourg
Nederland (NL) = Netherlands
Österreich (A) = Austria
Portugal (P) = Portugal
Suomi/Finland (FIN) = Finland
Sverige (S) = Sweden
United Kingdom (UK) = United Kingdom

Island (ISL) = Iceland
Norge (NOR) = Norway
Schweiz/Suisse (CHE) = Switzerland
Russia (RUS) = Russia
USA = United States of America
Canada (CAN) = Canada
Nippon (JPN) = Japan

ΕΛΛΑΔΑ

Βόρεια Ελλάδα
    Ανατολική Μακεδονία, Θράκη
    Κεντρική Μακεδονία
    Δυτική Μακεδονία
    Θεσσαλία

Κεντρική Ελλάδα
    Ήπειρος
    Ιόνια Νησιά
    Δυτική Ελλάδα
    Στερεά Ελλάδα
    Πελοπόννησος

Αττική

Νησιά
    Βόρειο Αιγαίο
    Νότιο Αιγαίο
    Κρήτη

GREECE

Northern Greece
    Eastern Macedonia, Thrace
    Central Macedonia
    Western Macedonia
    Thessaly

Central Greece
    Epirus
    Ionian Islands
    Western Greece
    Sterea
    Peloponnese

Attica

Islands
    North Aegean
    South Aegean
    Crete

NUTS

The nomenclature of territorial units for statistics was drawn up jointly by Eurostat and the other Commission departments in order to provide a single and coherent territorial breakdown for the compilation of EU regional statistics.

CONTENTS

1. GENERAL STATISTICS

Illustrations

1.1.	Area, population, density per square kilometre	19
1.2.	Gross domestic product per head, volume	20
1.3.	Volume index of GDP per head	21
1.4.	Civilian employment	22
1.5.	Evolution of unemployment levels	23
1.6.	Average gross hourly earnings of manual workers	24
1.7.	Energy — Net imports	25
1.8.	Energy — Gross inland consumption	26
1.9	Crude-steel production	27
1.10.	Crop production	28
1.11.	Consumption of cereals	29
1.12.	Animal consumption	30
1.13.	Consumption of beef and veal	31
1.14.	EU index of producer prices of agricultural products, EU index of purchase prices of the means of agricultural production	32
1.15.	EU index of producer prices of agricultural products — EUR 15, EU index of purchase prices of the means of agricultural production — EUR 15	33
1.16.	Relative importance of the imports-exports from the EU	34
1.17.	External trade of the EU	35
1.18.	Per capita carbon dioxide emissions from fossil fuels	36
1.19.	Quantity of municipal waste, kg/per head of population	37

2. ECONOMY AND FINANCE

National accounts

2.1.	Gross domestic product at market prices	41
2.2.	Gross domestic product at market prices per head	42
2.3.	Volume indices of gross domestic product at market prices	43
2.4.	Annual rates of growth of gross domestic product at market prices	44
2.5.	Gross value-added at market prices by branch	45
2.6.	Cost structure of gross domestic product at market prices	46
2.7.	Use of gross domestic product at market prices	47
2.8.	Final consumption of households per inhabitant, by purpose	48
2.9.	Gross fixed capital formation by product	52
2.10.	Taxes and social contributions	53
2.10a.	General government net lending (+) or net borrowing (−) in % of GDP	54

Research and development

2.11.	Total public budgetary appropriations for R&D	55
2.11a.	Research and development staff	59
2.11b.	Gross domestic expenditure on R&D	63

Regional accounts

2.12.	Gross domestic product at market prices: regional indicators (B, DK)	66
2.13.	Gross domestic product at market prices: regional indicators (D)	67
2.14.	Gross domestic product at market prices: regional indicators (EL)	69
2.15.	Gross domestic product at market prices: regional indicators (E)	70
2.16.	Gross domestic product at market prices: regional indicators (F)	71
2.17.	Gross domestic product at market prices: regional indicators (IRL, I)	73
2.18.	Gross domestic product at market prices: regional indicators (L, NL, A, P, FIN, S)	74
2.19.	Gross domestic product at market prices: regional indicators (UK)	76
2.20.	Gross value-added at market prices by branch (B, DK) (%)	77
2.21.	Gross value-added at market prices by branch (D) (%)	78
2.22.	Gross value-added at market prices by branch (EL) (%)	80
2.23.	Gross value-added at market prices by branch (E) (%)	81
2.24.	Gross value-added at market prices by branch (F) (%)	82
2.25.	Gross value-added at market prices by branch (IRL, I) (%)	84
2.26.	Gross value-added at market prices by branch (L, NL, A, P, FIN, S) (%)	85
2.27.	Gross value-added at market prices by branch (UK) (%)	87

Finance

2.28.	Money market rates	88
2.29.	Conversion rates	90
2.30.	Central government debt	92
2.31.	Money supply (Mio ECU)	93
2.32.	Money supply: M1 (national currencies)	94
2.33.	Financial market rates (yearly averages)	96
2.34.	Index of share prices	98
2.35.	Foreign official reserves of convertible currencies	99
2.36.	Foreign official reserves	100
2.37.	Balance of payments by main heading–balance	102

Balance of payments

2.38.	Transport–balance	104
2.39a.	Travel–balance	105
2.39b.	Other services–balance	106
2.40.	Merchandise trade balance (fob/fob)–balance	107
2.41.	Current–balance	108
2.42.	Reserves–balance	109

Prices

2.43.	Consumer price index	110

3. POPULATION AND SOCIAL CONDITIONS

Population

3.1.	Area, population, density per square kilometre and estimated population growth	123
3.2.	Area and regional population (EUR 15, B, DK)	124
3.3.	Area and regional population (D)	125
3.4.	Area and regional population (EL)	127
3.5.	Area and regional population (E)	128
3.6.	Area and regional population (F)	129
3.7.	Area and regional population (IRL, I)	131
3.8.	Area and regional population (L, NL, A, P, FIN, S)	132
3.9.	Area and regional population (UK)	133
3.10.	Population by age and sex—yearly average (1 000)	136
3.11.	Population by age and sex—yearly average (% of total)	138
3.12.	Births, marriages and deaths	140
3.13.	Size of private households	141

Education and training

3.14.	Number of pupils and students by level of education	142

Employment

3.15.	Working population and employment	146
3.16.	Civilian employment by occupational status	147
3.17.	Civilian employment by main sectors of economic activity (1 000)	148
3.18.	Civilian employment by main sectors of economic activity (%)	149
3.19.	Employees by economic activity	150
3.20.	Normal weekly hours worked by full-time and part-time employees	152
3.21.	Unemployment	154
3.22.	Unemployment rates (annual averages in %)	156
3.23.	Unemployment rates (EUR 15, B, DK)	157
3.24.	Unemployment rates (D)	158
3.25.	Unemployment rates (EL)	160
3.26.	Unemployment rates (E)	161
3.27.	Unemployment rates (F)	162
3.28.	Unemployment rates (IRL, I)	164
3.29.	Unemployment rates (L, NL, A, P, FIN, S)	165
3.30.	Unemployment rates (UK)	167

Social protection

3.31.	Current expenditure on social protection as percentage of GDP at market prices	168
3.32.	Current expenditure on social protection per inhabitant—Total population	169
3.33.	Current expenditure on social protection per inhabitant	170
3.34.	Esspros—Current expenditure by type	172
3.35.	Esspros—Current receipts by type	176
3.36.	Esspros—Social protection benefits by type	178
3.37.	Esspros—Current receipts by sector of origin	182

Wages and salaries

3.38.	Indices of real wages in industry (average gross hourly earnings of manual workers — males and females)	186
3.39.	Indices of wages in industry (average gross hourly earnings of manual workers — males and females)	187
3.40.	Wages in industry (average gross hourly earnings of manual workers)	189

3.41.	Average gross hourly earnings in industry — Manual workers (males and females)	191
3.42.	Hourly labour costs in industry (manual and non-manual workers)	192
3.43.	Structure of labour costs in industry (manual and non-manual workers)	194
3.44.	Average gross hourly earnings in agriculture	196

4. ENERGY AND INDUSTRY

Industrial production

4.1.	General indices of industrial production	201
4.2.	Production of copper, lead and zinc ores, bauxite and potash	202
4.3.	Production of aluminium, copper, lead, zinc and tin	203
4.4.	Raw materials supply (consolidated balance sheets)	204
4.5.	Production of cement	208
4.6.	Production of certain basic chemicals	209
4.7.	Chemicals: production of ammonia, fertilizers and plastics	210
4.8.	Motor vehicles, production and assembly	211
4.9.	Merchant vessels under construction and launched	212
4.10.	Production of man-made fibres	213
4.11.	Production of cotton and woollen yarns and fabrics	214
4.12.	Production of tobacco	215
4.13.	Production of wood pulp, paper and board	216
4.14.	Building: number of dwellings completed	217

Energy

4.15.	Production of primary energy by source	218
4.16.	Production of primary energy	219
4.17.	Energy trade	220
4.18.	Inland consumption of energy	221
4.19.	Inland consumption of energy by source	222
4.20.	Proportion of different sources of primary energy in inland consumption	223
4.21a.	Consumption of energy per head—Gross inland consumption	224
4.21b.	Consumption of energy per head—Consumption by industry	225
4.21c.	Consumption of energy per head—Consumption by transport	226
4.21d.	Consumption of energy per head—Consumption by households, commerce and services, etc.	227
4.22.	Net imports/Gross inland consumption + bunkers (%)	228
4.23.	Coal—Total production	229
4.24.	Coal, lignite, coke-oven coke	230
4.25.	Crude oil	231
4.26.	Net production of petroleum products	232
4.27.	Petroleum products—Total production	234
4.28.	Net imports of petroleum (crude oil and petroleum products)	235
4.29.	Natural gas—Production	236
4.30.	Natural gas	237
4.31.	Electrical energy—Total net production	238
4.32.	Production of electrical energy	239

Iron and steel

4.33.	Output of iron ore	240
4.34.	Production of pig iron, steel and finished rolled products	241
4.35.	Consumption of steel per head of population	242
4.36.	Production of crude steel	243

5. AGRICULTURE, FORESTRY AND FISHERIES

Production

5.1.	Principal categories of land use	247
5.2.	Subdivision of the utilized agricultural area	248
5.3.	Yields of some principal crops from arable land	252
5.4.	Production of cereals	256
5.5a.	Production of selected agricultural commodities	257
5.5b.	Production of selected agricultural commodities	258
5.6.	Livestock	259
5.7.	Meat production	260
5.8.	Production of cow milk, milk products and eggs	261

Consumption

5.9.	Consumption of selected vegetable products	262
5.10.	Consumption of selected animal products	263

Balances

5.11.	Cereal supply balance sheets	264
5.12.	Sugar and wine supply balance sheets	268
5.13.	Meat supply balance sheets	272
5.14.	Degree of self-sufficiency	276

Structure

5.15.	Agricultural holdings of by size group	280
5.16.	Utilized agricultural area (UAA) on holdings by size group	284
5.17.	Survey on the structure of agricultural holdings—Land use, animal breeding, labour force	288
5.18.	Survey on the structure of agricultural holdings—Holdings broken down by type of farming and economic size class	292
5.19.	Wooded area and timber production	294

Prices

5.20.	EU indices of agricultural prices—Nominal indices	295
5.21.	EU indices of agricultural prices—Deflated indices	296

Economic accounts

5.22.	Agricultural accounts (current prices and exchange rates)	298
5.23.	Agricultural accounts—Volume index numbers	300
5.24.	Forestry accounts	302
5.25.	Forestry accounts—Volume index numbers	304
5.26.	Total volume of work in agriculture in annual work units (AWU)	306

Fisheries

5.27.	Catches by fishing region	307
5.28.	Fisheries: foreign trade and consumption	308
5.29.	Average prices of certain species of fish (ECU/kg)	309

6. FOREIGN TRADE

External trade

6.1.	Importance of trade..	313
6.2.	Evolution of total imports...	314
6.3.	Evolution of total exports...	315
6.4.	Evolution of trade balance...	316
6.5.	The EU's share of the main non-member countries' trade..	317
6.6.	Evolution of intra-Community arrivals...	320
6.7.	Evolution of intra-Community consignments..	321
6.8.	Imports by partner country (Mio ECU) (%)..	322
6.9.	Exports by partner country (Mio ECU) (%)...	324
6.10.	Imports by commodity class (Mio ECU) (%)...	326
6.11.	Exports by commodity class (Mio ECU) (%)...	328
6.12.	Volume indices by SITC, Rev. 3..	330
6.13.	Unit value indices by SITC, Rev. 3..	332

7. SERVICES AND TRANSPORTS

Services

7.1.	Television sets and telephones in use...	337
7.2.	Index numbers of retail sales volume..	339

Transport

7.3.	Railways: length of line, passenger-kilometres and tonne-kilometres..	342
7.4.	Rail freight traffic..	343
7.5.	Inland waterways...	344
7.6.	Civil aviation of principal airline companies..	345
7.7.	Maritime fleets..	346
7.8.	Merchant shipping...	347
7.9.	Length of road network by administrative category..	348
7.10.	Motor vehicles in use...	349
7.11.	Road traffic accidents..	350

Tourism

7.12.	Hotels and other establishments...	354

8. ENVIRONMENT

Environment

8.1a.	Water indicators — Fresh-water abstraction..	361
8.1b.	Water indicators — Population served by Municipal Sewage treatment (% of total population)...	362
8.1c.	Water indicators — Compliance of the total coliform values with the bathing water directive (76/160/EEC)..	363
8.2.	Carbon dioxide emissions (CO_2) from fossil fuels..	364
8.3a.	Air pollution indicators: SO_2 — Sulphur dioxide emissions (SO_2) by sector.......................	366
8.3b.	Air pollution indicators: SO_2 — Per capita SO_2 emissions...	368
8.4a.	Air pollution indicators: NO_x — Emissions of nitroxious oxydes (NO_x) by emitting sector...	369
8.4b.	Air pollution indicators: NO_x — NO_x emissions per capita...	371
8.5a.	Waste indicators — Generation of municipal waste..	372
8.5b.	Waste indicators — Recycling of paper and glass as compared with apparent consumption...........	373
8.6a.	Agriculture — Consumption of commercial fertilizers in agriculture......................................	374
8.6b.	Agriculture — Sales of pesticides for use in agriculture...	376

Statistical supplement: Liechtenstein.. 380
                Annex... 381

General statistics

General statistics

1.1. Area, population, density per square kilometre – 1996

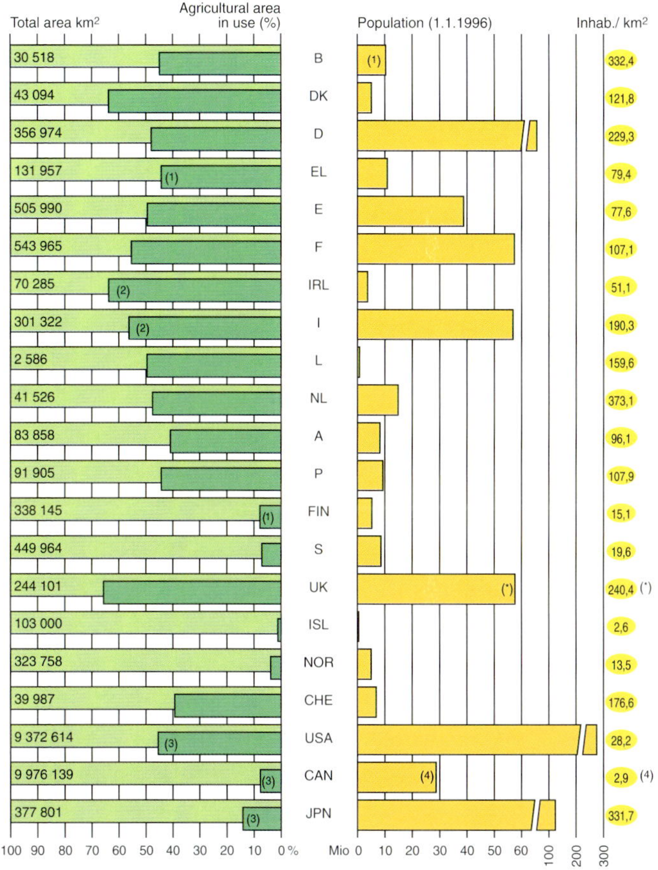

Total area km²	Agricultural area in use (%)		Population (1.1.1996) Mio	Inhab./km²
30 518		B	(1)	332,4
43 094		DK		121,8
356 974		D		229,3
131 957	(1)	EL		79,4
505 990		E		77,6
543 965		F		107,1
70 285	(2)	IRL		51,1
301 322	(2)	I		190,3
2 586		L		159,6
41 526		NL		373,1
83 858		A		96,1
91 905		P		107,9
338 145	(1)	FIN		15,1
449 964		S		19,6
244 101		UK	(*)	240,4 (*)
103 000		ISL		2,6
323 758		NOR		13,5
39 987		CHE		176,6
9 372 614	(3)	USA		28,2
9 976 139	(3)	CAN	(4)	2,9 (4)
377 801	(3)	JPN		331,7

¹ 1993. ² 1992. ³ 1991. ⁴ 1.1.1995.

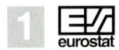

1.2. Gross domestic product per head, volume (PPS) (1)

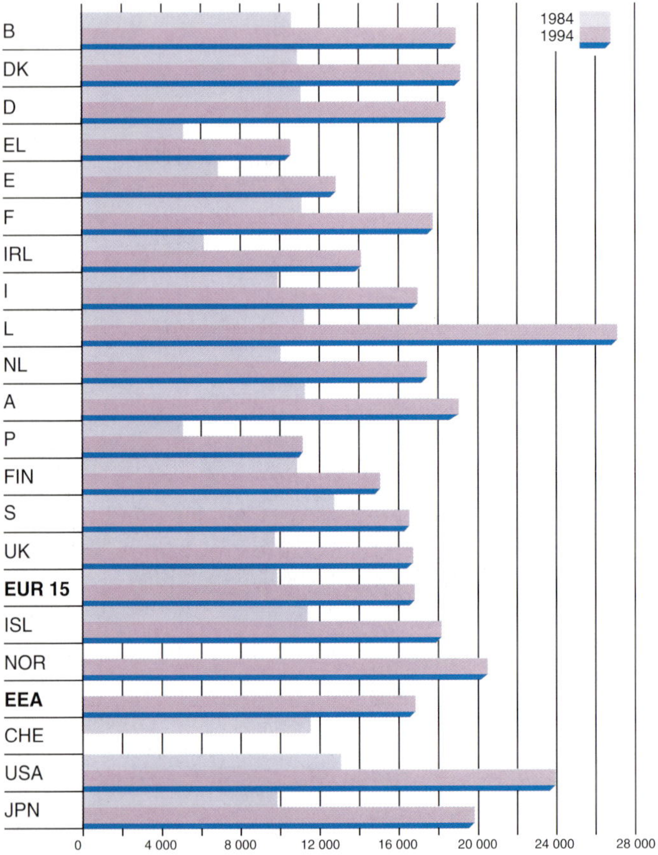
1984
1994
B
DK
D
EL
E
F
IRL
I
L
NL
A
P
FIN
S
UK
EUR 15
ISL
NOR
EEA
CHE
USA
JPN
0
4 000
8 000
12 000
16 000
20 000
24 000
28 000

1 See explanation, page 4.

General statistics

1.3. Volume index of GDP per head

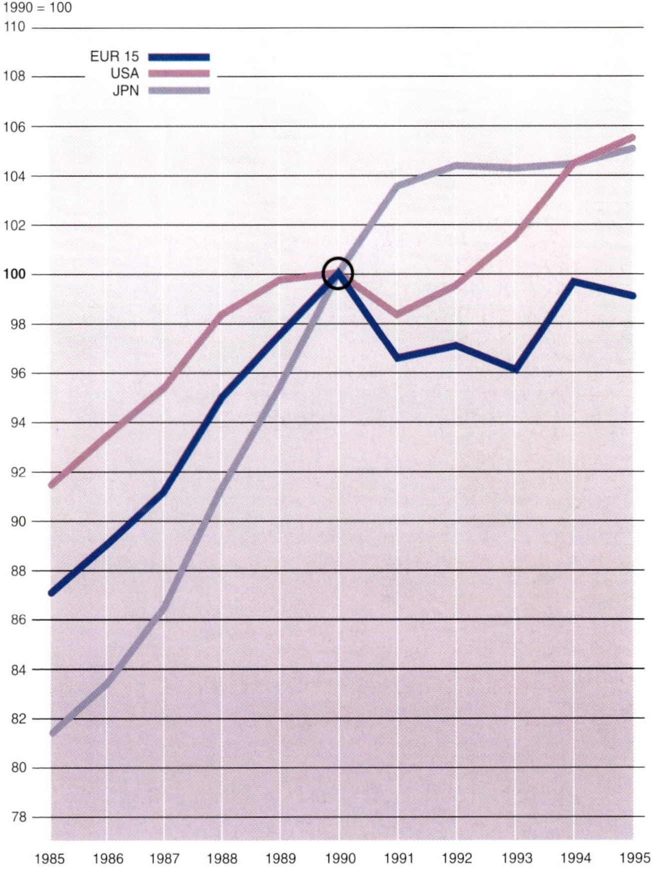

1.4. Civilian employment by main sectors of economic activity
(spring 1994)

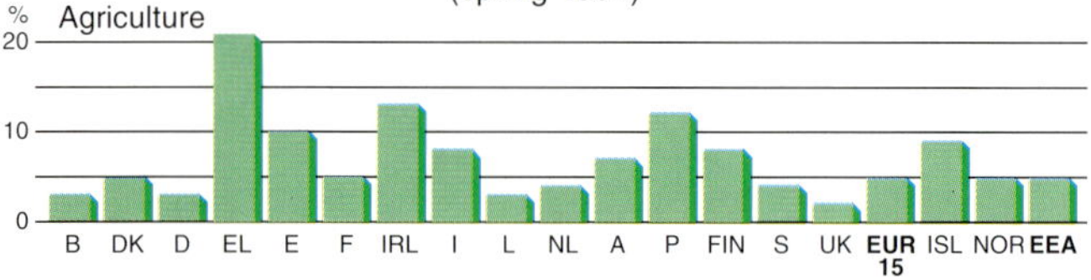

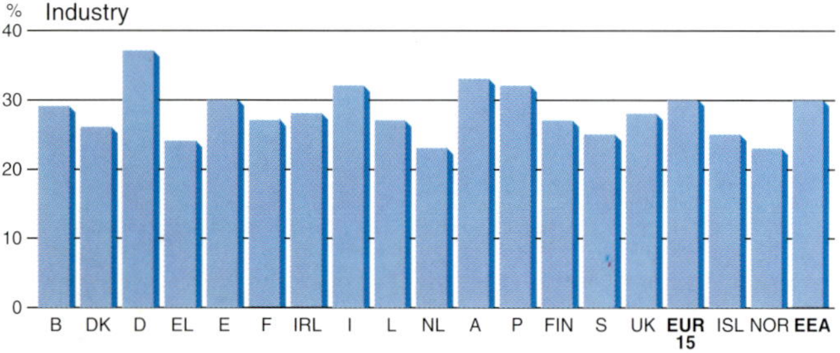

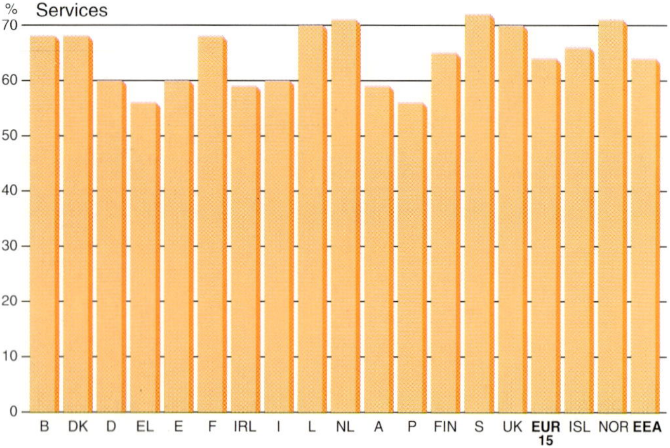

General statistics

1.5. Evolution of unemployment levels – 1985-1995

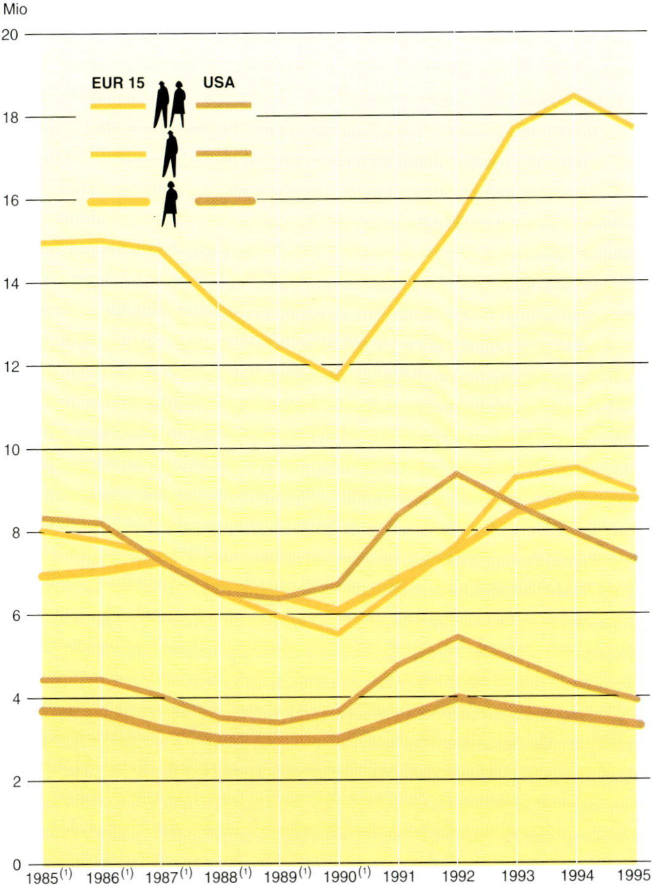

EUR 15   USA

¹ EUR 12.

General statistics

1.6. Average gross hourly earnings of manual workers expressed in ECU (¹)

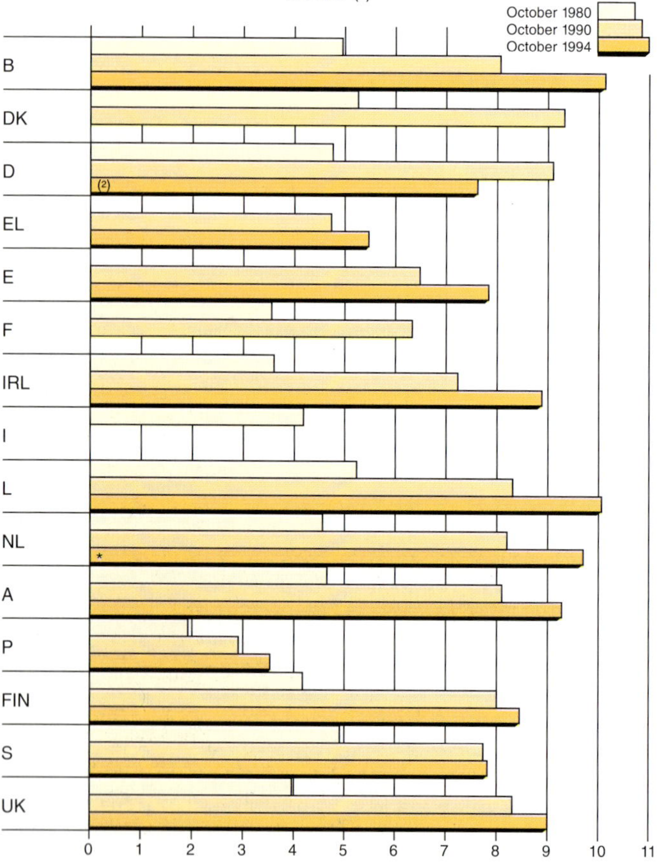

October 1980
October 1990
October 1994

B
DK
D (²)
EL
E
F
IRL
I
L
NL *
A
P
FIN
S
UK

¹ Except NACE 70, 16 and 17.
² Break in series.

General statistics

1.7. Energy – Net imports

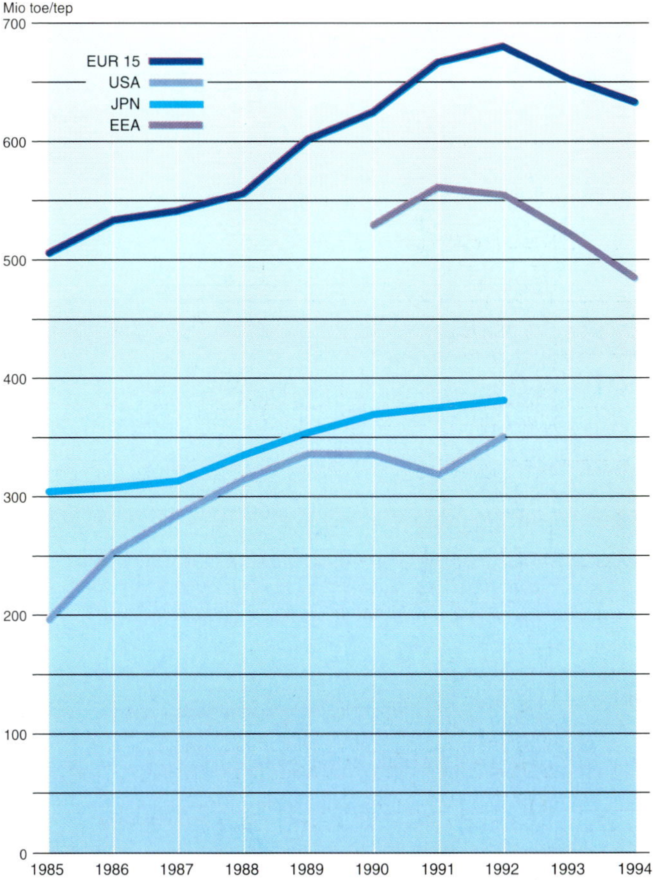

1.8. Energy – Gross inland consumption

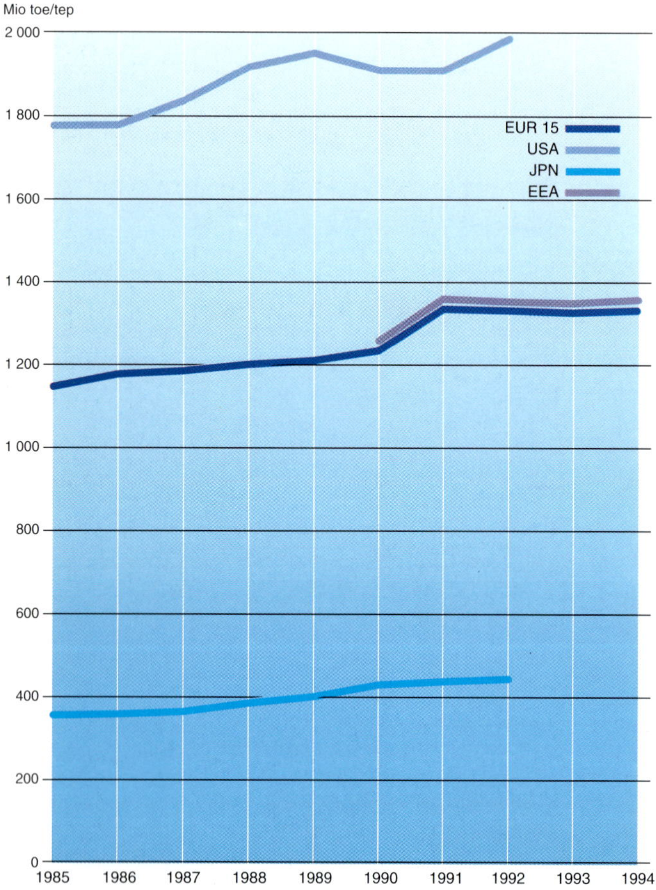

Mio toe/tep

General statistics

1.9. Crude-steel production

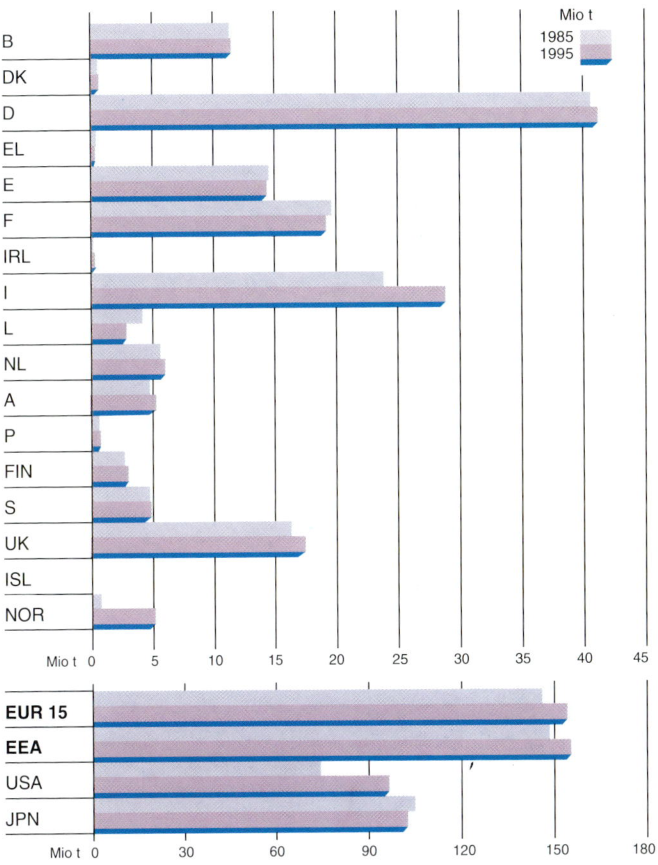

Mio t
- 1985
- 1995

General statistics

1.10. Crop production – 1991-1993

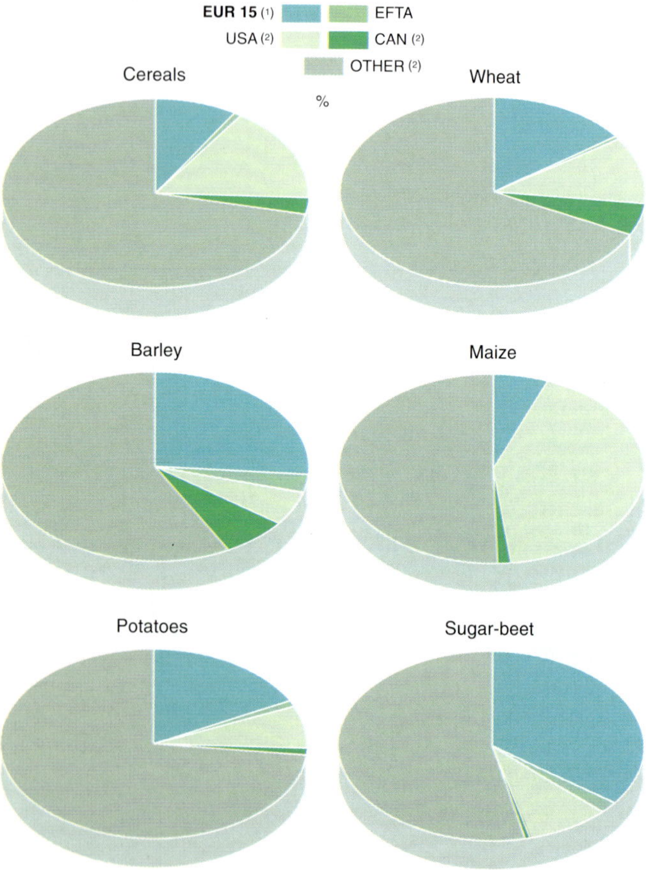

EUR 15 (1) EFTA
USA (2) CAN (2)
OTHER (2)

%

Cereals

Wheat

Barley

Maize

Potatoes

Sugar-beet

1 EUR 12.   2 *Source:* FAO.

General statistics

1.11. Consumption of cereals

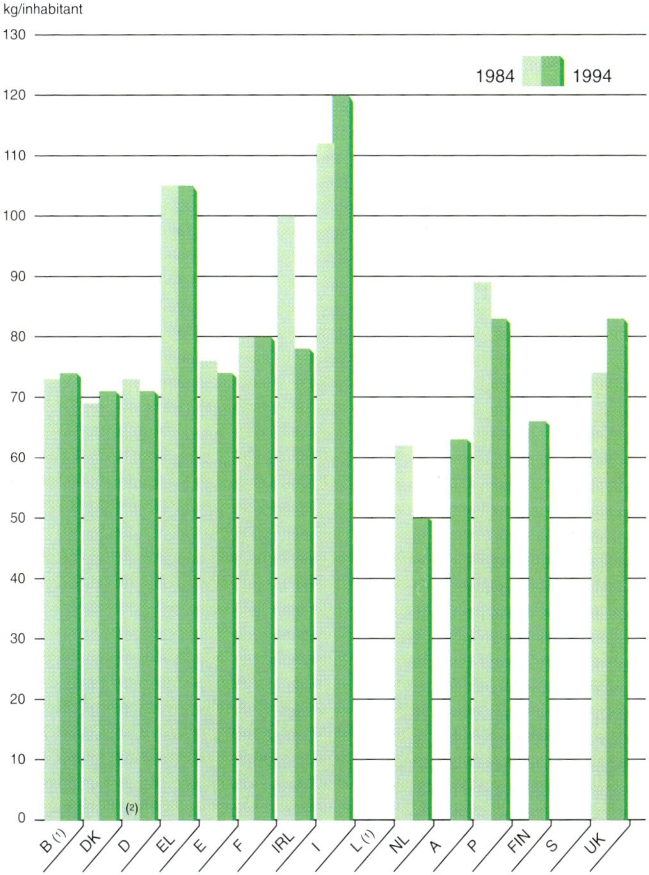

kg/inhabitant

1984   1994

(1) BLEU.
(2) Old *Länder*.

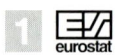

1.12. Animal production – 1994 (1 000 t carcass weight)

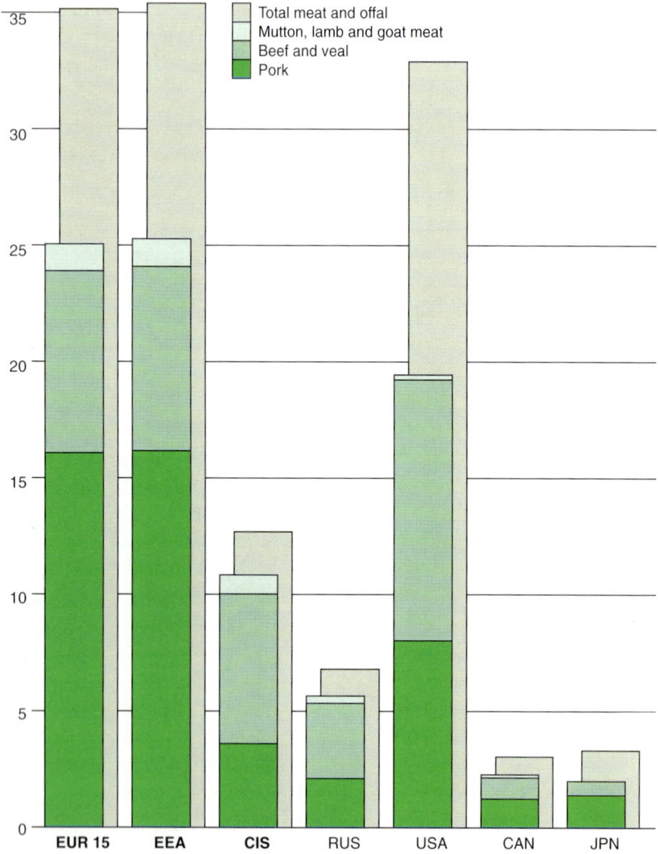
Total meat and offal
Mutton, lamb and goat meat
Beef and veal
Pork
35
30
25
20
15
10
5
0
EUR 15
EEA
CIS
RUS
USA
CAN
JPN

General statistics

1.13. Consumption of beef and veal

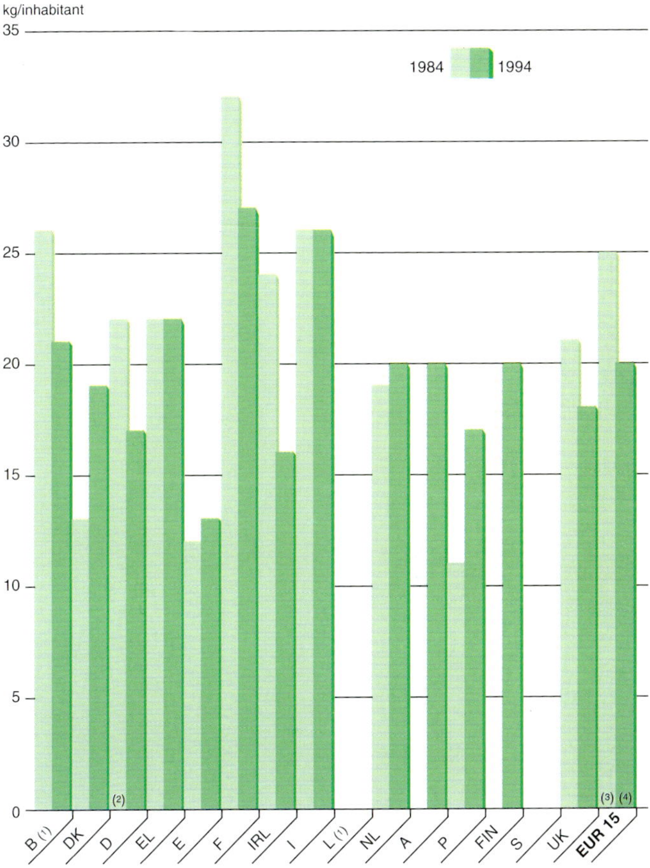

kg/inhabitant

1984   1994

¹ BLEU.   ² Old *Länder*.   ³ EUR 10.   ⁴ EUR 12.

 *General statistics*

1.14. EU index of producer prices of agricultural products

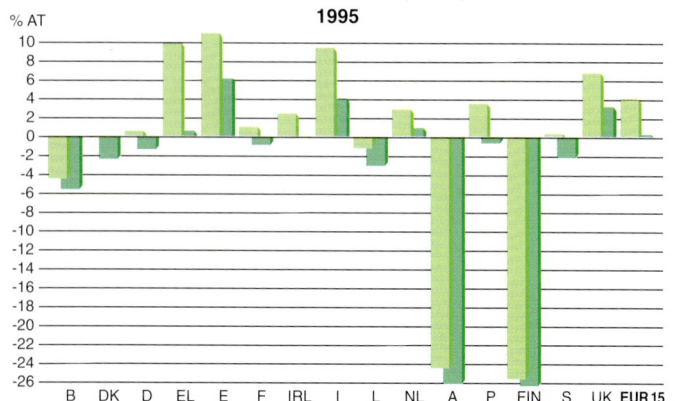

EU indices of purchase prices of the means of agricultural production

Nominal indices   Deflated indices

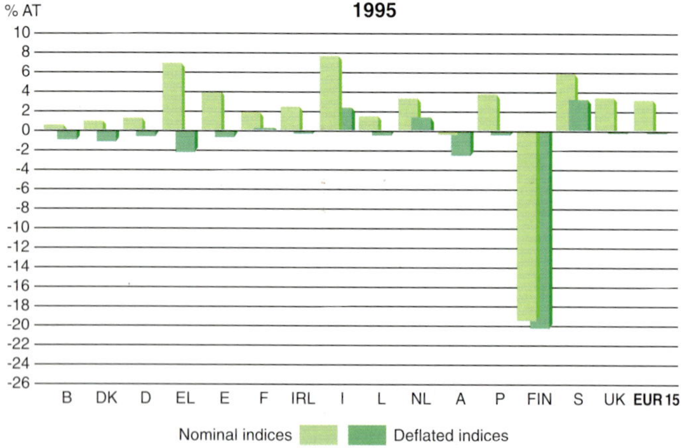

General statistics

1.15. EU index of producer prices of agricultural products
EUR 15

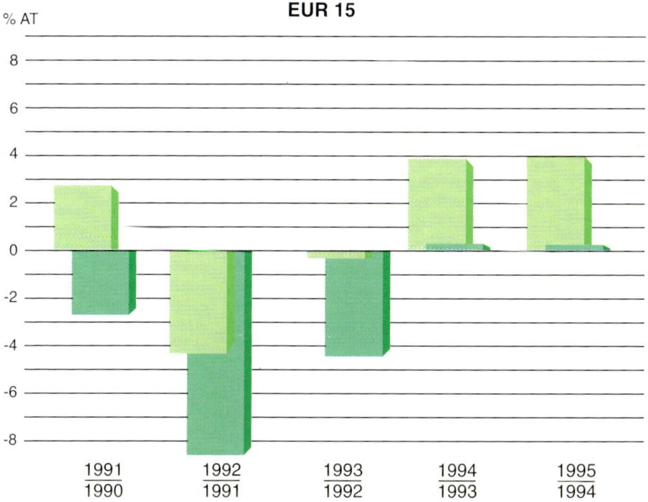

EU indices of purchase prices of the means of agricultural production
EUR 15

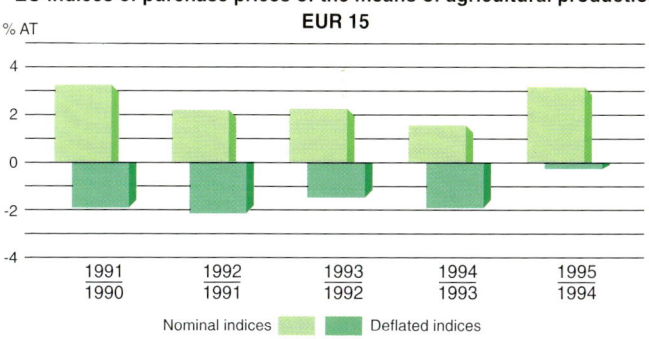

Nominal indices   Deflated indices

1.16. Trade with EU as a % of total trade – 1995

[1] BLEU.

General statistics

1.17. External trade of the EU

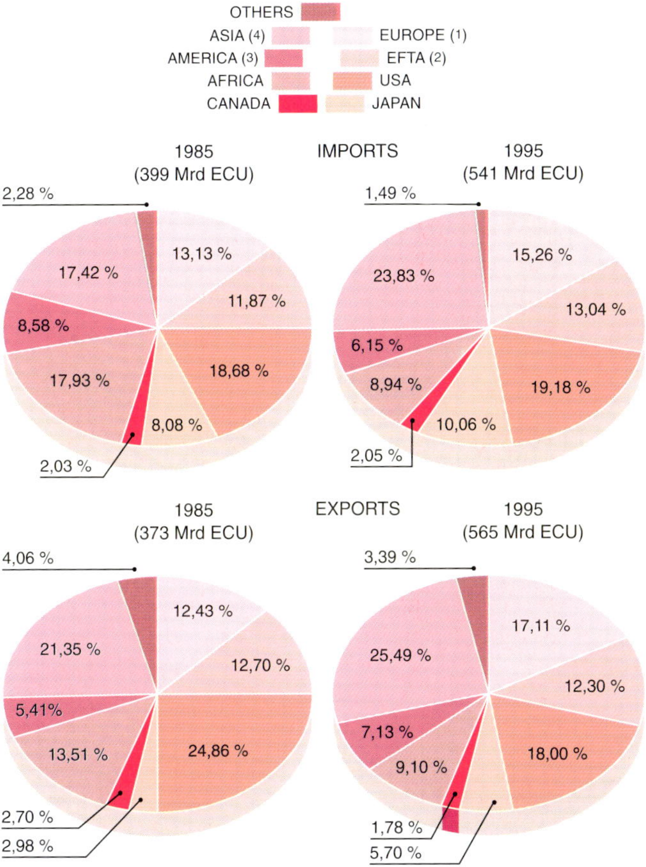

- OTHERS
- ASIA (4)
- AMERICA (3)
- AFRICA
- CANADA
- EUROPE (1)
- EFTA (2)
- USA
- JAPAN

IMPORTS

1985 (399 Mrd ECU)
- 2,28 %
- 13,13 %
- 11,87 %
- 18,68 %
- 8,08 %
- 2,03 %
- 17,93 %
- 8,58 %
- 17,42 %

1995 (541 Mrd ECU)
- 1,49 %
- 15,26 %
- 13,04 %
- 19,18 %
- 10,06 %
- 2,05 %
- 8,94 %
- 6,15 %
- 23,83 %

EXPORTS

1985 (373 Mrd ECU)
- 4,06 %
- 12,43 %
- 12,70 %
- 24,86 %
- 2,70 %
- 2,98 %
- 13,51 %
- 5,41 %
- 21,35 %

1995 (565 Mrd ECU)
- 3,39 %
- 17,11 %
- 12,30 %
- 18,00 %
- 9,10 %
- 1,78 %
- 5,70 %
- 7,13 %
- 25,49 %

1 Europe = Europe − (EUR 15, EFTA).
2 EFTA = ISL + NOR + CHE + LIE.
3 America = America − (USA, CAN).
4 Asia = Asia − JPN.

General statistics

1.18. Carbon dioxide emissions from fossil fuels – in t of CO$_2$ per capita

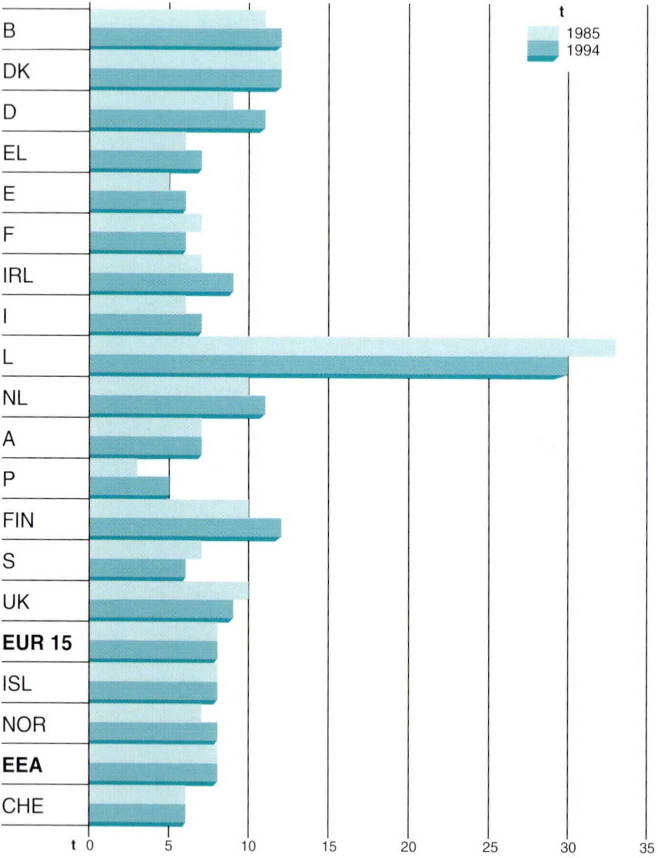

General statistics

1.19. Quantity of municipal waste – kg per head of population

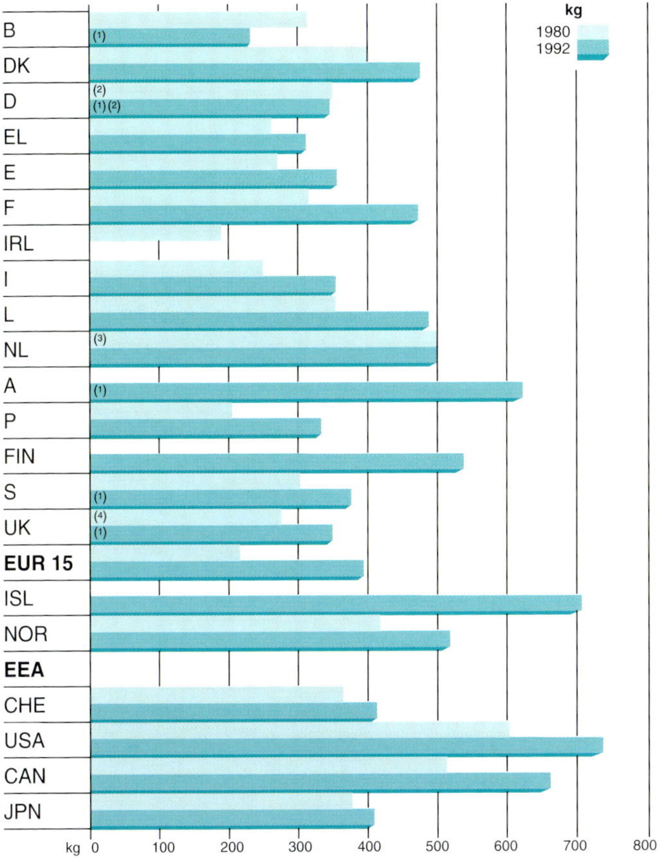

	kg
	1980
	1992

1 1990.
2 Old *Länder*.
3 1981.
4 Great Britain only.

Economy and finance

National accounts

2.1. Gross domestic product at market prices
(at current prices and current exchange rates) (¹)

(Mrd ECU)

	Country	1990	1991	1992	1993	1994
	EUR 15	5 192,4 (²)	5 643,2	5 883,0	5 898,9	6 189,4
1	B	151,2	159,5	170,7	179,6	192,3
2	DK	101,7	104,7	109,0	115,0	123,7
3	D	1 182,2 (²)	1 391,5	1 522,3	1 629,3	1 724,8
4	EL	64,4	70,4	73,8	76,7	80,6
5	E	387,8	427,6	445,9	408,4	406,7
6	F	941,5	971,7	1 023,6	1 067,7	1 120,3
7	IRL	35,4	36,8	39,4	40,2	43,8
8	I	862,1	932,3	942,8	841,9	857,4
9	L	8,1	8,8	9,6	10,8	11,8
10	NL	223,4	234,8	248,8	266,2	281,8
11	A	124,7	133,5	144,0	155,9	167,2
12	P	53,1	61,8	72,4	71,3	72,8
13	FIN	106,2	98,2	82,1	72,0	82,0
14	S	180,8	193,5	191,4	158,1	165,7
15	UK	769,6	818,2	807,2	805,6	858,5
16	ISL	4,9	5,4	5,3	5,2	5,2
17	NOR	90,8	95,1	97,5	99,1	103,9
	EEA	5 288,2	5 743,7	5 985,8	6 003,2	6 298,5
18	CHE	177,8	186,8	186,4	198,2	217,0
19	USA	4 356,0	4 619,9	4 637,8	5 417,0	5 676,8
20	CAN	447,4	471,0	434,5	:	:
21	JPN	2 341,3	2 756,7	2 873,1	3 653,1	3 951,8

(¹) For exchange rates used see Table 2.29. It must be emphasized that these exchange rates do not reflect the relationships between the domestic purchasing powers of the currencies.
(²) Between 1990 and 1991, break in series owing to the reunification of 3.10.1990.

National accounts

2.2. Gross domestic product at market prices per head (at current prices and purchasing power parities) (¹)

(PPS)(¹)

	Country	1990	1991	1992	1993	1994
	EUR 15	**14 864** (²)	**15 365**	**15 942**	**15 911**	**16 641**
1	B	15 174	16 181	17 291	17 906	18 800
2	DK	15 302	16 474	16 645	17 741	19 143
3	D	17 046 (²)	16 071	17 080	17 124	18 326
4	EL	8 429	9 020	9 605	9 982	10 561
5	E	10 936	12 033	12 202	12 349	12 654
6	F	16 114	17 163	17 603	17 321	17 886
7	IRL	10 434	11 319	12 237	12 776	14 171
8	I	14 902	15 916	16 465	16 124	17 086
9	L	21 191	22 940	24 127	25 742	26 979
10	NL	14 832	15 521	16 144	16 442	17 317
11	A	16 647	17 365	17 112	17 770	18 829
12	P	8 711	9 573	10 265	10 786	11 432
13	FIN	16 210	15 547	13 761	14 499	15 099
14	S	17 011	16 881	15 696	15 590	16 230
15	UK	14 553	14 699	15 409	15 701	16 442
16	ISL	17 287	18 025	17 781	17 547	18 019
17	NOR	17 498	18 662	19 847	20 248	20 446
	EEA	**14 841**	**15 227**	**15 786**	**15 864**	**16 681**
18	CHE	16 641	17 193	16 687	17 054	:
19	USA	20 545	21 173	22 442	22 751	23 928
20	CAN	18 390	18 580	19 019	:	:
21	JPN	16 511	18 072	19 078	19 297	19 690

(¹) See explanation on page 4.
(²) Between 1990 and 1991, break in series owing to the reunification of 3.10.1990.

National accounts

2.3. Volume indices of gross domestic product at market prices

	Country	1990	1991	1992	1993	1994
	EUR 15	**100,0 (¹)**	**103,4**	**104,4**	**103,8**	**106,7**
1	B	100,0	102,2	104,1	102,4	104,7
2	DK	100,0	101,3	102,2	103,7	108,3
3	D	100,0 (¹)	113,2	115,7	114,4	117,6
4	EL	100,0	103,4	103,9	103,0	104,5
5	E	100,0	102,3	103,0	101,8	103,9
6	F	100,0	100,8	102,0	100,5	103,1
7	IRL	100,0	102,2	106,3	109,5	116,9
8	I	100,0	101,2	101,9	100,7	102,9
9	L	100,0	104,6	107,0	112,9	117,2
10	NL	100,0	102,3	104,3	104,6	107,4
11	A	100,0	102,8	104,9	105,3	108,5
12	P	100,0	102,3	103,4	104,0	105,1
13	FIN	100,0	92,9	89,6	88,5	92,1
14	S	100,0	98,9	97,5	95,0	97,0
15	UK	100,0	98,0	97,5	99,7	103,5
16	ISL	100,0	101,3	98,0	99,0	101,8
17	NOR	100,0	102,9	106,3	108,5	114,7
	EEA	**100,0**	**103,4**	**104,4**	**103,9**	**106,8**
18	CHE	100,0	100,0	99,7	98,9	100,1
19	USA	100,0	99,4	101,7	104,8	109,1
20	CAN	100,0	:	:	:	:
21	JPN	100,0	104,0	105,1	105,2	105,7

(¹) Break in series owing to the reunification of 3.10.1990.

2.4. Annual rates of growth of gross domestic product at market prices (at constant prices)—1989-94 (^{1})

(%)

	Country	Total	Per head of total population	Per head of occupied population
	EUR 15	**1,9**	**0,5**	**1,3**
1	B	1,6	1,2	1,7
2	DK	1,9	1,6	2,7
3	D	4,5	-1,1	-0,3
4	EL	0,7	0,1	-0,2
5	E	1,5	1,4	1,8
6	F	1,1	0,6	1,2
7	IRL	4,7	4,4	3,3
8	I	1,0	0,8	1,7
9	L	3,8	2,4	0,8
10	NL	2,3	1,5	1,3
11	A	2,5	1,5	1,7
12	P	2,0	2,2	2,9
13	FIN	-1,6	-2,1	2,6
14	S	-0,3	-1,0	2,4
15	UK	0,8	0,4	1,9
16	ISL	0,6	-0,5	1,1
17	NOR	3,2	2,7	3,2
	EEA	**1,9**	**1,5**	**1,0**
18	CHE	0,5	-0,4	0,1
	CIS (^{2})	**-11,7**	**-12,0**	**-9,8**
	of which			
19	RUS (^{2})	-10,3	-10,3	-9,2
20	USA	2,0	0,9	1,0
21	CAN	:	:	:
22	JPN	2,1	1,8	1,1

(^{1}) Estimates based partly on OECD data.
(^{2}) 1991/94.

National accounts

2.5. Gross value-added at market prices by branch—1993

(%)

	Country	Agriculture, forestry and fishing	Industry (including construction)	Services and general government	Gross value-added at market prices
	EUR 15	**2,4**	**31,9**	**65,7**	**100,0**
1	B	1,7	29,2	69,1	100,0
2	DK	3,6	26,7	69,7	100,0
3	D	1,1	34,5	64,4	100,0
4	EL	13,7	25,8	60,5	100,0
5	E	3,8	33,3	62,9	100,0
6	F	2,4	28,2	69,4	100,0
7	IRL (¹)	7,7	37,4	54,9	100,0
8	I	3,0	31,7	65,3	100,0
9	L (¹)	1,5	31,0	67,5	100,0
10	NL	3,3	28,5	68,1	100,0
11	A	2,5	39,0	58,6	100,0
12	P (¹)	5,1	33,6	61,2	100,0
13	FIN	5,0	31,1	63,7	100,0
14	S	2,9	39,6	57,6	100,0
15	UK	1,6	31,1	67,3	100,0
16	ISL (¹)	11,2	27,1	61,7	100,0
17	NOR	2,9	32,0	65,1	100,0
	EEA	**2,4**	**32,0**	**65,6**	**100,0**
18	CHE (¹)	2,8	31,1	66,1	100,0
	CIS of which	:	:	:	:
19	RUS (²)	7,4	39,5	53,1	100,0
20	USA	3,3	42,3	54,3	100,0
21	CAN (³)	2,9	36,8	60,3	100,0
22	JPN	2,0	39,0	59,0	100,0

(¹) 1992.
(²) 1994.
(³) 1991.

National accounts

2.6. Cost structure of gross domestic product at market prices—1994

(%)

	Country	Remuneration of employees	Taxes linked to production and imports minus subsidies	Consumption of fixed capital	Net operating surplus	Gross domestic product at market prices
	EUR 15	**51,1**	**11,3**	**12,2**	**25,4**	**100,0**
1	B	53,4	10,2	9,4	27,0	100,0
2	DK	52,4	14,3	14,6	18,7	100,0
3	D	54,7	11,2	13,2	20,9	100,0
4	EL	31,8	11,4	8,2	48,3	100,0
5	E	44,9	7,8	11,6	35,8	100,0
6	F	51,7	12,6	12,9	22,8	100,0
7	IRL	48,9	11,3	9,4	30,5	100,0
8	I	42,6	9,8	12,4	35,2	100,0
9	L	57,6	13,4	13,6	15,4	100,0
10	NL	51,7	10,3	11,8	26,2	100,0
11	A	51,9	13,6	12,8	21,7	100,0
12	P	44,1	12,4	3,9	39,6	100,0
13	FIN	52,0	11,5	17,0	19,5	100,0
14	S	59,2	9,6	13,6	17,6	100,0
15	UK	54,4	13,1	10,2	22,3	100,0
16	ISL (¹)	47,8	16,0	12,9	17,2	100,0
17	NOR	47,8	12,2	13,5 (²)	40,2 (³)	100,0
	EEA	**51,0**	**11,3**	**12,2**	**25,6**	**100,0**
18	CHE	61,2	4,5	10,4	23,9	100,0
	CIS of which	:	:	:	:	:
19	RUS	38,2	11,2	:	50,6 (⁴)	100,0
20	USA	:	:	:	:	100,0
21	CAN	:	:	:	:	100,0
22	JPN	56,0	7,2	15,8	21,0	100,0

(¹) Total not equal to 100. Can be explained by statistical discrepancy between the output and expenditure approach.
(²) 1993.
(³) Gross operating surplus.
(⁴) Gross operating surplus and gross mixed income.

National accounts

2.7. Use of gross domestic product at market prices — 1994

(%)

	Country	National private consumption	Collective consumption of general government	Gross fixed capital formation	Change in stocks	Balance of exports and imports of goods and services	Gross domestic product at market prices
	EUR 15	**61,9**	**17,4**	**18,7**	**0,5**	**1,6**	**100,0**
1	B	62,2	15,0	17,4	0,2	5,2	100,0
2	DK	53,2	25,3	14,8	0,2	6,5	100,0
3	D	63,7	13,1	22,0	0,7	0,5	100,0
4	EL	74,9	14,0	18,8	1,7	-9,4	100,0
5	E	62,9	16,9	19,8	0,3	0,1	100,0
6	F	60,4	19,6	18,1	-0,3	2,2	100,0
7	IRL	56,1	16,0	15,1	-0,8	13,6	100,0
8	I	61,9	17,1	16,4	0,6	4,0	100,0
9	L	57,5	12,8	21,3	0,3	8,1	100,0
10	NL	60,5	14,2	19,3	0,7	5,3	100,0
11	A	55,2	18,8	24,8	1,5	-0,3	100,0
12	P	64,4	18,6	24,0	1,0	-8,0	100,0
13	FIN	55,8	22,4	14,3	1,4	6,2	100,0
14	S	54,1	27,3	13,7	0,7	4,2	100,0
15	UK	63,9	21,6	15,0	0,5	-1,0	100,0
16	ISL	59,3	20,6	15,2	0,0	5,0	100,0
17	NOR	50,0	21,3	21,1	1,5	6,1	100,0
	EEA	**61,7**	**17,5**	**18,7**	**0,5**	**1,7**	**100,0**
18	CHE	59,1	14,1	22,8	-0,6	4,6	100,0
	CIS of which	:	:	:	:	:	:
19	RUS	55,7	11,5	24,6	3,7	4,5	100,0
20	USA	69,7	:	14,6	0,8	-1,5	100,0
21	CAN	60,4	:	:	:	:	100,0
22	JPN	59,6	9,6	28,7	0,0	2,1	100,0

47

National accounts

2.8. Final consumption of households per inhabitant, by purpose — 1993

(ECU)

	Country	Food, beverages, tobacco	Clothing and footwear	Gross rent, fuel and power	Furniture, furnishings and household equipment and operation	Medical care and health expenses
	EUR 15	**1 852**	**701**	**1 884**	**770**	**874**
1	B	1 911	850	1 964	1 133	1 360
2	DK	2 398	598	3 322	701	254
3	D	2 047	964	2 657	1 151	2 053
4	EL	1 652	350	613	334	190
5	E	1 388	559	903	449	324
6	F	2 080	675	2 370	846	1 151
7	IRL	2 286	445	798	448	266
8	I	1 824	826	1 533	826	643
9	L (¹)	2 189	690	2 386	1 297	874
10	NL	1 545	706	1 989	718	1 373
11	A	2 175	970	2 111	886	688
12	P (¹)	1 496	460	347	410	222
13	FIN	1 778	358	1 914	449	413
14	S	1 991	561	3 157	634	225
15	UK	1 789	514	1 695	571	144
16	ISL	2 937	862	2 156	869	261
17	NOR	2 339	724	2 643	672	277
	EEA	**1 862**	**701**	**1 885**	**769**	**870**
18	CHE	3 307	502	2 686	579	1 483
19	USA	1 604	838	2 551	823	2 514
20	CAN	1 537	511	2 418	856	450
21	JPN	3 246	842	3 390	963	1 835

(¹) 1992.

National accounts

2.8. Final consumption of households per inhabitant, by purpose — 1993

(ECU)

Transport and communications	Recreation, entertainment, education and cultural services	Miscellaneous goods and services	Total	Total (in PPS)	Country	
1 472	**851**	**1 520**	**9 924**	**9 869**	**EUR 15**	
1 404	688	1 776	11 087	10 816	B	1
1 778	1 198	1 277	11 526	8 653	DK	2
2 077	1 242	1 372	13 562	11 830	D	3
667	241	496	4 543	5 838	EL	4
1 060	458	1 783	6 924	8 087	E	5
1 784	837	1 784	11 528	10 478	F	6
851	771	637	6 502	7 125	IRL	7
1 050	793	1 558	9 053	10 248	I	8
2 398	493	1 714	12 043	12 907	L (¹)	9
1 316	1 063	1 739	10 448	9 976	NL	10
1 840	858	1 891	11 420	10 370	A	11
738	367	909	4 949	6 577	P (¹)	12
1 110	739	969	7 730	7 167	FIN	13
1 507	911	696	9 602	7 955	S	14
1 483	888	1 590	8 675	9 671	UK	15
1 651	1 246	1 433	11 414	9 610	ISL	16
1 796	1 043	1 329	10 823	9 538	NOR	17
1 470	**853**	**1 516**	**9 926**	**9 764**	**EEA**	
1 497	1 281	1 413	12 747	10 625	CHE	18
1 978	1 452	2 329	14 089	16 175	USA	19
1 400	1 096	1 528	9 795	16 817	CAN	20
1 578	1 739	2 617	16 309	10 168	JPN	21

(¹) 1992.

2.8. Final consumption of households per inhabitant, by purpose — 1993

(%)

	Country	Food, beverages, tobacco	Clothing and footwear	Gross rent, fuel and power	Furniture, furnishings and household equipment and operation	Medical care and health expenses
	EUR 15	**18,7**	**7,1**	**19,0**	**7,8**	**8,8**
1	B	17,2	7,7	17,7	10,2	12,3
2	DK	20,8	5,2	28,8	6,1	2,2
3	D	15,1	7,1	19,6	8,5	15,1
4	EL	36,4	7,7	13,5	7,4	4,2
5	E	20,0	8,1	13,0	6,5	4,7
6	F	18,0	5,9	20,6	7,3	10,0
7	IRL	35,2	6,8	12,3	6,9	4,1
8	I	20,2	9,1	16,9	9,1	7,1
9	L (¹)	18,2	5,7	19,8	10,8	7,3
10	NL	14,8	6,8	19,0	6,9	13,1
11	A	19,0	8,5	18,5	7,8	6,0
12	P (¹)	30,2	9,3	7,0	8,3	4,5
13	FIN	23,0	4,6	24,8	5,8	5,3
14	S	19,9	5,8	32,9	6,6	2,3
15	UK	20,6	5,9	19,5	6,6	1,7
16	ISL	25,7	7,6	18,9	7,6	2,3
17	NOR	21,6	6,7	24,4	6,2	2,6
	EEA	**18,8**	**7,1**	**19,0**	**7,8**	**8,8**
18	CHE	25,9	3,9	21,1	4,5	11,6
19	USA	11,4	5,9	18,1	5,8	17,8
20	CAN	15,7	5,2	24,7	8,7	4,6
21	JPN	19,9	5,8	20,8	5,9	11,3

(¹) 1992.

2.8. Final consumption of households per inhabitant, by purpose — 1993

(%)

Transport and communications	Recreation, entertainment, education and cultural services	Miscellaneous goods and services	Total	Country	
14,8	8,6	15,3	100,0	**EUR 15**	
12,7	6,2	16,0	100,0	B	1
15,4	10,4	11,1	100,0	DK	2
15,3	9,2	10,1	100,0	D	3
14,7	5,3	10,9	100,0	EL	4
15,3	6,6	25,8	100,0	E	5
15,5	7,3	15,5	100,0	F	6
13,1	11,9	9,8	100,0	IRL	7
11,6	8,8	17,2	100,0	I	8
19,9	4,1	14,2	100,0	L (¹)	9
12,6	10,2	16,6	100,0	NL	10
16,1	7,5	16,6	100,0	A	11
14,9	7,4	18,4	100,0	P (¹)	12
14,4	9,6	12,5	100,0	FIN	13
15,7	9,5	7,2	100,0	S	14
17,1	10,2	18,3	100,0	UK	15
14,5	10,9	12,6	100,0	ISL	16
16,6	9,6	12,3	100,0	NOR	17
14,8	**8,6**	**15,3**	**100,0**	**EEA**	
11,7	10,0	11,1	100,0	CHE	18
14,0	10,3	16,5	100,0	USA	19
14,3	11,2	15,6	100,0	CAN	20
9,7	10,7	16,0	100,0	JPN	21

(¹) 1992.

2.9. Gross fixed capital formation by product — 1993

(%)

	Country	Dwellings	Non-residential buildings and civil engineering works	Equipment	Other products	Gross fixed capital formation
	EUR 15	**26,4**	**31,2**	**39,6**	**2,8**	**100,0**
1	B	25,6	30,8	39,5	4,1	100,0
2	DK	18,8	32,7	48,4	0,0	100,0
3	D	29,6	31,1	39,1	0,2	100,0
4	EL	20,8	34,4	44,9	0,0	100,0
5	E	21,2	47,0	28,5	3,3	100,0
6	F	25,6	31,7	36,5	6,1	100,0
7	IRL	27,4	32,5	37,1	3,0	100,0
8	I	31,2	25,1	40,8	2,9	100,0
9	L (¹)	18,8	38,4	38,8	4,0	100,0
10	NL	26,1	29,1	44,5	0,3	100,0
11	A	25,9	32,0	36,0	6,1	100,0
12	P (¹)	22,4	22,4	52,0	3,2	100,0
13	FIN	24,9	35,3	39,9	0,0	100,0
14	S	28,0	32,5	39,5	0,0	100,0
15	UK	20,7	28,2	47,4	3,7	100,0
16	ISL	28,3	46,2	24,0	1,5	100,0
17	NOR	10,4	56,4	32,4	0,8	100,0
	EEA	**26,2**	**31,6**	**39,5**	**2,7**	**100,0**
18	CHE	27,2	39,3	33,5	0,0	100,0
19	USA	24,2	27,2	46,8	1,8	100,0
20	CAN	33,5	31,2	34,3	1,0	100,0
21	JPN	18,0	38,0	38,5	5,4	100,0

(¹) 1992.

National accounts

2.10. Taxes and social contributions — 1994

	Country	Taxes and social contributions, total	Taxes linked to production and imports	Current taxes on income and wealth	Capital taxes	Social contributions
		Mio ECU	in % of total			
	EUR 15	2 568 807	33,1	30,5	0,6	35,8
1	B	90 477	27,3	38,1	0,8	33,8
2	DK	63 421	35,1	61,2	0,5	3,3
3	D	735 725	31,2	26,0	0,3	42,6
4	EL	26 238	47,0	21,3	1,1	30,6
5	E	145 678	30,7	32,0	0,8	36,6
6	F	494 555	33,9	21,3	1,4	43,4
7	IRL	16 688	42,2	42,3	0,5	15,1
8	I	348 649	30,6	37,1	0,3	32,0
9	L	5 356	37,5	35,4	0,3	26,8
10	NL	132 441	27,6	30,0	0,7	41,8
11	A	71 469	37,9	26,6	0,1	35,4
12	P	26 017	42,8	25,8	0,2	31,2
13	FIN	39 415	30,4	37,0	0,4	31,9
14	S	83 475	29,9	42,6	0,2	27,4
15	UK	289 204	42,1	37,6	0,6	19,7
16	ISL	1 705	48,4	44,0	–	7,6
17	NOR	43 783	38,5	37,5	0,2	23,8
	EEA	2 614 296	33,2	30,6	0,6	35,6
18	CHE	:	:	:	:	:

2.10a. General government net lending (+) or net borrowing (–) in % of GDP

	Country	1990	1991	1992	1993	1994
	EUR 15	**-3,5**	**-4,3**	**-5,1**	**-6,3**	**-5,8**
1	B	-5,8	-6,7	-7,1	-6,7	-5,3
2	DK	-1,5	-2,1	-2,9	-3,9	-3,5
3	D	-2,1	-3,3	-2,8	-3,5	-2,6
4	EL	-13,8	-11,4	-12,3	-14,2	-12,1
5	E	-4,1	-4,9	-4,1	-7,4	-6,2
6	F	-1,6	-2,2	-3,9	-5,9	-5,8
7	IRL	-2,3	-2,2	-2,4	-2,2	-2,0
8	I	-10,9	-10,2	-9,5	-9,6	-9,0
9	L	5,1	1,9	0,8	1,7	2,2
10	NL	-5,1	-2,9	-3,9	-3,2	-3,2
11	A	-2,1	-2,6	-1,9	-4,1	-4,5
12	P	-5,6	-6,4	-3,6	-6,9	-5,7
13	FIN	-5,4	-1,5	-5,9	-8,0	-6,3
14	S	-4,2	-1,1	-7,8	-12,3	-10,8
15	UK	-1,5	-2,6	-6,3	-7,8	-6,9
16	ISL	-3,3	-2,9	-2,8	-4,5	-4,7
17	NOR	2,6	0,1	-1,7	-1,4	0,4
	EEA	**-3,4**	**-4,2**	**-5,0**	**-6,2**	**-5,7**
18	CHE	-1,1	-3,0	-3,5	-4,6	-3,3

Research and development

2.11. Total public budgetary appropriations for R&D in Mio ECU (current prices and exchange rates)

	Country	1990	1991	1992	1993	1994 ([1])
	EUR 15 ([2])	48 608,8	52 738,1	54 017,8	53 217,7	53 572,8
1	B	922,5	981,8	1 018,0	1 137,1	1 208,3
2	DK	771,1	790,7	764,3	757,3 ([3])	813,1
3	D	12 240,4	14 360,7	15 394,6	16 148,5	16 446,0
4	EL	147,5	152,0	142,0	160,1	180,2
5	E	2 147,7	2 312,8	2 321,1	2 051,5	1 889,5
6	F	13 029,6	13 355,5	13 196,6 ([3])	13 584,0	13 690,9
7	IRL	104,5	115,7	130,0	139,2	125,5
8	I	6 360,9	7 028,1	7 565,4	5 845,5	5 411,4
9	L	:	:	:	:	:
10	NL	2 041,8	2 016,0	2 103,4	2 206,7	2 182,0
11	A	696,9	839,9	918,7	1 049,0	1 151,5
12	P	179,0 ([3])	252,8	313,3	392,6	344,3
13	FIN	873,2	950,5 ([3])	860,0	782,4	835,1
14	S	2 182,5	2 456,5 ([3])	2 451,2 ([3])	2 057,7 ([3])	2 046,8
15	UK	6 911,2	7 124,9	6 839,2	6 906,1	7 248,1
16	ISL	:	31,0 ([1])	24,8 ([1])	:	:
17	NOR	893,6	927,7	1 034,3	1 021,1	1 037,4
	EEA ([2])([4])	49 502,4	53 665,7	55 052,2	54 238,8	54 610,1
18	CHE ([1])	:	:	1 567,9	:	1 794,9
19	USA	50 102,9	53 185,6	52 694,9	59 678,9 1	57 404,2
20	CAN	2 587,2	2 890,1 ([1])	2 749,5 ([1])	:	:
21	JPN	10 458,8	12 148,4	12 998,6	17 413,0	19 439,8

([1]) Provisional/estimate.
([2]) Excluding Luxembourg.
([3]) Break in series.
([4]) Excluding Iceland.

2.11. Total public budgetary appropriations for R&D in Mio PPS (1985 prices and purchasing power parities)

	Country	1990	1991	1992	1993	1994 ([1])
	EUR 15 ([2])	**39 126**	**40 415**	**40 076**	**38 864**	**37 475**
1	B	759	784	774	806	824
2	DK	492	495	464	440 ([3])	462
3	D	9 248	10 426 ([3])	10 458	10 105	9 488
4	EL	159	155	139	150	160
5	E	1 948	1 945	1 888	1 798	1 590
6	F	10 442	10 453	9 919 ([3])	9 668	9 528
7	IRL	90	98	108	117	102
8	I	5 229	5 409	5 800	4 954	4 578
9	L	:	:	:	:	:
10	NL	1 675	1 610	1 611	1 590	1 537
11	A	602	697	721	762	809
12	P	251 ([3])	305	326	417	366
13	FIN	554	607 ([3])	633	648	636
14	S	1 473	1 532 ([3])	1 524 ([3])	1 509 ([3])	1 445
15	UK	6 204	5 898	5 712	5 900	5 951
16	ISL	:	21 ([1])	17 ([1])	:	:
17	NOR	612	626	707	707	730
	EEA ([2]) ([4])	**39 738**	**41 041**	**40 783**	**39 571**	**38 205**
18	CHE	:	:	:	:	:
19	USA	46 605	46 388	46 796	46 805 ([1])	44 847
20	CAN	2 479	2 581 ([1])	2 663 ([1])	:	:
21	JPN	7 119	7 300	7 578	7 992	8 410

([1]) Provisional/estimate.
([2]) Excluding Luxembourg.
([3]) Break in series.
([4]) Excluding Iceland.

Research and development

2.11. Total public budgetary appropriations for R&D in ECU per capita (current prices and exchange rates)

	Country	1990	1991	1992	1993	1994 (¹)
	EUR 15 (²)	**133,4**	**144,0**	**146,8**	**143,9**	**144,4**
1	B	92,6	98,1	101,3	112,8	119,4
2	DK	150,0	153,4	147,8	145,9 (³)	156,2
3	D	193,5	179,5 (³)	191,0	198,9	202,0
4	EL	14,5	14,8	13,8	15,4	17,3
5	E	55,3	59,4	59,5	52,5	48,3
6	F	230,9	235,5	231,3 (³)	237,0	237,6
7	IRL	29,8	32,8	36,6	39,1	35,1
8	I	110,3	121,6	130,7	100,6	93,2
9	L	:	:	:	:	:
10	NL	136,6	133,8	138,5	144,3	141,9
11	A	90,2	107,5	116,1	131,3	143,4
12	P	18,1 (³)	25,6	31,8	39,8	34,8
13	FIN	175,1	189,6 (³)	170,6	154,4	164,1
14	S	255,0	285,1 (³)	282,8 (³)	236,0 (³)	233,1
15	UK	120,1	123,3	117,9	118,7	124,2
16	ISL	:	120,2 (¹)	95,0 (¹)	145,7 (³)	153,2
17	NOR	210,7	217,7	241,3	236,8	239,3
	EEA (²)(⁴)	**134,3**	**144,9**	**147,9**	**145,0**	**145,5**
18	CHE	:	:	228,0	:	256,6
19	USA	200,5	210,9	206,6	231,4 (¹)	:
20	CAN	97,2	107,0 (¹)	96,7 (¹)	:	:
21	JPN	84,7	98,0	104,6	139,7	155,6

(¹) Provisional/estimate.
(²) Excluding Luxembourg.
(³) Break in series.
(⁴) Excluding Iceland.

2.11. Total public budgetary appropriations for R&D in % of GDP

	Country	1990	1991	1992	1993	1994 (^{1})
	EUR 15 (^{2})	**0,94**	**0,94**	**0,92**	**0,90**	**0,87**
1	B	0,61	0,61	0,60	0,63	0,63
2	DK	0,76	0,76	0,70	0,66 (^{3})	0,66
3	D	1,04	1,03 (^{3})	1,01	0,99	0,95
4	EL	0,23	0,22	0,19	0,21	0,22
5	E	0,55	0,54	0,52	0,50	0,46
6	F	1,38	1,38	1,29 (^{3})	1,27	1,22
7	IRL	0,30	0,32	0,33	0,34	0,28
8	I	0,74	0,75	0,80	0,69	0,63
9	L	:	:	:	:	:
10	NL	0,91	0,86	0,85	0,84	0,78
11	A	0,56	0,63	0,64	0,67	0,69
12	P	0,34 (^{3})	0,40	0,43	0,54	0,46
13	FIN	0,82	0,97 (^{3})	1,05	1,09	1,01
14	S	1,21	1,27 (^{3})	1,28 (^{3})	1,30 (^{3})	1,23
15	UK	0,90	0,87	0,85	0,86	0,85
16	ISL	:	0,57 (^{1})	0,47 (^{1})	0,74 (^{3})	0,78
17	NOR	1,07	1,08	1,18	1,16	1,00
	EEA (^{2}) (^{4})	**0,94**	**0,94**	**0,92**	**0,91**	**0,91**
18	CHE	:	:	0,84	:	0,83
19	USA	1,16	1,17	1,15	1,12 (^{1})	1,01
20	CAN	0,58	0,61 (^{1})	0,63 (^{1})	:	:
21	JPN	0,45	0,45	0,46	0,48	0,49

(^{1}) Provisional/estimate.
(^{2}) Excluding Luxembourg.
(^{3}) Break in series.
(^{4}) Excluding Iceland.

Research and development

2.11a. Research and development staff
Total R&D staff (full-time equivalent (FTE))
All sectors

	Country	1989	1990	1991	1992	1993
	EUR 15 (¹) (²)	1 465 212	1 481 945	1 561 227	1 570 544	1 570 183
1	B	40 066 (³)	:	40 063	:	:
2	DK	24 328	25 047	25 756	26 573	27 304
3	D	426 447	431 100 (¹)	516 331 (³)	:	475 016
4	EL	9 387 (³)	:	:	10 905	14 600
5	E	63 155 (³)	69 684	72 405	73 320	74 998
6	F	289 283	292 965	298 575	311 060 (³)	312 810
7	IRL	6 397	6 967	8 144	8 798	8 858
8	I	140 496	144 917	143 641	142 855	:
9	L	:	:	:	:	:
10	NL	66 460	68 170 (³)	66 710	66 610	68 510
11	A	23 084	:	:	:	24 458
12	P	:	12 043	:	13 450	:
13	FIN	28 517	:	29 575	:	30 527
14	S	55 129	:	53 604	:	53 565
15	UK	281 000	274 000	259 000	271 638	279 207
16	ISL	1 204	1 188	1 197	1 244	1 363
17	NOR	20 217	:	20 252 (³)	:	22 091
	EEA (¹) (²)	1 486 633	1 503 368	1 582 676	1 592 960	1 593 586
18	CHE	51 000 (³)	:	:	48 310	
19	USA	:	:	:	:	
20	CAN	111 813	113 358	114 260	:	
21	JPN	863 382	899 286	910 051	939 483	947 455

Sources: Eurostat and OECD.
(¹) Estimate.
(²) Excluding Luxembourg.
(³) Break in series.

2.11a. Research and development staff
Total R&D staff – Entreprises sector (FTE)

	Country	1989	1990	1991	1992	1993
	EUR 15 (¹) (²)	**853 607**	**851 203**	**862 137**	**862 095**	**858 049**
1	B	22 071 (³)	:	22 313	:	:
2	DK	13 958	14 605	15 242	15 607	15 973
3	D	296 510	:	321 756 (³)	306 925 (¹)(³)	293 774
4	EL	1 810	:	2 244	:	2 931
5	E	25 865	28 508	29 151	28 590	30 437
6	F	149 821	153 228	156 300	164 378 (³)	164 384
7	IRL	2 872 (¹)	3 032	3 971	4 316 (¹)	4 511
8	I	64 944	67 496	65 481	63 458	:
9	L	:	:	:	:	:
10	NL	33 240	31 950	29 970	29 440	30 900
11	A	14 854	:	:	:	15 114
12	P	:	1 997	:	1 882	:
13	FIN	14 536	:	15 028	:	15 180
14	S	35 106	:	33 757	:	32 900
15	UK	176 000	165 000	150 000	159 000	163 600
16	ISL	235	232	278	291	398
17	NOR	10 164	:	9 967	:	10 689
	EEA (¹) (²)	**864 006**	**861 501**	**872 382**	**872 714**	**869 049**
18	CHE	39 300 (³)	:	:	33 900	:
19	USA	:	:	:	:	:
20	CAN	53 943	54 308	53 730	:	:
21	JPN	528 363	558 261	563 018	583 961	583 485

Source: Eurostat and OECD.
(¹) Estimate.
(²) Excluding Luxembourg.
(³) Break in series.

Research and development

2.11a. Research and development staff
Total researchers (or university graduates) involved in R&D (FTE)
All sectors

	Country	1989	1990	1991	1992	1993
	EUR 15 (¹) (²)	**640 885**	**658 271**	**724 469**	**763 921**	**775 267**
1	B	17 620 (³)	:	18 104	:	:
2	DK	10 962	11 505	12 049	:	13 611
3	D	176 402	:	241 869 (³)	:	229 837
4	EL	5 299 (³)	:	6 079	:	8 015
5	E	32 811	37 534	40 475	41 687	43 367
6	F	104 897	108 714	112 993	142 199 (³)	145 823
7	IRL	4 005	4 567	5 137	5 561	5 833
8	I	76 074	77 876	75 238	74 422	:
9	L	:	:	:	:	:
10	NL	26 680	:	:	:	30 120
11	A	8 782	:	:	:	12 821
12	P	:	5 908	:	7 647	:
13	FIN	:	:	14 030	:	15 229
14	S	25 585	:	26 515	:	:
15	UK	134 000	130 000	126 000	135 064	139 123
16	ISL	685	676	687	708	914
17	NOR	12 156	:	13 460	:	14 763
	EEA (¹) (²)	**653 725**	**671 755**	**738 616**	**778 741**	**790 783**
18	CHE	16 300 (¹)(³)	:	:	18 230	:
19	USA	924 200	:	960 500	:	962 700
20	CAN	61 952	63 828	65 209	:	:
21	JPN	560 276	582 815	598 333	622 410	641 083

Sources: Eurostat and OECD.
(¹) Estimate.
(²) Excluding Luxembourg.
(³) Break in series.

2.11a. Research and development staff
Total researchers (or university graduates) involved in R&D
Entreprises sector (FTE)

	Country	1989	1990	1991	1992	1993
	EUR 15 (¹) (²)	**340 248**	**344 823**	**369 448**	**377 313**	**380 166**
1	B	8 371 (³)	:	8 750	:	:
2	DK	4 418	4 787	5 155	5 519	5 884
3	D	113 247	:	141 084 (³)	:	128 956
4	EL	760	:	1 042	:	1 337
5	E	9 394	11 007	11 622	11 593	:
6	F	54 351	57 052	59 594	64 688 (³)	66 455
7	IRL	1 534 (¹)	1 730	2 128	2 307 (¹)	2 420
8	I	30 520	31 530	29 577	28 479	:
9	L	:	:	:	:	:
10	NL	10 720	:	:	:	11 370
11	A	4 010	:	:	:	6 995
12	P	:	437	:	481	:
13	FIN	5 142	:	5 170	:	5 453
14	S	12 326	:	13 319	:	15 334
15	UK	85 000	80 000	75 000	82 000	86 000
16	ISL	135	133	168	178	234
17	NOR	8 424	:	8 046	:	8 582
	EEA (¹) (²)	**346 447**	**351 350**	**376 340**	**384 424**	**387 498**
18	CHE	9 400	:	:	8 600	:
19	USA	733 100	758 500	776 400	783 800	764 500
20	CAN	28 752	29 828	30 289	:	:
21	JPN	313 948	330 996	340 809	356 406	367 278

Sources: Eurostat and OECD.
(¹) Estimate.
(²) Excluding Luxembourg.
(³) Break in series.

Research and development

2.11b. Gross domestic expenditure on R&D
in Mio ECU (at current prices and exchange rates)

	Country	1989	1990	1991	1992	1993
	EUR 15 (¹) (²)	**98 005**	**105 051**	**111 825**	**115 739**	**117 662**
1	B	2 361 (³)	:	2 654	:	2 885 (⁴)
2	DK	1 478	1 654	1 783	1 908	2 067
3	D	30 856	32 517	36 332 (³)	37 800 (³)	39 629
4	EL	229 (³)	:	264	:	385
5	E	2 589	3 275	3 731	4 074 (³)	3 738
6	F	:	:	23 388	24 734 (³)	26 186
7	IRL	276	318	376	418	:
8	I	9 799	11 171	11 516	11 257	10 145
9	L	:	:	:	:	:
10	NL	4 403	4 520	4 492	4 617	4 989
11	A	1 576	1 774 (¹)	2 007 (¹)	2 133 (¹)	2 362 (¹)
12	P	:	287	:	460	:
13	FIN	1 890	2 027 (¹)	2 034 (³)	1 789 (¹)	1 594
14	S	5 109	:	5 529	:	5 160
15	UK	16 765	16 837	17 348	17 599	17 631
16	ISL	50	49	63	71	69
17	NOR	1 517	:	1 572	:	1 716
	EEA (¹) (²)	**99 572**	**106 618**	**113 460**	**117 480**	**119 454**
18	CHE	4 604 (³)	:	:	5 000	:
19	USA	130 509	121 460	129 742 (³)	127 056	142 015
20	CAN	6 777	6 498	7 106	6 577	7 001
21	JPN	77 765	71 209	82 715	84 699	105 335

Sources: Eurostat and OECD.
(¹) Estimate.
(²) Excluding Luxembourg.
(³) Break in series.
(⁴) Provisional and unofficial.

Research and development

2.11b. Gross domestic expenditure on R&D in Mio PPS (at 1985 prices and purchasing power parities)

	Country	1989	1990	1991	1992	1993
	EUR 15 (¹) (²)	**81 555**	**84 261**	**85 332**	**85 492**	**85 238**
1	B	2 049 (³)	:	2 117	:	2 050 (⁴)
2	DK	991	1 055	1 117	1 160	1 201
3	D	24 260	24 558	26 397 (³)	25 641 (³)	24 835
4	EL	265 (³)	:	269	:	360
5	E	2 540	2 970	3 139	3 313 (³)	3 276
6	F	:	:	18 301	18 616 (³)	18 617
7	IRL	235	272	318	346	:
8	I	8 607	9 185	8 861	8 628	8 596
9	L	:	:	:	:	:
10	NL	3 733	3 707	3 586	3 560	3 593
11	A	1 419	1 594 (¹)	1 665 (¹)	1 675 (¹)	1 718 (¹)
12	P	:	402	:	479	:
13	FIN	1 236	1 288 (¹)	1 299 (³)	1 314 (¹)	1 320
14	S	3 539	:	3 446	:	3 780
15	UK	15 111	15 120	14 364	14 698	15 065
16	ISL	37	36	43	48	62
17	NOR	1 034	:	1 057	:	1 189
	EEA (¹) (²)	**82 626**	**85 336**	**86 432**	**86 698**	**86 480**
18	CHE	3 342 (³)	:	:	3 212	:
19	USA	109 697	112 980	113 160 (³)	112 834	111 379
20	CAN	5 870	6 220	6 342	6 393	6 477
21	JPN	44 823	48 474	49 699	49 377	48 340

Sources: Eurostat and OECD.
(¹) Estimate.
(²) Excluding Luxembourg.
(³) Break in series.
(⁴) Provisional and unofficial.

Research and development

2.11b. Gross domestic expenditure on R&D in % of GDP

	Country	1989	1990	1991	1992	1993
	EUR 15 (¹) (²)	**2,03**	**2,02**	**1,98**	**1,97**	**1,99**
1	B	1,70 (³)	:	1,67	:	1,60 (⁴)
2	DK	1,55	1,62	1,69	1,74	1,79
3	D	2,87	2,75	2,65 (³)	2,52 (³)	2,43
4	EL	0,38 (³)	:	0,38	:	0,50
5	E	0,75	0,85	0,81	0,92 (³)	0,92
6	F	:	:	2,42	2,42 (³)	2,45
7	IRL	0,86	0,91	1,04	1,08	:
8	I	1,24	1,30	1,24	1,19	1,20
9	L	:	:	:	:	:
10	NL	2,12	2,02	1,91	1,87	1,89
11	A	1,37	1,42 (¹)	1,50 (¹)	1,48 (¹)	1,52 (¹)
12	P	:	0,54	:	0,62	:
13	FIN	1,83	1,91 (¹)	2,07 (³)	2,18 (¹)	2,23
14	S	2,94	:	2,86	:	3,26
15	UK	2,19	2,19	2,13	2,18	2,19
16	ISL	1,02	1,00	1,16	1,34	1,34
17	NOR	1,86	:	1,84	:	1,94
	EEA (¹) (²)	**2,02**	**2,02**	**1,98**	**1,97**	**1,99**
18	CHE	2,86 (³)	:	:	2,68	:
19	USA	2,76	2,82	2,84 (³)	2,78	2,65
20	CAN	1,37	1,45	1,51	1,51	1,50
21	JPN	2,98	3,08	3,05	3,00	2,93

Sources: Eurostat and OECD.
(¹) Estimate.
(²) Excluding Luxembourg.
(³) Break in series.
(⁴) Provisional and unofficial.

Regional accounts

2.12. Gross domestic product at market prices: regional indicators — 1993

Territorial units (NUTS) Level I Level II	Total		Per inhabitant	
	ECU	PPS	ECU	PPS
	Mio		EUR 15 = 100	
BELGIQUE/BELGIË	180 010	180 981	112	113
Vlaams gewest	105 235	105 803	113	114
Région wallonne	47 336	47 591	90	91
Bruxelles/Brussel	27 439	27 587	180	182
Antwerpen	34 775	34 963	135	136
Vlaams Brabant	13 793	13 868	88	89
Brabant Wallon	4 135	4 158	79	80
Hainaut	17 195	17 288	84	85
Liège	16 580	16 670	103	104
Limburg	13 345	13 417	110	111
Luxembourg	3 393	3 412	90	91
Namur	6 032	6 064	88	89
Oost-Vlaanderen	23 013	23 137	107	108
West-Vlaanderen	20 309	20 418	114	115
DANMARK	115 473	92 442	140	112

Regional accounts

2.13. Gross domestic product at market prices: regional indicators — 1993

Territorial units (NUTS) Level 1 Level 2	Total		Per inhabitant	
	ECU	PPS	ECU	PPS
	Mio		EUR 15 = 100	
DEUTSCHLAND	**1 629 269**	**1 390 166**	**126**	**108**
Baden-Württemberg	**242 162**	**206 623**	**149**	**128**
Stuttgart	100 445	85 704	165	141
Karlsruhe	62 165	53 041	149	128
Freiburg	42 397	36 175	130	111
Tübingen	37 154	31 701	137	118
Bayern	**275 361**	**234 949**	**146**	**125**
Oberbayern	115 400	98 464	184	158
Niederbayern	20 044	17 102	113	97
Oberpfalz	19 517	16 652	118	101
Oberfranken	21 827	18 624	125	107
Mittelfranken	38 937	33 223	148	127
Unterfranken	24 906	21 251	121	104
Schwaben	34 731	29 634	129	110
Berlin	**63 903**	**54 525**	**115**	**99**
Brandenburg	**27 028**	**23 063**	**67**	**57**
Bremen	**19 629**	**16 748**	**180**	**154**
Hamburg	**59 885**	**51 097**	**221**	**190**
Hessen	**164 442**	**140 308**	**174**	**149**
Darmstadt	118 445	101 062	191	164
Gießen	19 480	16 621	118	101
Kassel	26 515	22 623	133	114
Mecklenburg-Vorpommern	**17 851**	**15 232**	**60**	**52**
Niedersachsen	**146 126**	**124 680**	**120**	**103**
Braunschweig	34 255	29 228	128	110
Hannover	45 703	38 996	136	116
Lüneburg	24 083	20 548	97	84
Weser-Ems	42 085	35 908	116	99

2.13. Gross domestic product at market prices: regional indicators — 1993

Territorial units (NUTS) Level I Level II	Total		Per inhabitant	
	ECU	PPS	ECU	PPS
	Mio		EUR 15 = 100	
Nordrhein-Westfalen	**368 927**	**314 784**	**131**	**112**
Düsseldorf	120 763	103 040	143	123
Köln	87 799	74 914	133	115
Münster	45 309	38 660	112	96
Detmold	39 050	33 319	125	107
Arnsberg	76 005	64 850	126	108
Rheinland-Pfalz	**72 689**	**62 022**	**117**	**100**
Koblenz	25 139	21 450	108	93
Trier	8 288	7 072	105	90
Rheinhessen-Pfalz	39 263	33 501	126	108
Saarland	**21 597**	**18 428**	**125**	**107**
Sachsen	**45 857**	**39 129**	**62**	**53**
Chemnitz	:	:	:	:
Dresden	:	:	:	:
Leipzig	:	:	:	:
Sachsen-Anhalt	**27 949**	**23 848**	**63**	**54**
Dessau	:	:	:	:
Halle	:	:	:	:
Magdeburg	:	:	:	:
Schleswig-Holstein	**51 208**	**43 693**	**120**	**103**
Thüringen	**24 651**	**21 034**	**61**	**52**

2.14. Gross domestic product at market prices: regional indicators — 1993

Territorial units (NUTS) Level I Level II	Total		Per inhabitant	
	ECU	PPS	ECU	PPS
	Mio		EUR 15 = 100	
ΕΛΛΑΔΑ (¹)	**76 737**	**103 609**	**46**	**63**
Βόρεια Ελλάδα	**23 352**	**31 530**	**44**	**60**
Ανατολική Μακεδονία, Θράκη	3 890	5 252	44	59
Κεντρική Μακεδονία	12 338	16 658	44	60
Δυτική Μακεδονία	2 142	2 892	45	61
Θεσσαλία	4 982	6 727	42	57
Κεντρική Ελλάδα	**17 433**	**23 538**	**43**	**59**
Ήπειρος	1 930	2 606	34	46
Ιόνια Νησιά	1 262	1 704	41	55
Δυτική Ελλάδα	4 514	6 094	39	53
Στερεά Ελλάδα	5 232	7 065	53	72
Πελοπόννησος	4 495	6 070	44	60
Αττική	**29 355**	**39 634**	**53**	**72**
Νησιά	**6 597**	**8 907**	**42**	**56**
Βόρειο Αιγαίο	1 088	1 469	36	49
Νότιο Αιγαίο	1 890	2 552	46	62
Κρήτη	3 619	4 886	41	56

(¹) See page 8 for translation.

Regional accounts

2.15. Gross domestic product at market prices: regional indicators — 1993

Territorial units (NUTS) Level I Level II	Total		Per inhabitant	
	ECU	PPS	ECU	PPS
	Mio		EUR 15 = 100	
ESPAÑA	**408 414**	**482 625**	**65**	**78**
Noroeste	**38 266**	**45 219**	**55**	**66**
Galicia	22 055	26 062	51	60
Asturias	10 897	12 877	63	75
Cantabria	5 314	6 280	63	75
Noreste	**49 524**	**58 523**	**76**	**91**
País Vasco	25 780	30 465	77	92
Navarra	6 704	7 922	80	96
Rioja	3 049	3 604	72	86
Aragón	13 990	16 532	74	88
Madrid	**65 547**	**77 457**	**82**	**97**
Centro	**47 629**	**56 284**	**57**	**68**
Castilla y León	24 860	29 377	62	74
Castilla-La Mancha	14 945	17 661	56	67
Extremadura	7 824	9 246	46	55
Este	**126 007**	**148 903**	**74**	**88**
Cataluña	77 128	91 142	79	94
Comunidad Valenciana	39 177	46 295	63	75
Baleares	9 702	11 465	83	99
Sur	**65 960**	**77 945**	**50**	**60**
Andalucía	54 924	64 904	49	58
Murcia	9 907	11 707	58	69
Ceuta y Melilla	1 129	1 334	56	67
Canarias	**15 481**	**18 295**	**64**	**76**

Regional accounts

2.16. Gross domestic product at market prices: regional indicators — 1993

Territorial units (NUTS) **Level I** Level II	Total		Per inhabitant	
	ECU	PPS	ECU	PPS
	Mio		EUR 15 = 100	
FRANCE	1 068 578	999 457	117	110
Île-de-France	305 590	285 823	177	166
Bassin parisien	175 290	163 951	106	100
Champagne-Ardenne	24 838	23 232	115	109
Picardie	29 306	27 411	100	94
Haute-Normandie	30 507	28 533	109	103
Centre	40 577	37 953	106	100
Basse-Normandie	23 714	22 180	106	100
Bourgogne	26 280	24 580	102	96
Nord-Pas-de-Calais	59 331	55 493	94	88
Est	86 698	81 090	108	101
Lorraine	36 668	34 296	100	94
Alsace	31 096	29 085	119	112
Franche-Comté	18 922	17 698	107	101
Ouest	118 007	110 374	98	92
Pays de la Loire	49 476	46 275	100	94
Bretagne	44 068	41 217	98	92
Poitou-Charentes	24 479	22 895	95	90
Sud-Ouest	96 664	90 412	101	95
Aquitaine	47 015	43 973	104	98
Midi-Pyrénées	38 972	36 451	99	94
Limousin	10 673	9 983	93	88
Centre-Est	119 993	112 231	111	105
Rhône-Alpes	99 862	93 402	115	108
Auvergne	20 133	18 831	96	90
Méditerranée	107 006	100 084	99	93
Languedoc-Roussillon	31 464	29 429	91	86
Provence-Alpes-Côte d'Azur	72 229	67 557	104	98
Corse	3 320	3 105	83	78

2.16. Gross domestic product at market prices: regional indicators — 1993

Territorial units (NUTS) Level I / Level II	Total ECU	Total PPS	Per inhabitant ECU	Per inhabitant PPS
	Mio	Mio	EUR 15 = 100	EUR 15 = 100
Départements d'outre-mer (¹)	**10 041**	**9 750**	**47**	**46**
Guadeloupe	2 199	2 135	39	37
Martinique	2 794	2 714	53	52
Guyane	944	917	56	54
Réunion	4 104	3 985	47	46

(¹) 1990.

Regional accounts

2.17. Gross domestic product at market prices: regional indicators — 1993

Territorial units (NUTS) Level I Level II	Total		Per inhabitant	
	ECU	PPS	ECU	PPS
	Mio		EUR 15 = 100	
IRELAND	**40 365**	**45 699**	**71**	**81**
ITALIA	**847 322**	**942 666**	**92**	**102**
Nord-Ovest	**103 363**	**114 994**	**104**	**117**
Piemonte	71 971	80 070	103	115
Valle d'Aosta	2 213	2 462	116	130
Liguria	29 179	32 463	108	120
Lombardia	**168 573**	**187 542**	**117**	**131**
Nord-Est	**110 646**	**123 097**	**105**	**117**
Trentino-Alto Adige	16 124	17 938	111	124
Veneto	73 998	82 324	104	116
Friuli-Venezia Giulia	20 525	22 834	106	118
Emilia-Romagna	**71 661**	**79 724**	**112**	**126**
Centro	**88 862**	**98 861**	**95**	**106**
Toscana	55 604	61 861	97	108
Umbria	11 737	13 057	89	99
Marche	21 521	23 942	92	103
Lazio	**89 808**	**99 914**	**107**	**120**
Campania	**56 593**	**62 961**	**61**	**69**
Abruzzi-Molise	**20 146**	**22 413**	**78**	**87**
Abruzzi	16 393	18 238	80	90
Molise	3 753	4 176	70	78
Sud	**67 337**	**74 914**	**62**	**69**
Puglia	43 420	48 306	66	74
Basilicata	5 831	6 487	59	66
Calabria	18 086	20 121	54	60
Sicilia	**51 779**	**57 606**	**64**	**71**
Sardegna	**18 554**	**20 641**	**69**	**77**

2.18. Gross domestic product at market prices: regional indicators — 1993

Territorial units (NUTS) Level I Level II	Total		Per inhabitant	
	ECU	PPS	ECU	PPS
	Mio		EUR 15 = 100	
LUXEMBOURG (GRAND-DUCHÉ)	10 689	10 118	168	160
NEDERLAND	264 034	249 349	108	103
Noord-Nederland	27 599	26 064	107	102
Groningen	12 358	11 671	139	132
Friesland	8 702	8 218	90	85
Drenthe	6 540	6 176	91	87
Oost-Nederland	47 484	44 843	95	90
Overijssel	16 002	15 112	96	91
Gelderland	28 401	26 821	96	92
Flevoland	3 081	2 910	81	77
West-Nederland	133 302	125 888	117	111
Utrecht	20 088	18 971	120	114
Noord-Holland	47 801	45 142	122	116
Zuid-Holland	59 367	56 065	113	107
Zeeland	6 046	5 710	105	99
Zuid-Nederland	55 649	52 554	103	98
Noord-Brabant	38 505	36 364	107	102
Limburg	17 144	16 190	96	91
ÖSTERREICH	155 452	141 582	122	112
Ostösterreich	72 855	66 355	136	124
Burgenland	3 399	3 095	77	71
Niederösterreich	25 067	22 830	104	96
Wien	44 389	40 429	176	161
Südösterreich	27 047	24 633	96	88
Kärnten	8 636	7 866	97	89
Steiermark	18 410	16 768	96	88
Westösterreich	55 550	50 594	122	112
Oberösterreich	25 272	23 017	116	106
Salzburg	10 838	9 871	137	125
Tirol	12 677	11 546	123	113
Vorarlberg	6 764	6 160	125	114

Regional accounts

2.18. Gross domestic product at market prices: regional indicators — 1993

Territorial units (NUTS) Level I Level II	Total		Per inhabitant	
	ECU	PPS	ECU	PPS
	Mio		EUR 15 = 100	
PORTUGAL	72 334	107 994	46	69
Continente	70 053	104 588	47	70
Norte	22 847	34 110	41	62
Centro	9 002	13 440	33	49
Lisboa e Vale do Tejo	33 641	50 226	64	96
Alentejo	2 403	3 588	28	42
Algarve	2 160	3 225	39	59
Açores	1 067	1 593	28	42
Madeira	1 214	1 812	30	45
SUOMI/FINLAND	71 481	72 885	89	91
Manner-Suomi	70 990	72 384	88	91
Uusimaa	23 653	24 117	115	118
Etelä-Suomi	23 856	24 324	84	86
Itä-Suomi	7 888	8 043	70	72
Väli-Suomi	8 696	8 867	77	79
Pohjois-Suomi	6 897	7 032	78	80
Ahvenanmaa/Åland	491	501	123	126
SVERIGE	158 108	135 930	114	98
Stockholm	36 879	31 706	138	119
Östra Mellansverige	24 344	20 930	103	89
Småland med öarna	13 756	11 827	109	95
Sydsverige	21 579	18 552	109	94
Västsverige	30 550	26 264	110	95
Norra Mellansverige	14 563	12 520	106	91
Mellersta Norrland	7 170	6 164	113	98
Övre Norrland	9 267	7 967	111	96
UNITED KINGDOM	804 758	912 672	87	99
North	38 494	43 656	78	89
Cleveland, Durham	13 457	15 262	72	83
Cumbria	7 609	8 630	98	111
Northumberland, Tyne and Wear	17 427	19 764	76	86

2.19. Gross domestic product at market prices: regional indicators — 1993

Territorial units (NUTS) Level I Level II	Total		Per inhabitant	
	ECU	PPS	ECU	PPS
	Mio		EUR 15 = 100	
Yorkshire and Humberside	**63 702**	**72 244**	**80**	**91**
Humberside	11 797	13 379	84	96
North Yorkshire	10 005	11 347	87	99
South Yorkshire	14 529	16 477	70	80
West Yorkshire	27 369	31 039	82	93
East Midlands	**52 937**	**60 036**	**82**	**93**
Derbyshire, Nottinghamshire	24 928	28 271	79	90
Leicestershire, Northamptonshire	20 691	23 466	87	99
Lincolnshire	7 319	8 301	77	87
East Anglia	**29 553**	**33 516**	**89**	**101**
South-East	**288 479**	**327 163**	**102**	**116**
Bedfordshire, Hertfordshire	21 779	24 699	89	101
Berkshire, Buckinghamshire, Oxfordshire	32 281	36 610	101	116
Surrey, East-West Sussex	33 064	37 498	84	96
Essex	17 908	20 309	72	82
Greater London	139 572	158 287	127	144
Hampshire, Isle of Wight	24 041	27 265	88	100
Kent	19 833	22 493	81	92
South-West	**62 739**	**71 152**	**83**	**94**
Avon, Gloucestershire, Wiltshire	30 684	34 798	92	105
Cornwall, Devon	17 628	19 991	73	83
Dorset, Somerset	14 426	16 361	79	91
West Midlands	**67 162**	**76 168**	**80**	**91**
Hereford-Worcs., Warwickshire	14 646	16 610	77	88
Shropshire, Staffordshire	17 479	19 823	75	85
West Midlands (County)	35 036	39 734	84	95
North-West	**80 030**	**90 761**	**78**	**90**
Cheshire	13 905	15 770	90	103
Greater Manchester	32 999	37 424	80	92
Lancashire	18 238	20 683	81	92
Merseyside	14 886	16 882	65	74
Wales	**34 029**	**38 592**	**74**	**84**
Clwyd, Dyfed, Gwynedd, Powys	12 754	14 464	71	81
Gwent, Mid-South-West Glamorgan	21 273	24 126	75	86
Scotland	**69 601**	**78 934**	**85**	**97**
Borders-Central-Fife-Lothian-Tayside	25 597	29 030	86	98
Dumfries & Galloway, Strathclyde	30 693	34 808	79	90
Highlands, Islands	3 423	3 882	77	88
Grampian	9 887	11 213	118	134
Northern Ireland	**18 033**	**20 451**	**69**	**79**

Regional accounts

2.20. Gross value-added at market prices by branch — 1992

(%)

Territorial units (NUTS) Level I Level II	Agricultural, forestry and fishery products	Industrial products	Services	Total
BELGIQUE/BELGIË	1,8	30,0	68,2	100,0
Vlaams gewest	2,0	33,5	64,4	100,0
Région wallonne	2,3	28,5	69,2	100,0
Bruxelles/Brussel	0,0	19,3	80,7	100,0
Antwerpen	1,3	35,7	63,0	100,0
Vlaams Brabant	1,5	24,6	73,9	100,0
Brabant Wallon	1,6	28,2	70,1	100,0
Hainaut	1,8	28,9	69,3	100,0
Liège	1,7	32,9	65,4	100,0
Limburg	2,1	38,8	59,1	100,0
Luxembourg	6,7	19,1	74,3	100,0
Namur	3,4	20,7	75,9	100,0
Oost-Vlaanderen	2,0	35,9	62,1	100,0
West-Vlaanderen	3,6	30,1	66,3	100,0
DANMARK	3,9 *	26,4 *	69,3 *	100,0

Regional accounts

2.21. Gross value-added at market prices by branch — 1992

(%)

Territorial units (NUTS) Level I Level II	Agricultural, forestry and fishery products	Industrial products	Services	Total
DEUTSCHLAND	1,2	37,0	61,8	100,0
Baden-Württemberg	1,2	43,6	55,2	100,0
Stuttgart	:	:	:	:
Karlsruhe	:	:	:	:
Freiburg	:	:	:	:
Tübingen	:	:	:	:
Bayern	1,2	37,4	61,4	100,0
Oberbayern	:	:	:	:
Niederbayern	:	:	:	:
Oberpfalz	:	:	:	:
Oberfranken	:	:	:	:
Mittelfranken	:	:	:	:
Unterfranken	:	:	:	:
Schwaben	:	:	:	:
Berlin (West)	0,2	39,2	60,6	100,0
Brandenburg	:	:	:	:
Bremen	0,3	32,9	66,8	100,0
Hamburg	0,3	24,3	75,4	100,0
Hessen	0,5	29,3	70,1	100,0
Darmstadt	:	:	:	:
Gießen	:	:	:	:
Kassel	:	:	:	:
Mecklenburg-Vorpommern	:	:	:	:
Niedersachsen	3,0	35,0	62,1	100,0
Braunschweig	:	:	:	:
Hannover	:	:	:	:
Lüneburg	:	:	:	:
Weser-Ems	:	:	:	:

Regional accounts

2.21. Gross value-added at market prices by branch — 1992

(%)

Territorial units (NUTS) Level I 　Level II	Agricultural, forestry and fishery products	Industrial products	Services	Total
Nordrhein-Westfalen	0,8	38,6	60,6	100,0
Düsseldorf	:	:	:	:
Köln	:	:	:	:
Münster	:	:	:	:
Detmold	:	:	:	:
Arnsberg	:	:	:	:
Rheinland-Pfalz	1,6	40,5	57,8	100,0
Koblenz	:	:	:	:
Trier	:	:	:	:
Rheinhessen-Pfalz	:	:	:	:
Saarland	0,3	37,4	62,3	100,0
Sachsen	:	:	:	:
Chemnitz	:	:	:	:
Dresden	:	:	:	:
Leipzig	:	:	:	:
Sachsen-Anhalt	:	:	:	:
Dessau	:	:	:	:
Halle	:	:	:	:
Magdeburg	:	:	:	:
Schleswig-Holstein	2,3	30,9	66,8	100,0
Thüringen	:	:	:	:

2.22. Gross value-added at market prices by branch — 1992

(%)

Territorial units (NUTS) Level I Level II	Agricultural, forestry and fishery products	Industrial products	Services	Total
ΕΛΛΑΔΑ (¹) (²)	**14,8**	**26,3**	**59,0**	**100,0**
Βόρεια Ελλάδα	**22,0**	**30,0**	**48,1**	**100,0**
Ανατολική Μακεδονία, Θράκη	26,8	31,6	41,6	100,0
Κεντρική Μακεδονία	18,2	28,0	53,8	100,0
Δυτική Μακεδονία	17,5	45,5	37,0	100,0
Θεσσαλία	30,2	26,3	43,5	100,0
Κεντρική Ελλάδα	**26,2**	**29,3**	**44,5**	**100,0**
Ήπειρος	25,8	21,9	52,3	100,0
Ιόνια Νησιά	19,7	16,1	64,2	100,0
Δυτική Ελλάδα	28,7	24,5	46,9	100,0
Στερεά Ελλάδα	20,9	42,1	37,0	100,0
Πελοπόννησος	32,2	26,3	41,4	100,0
Αττική	**1,8**	**25,1**	**73,1**	**100,0**
Νησιά	**19,9**	**17,5**	**62,5**	**100,0**
Βόρειο Αιγαίο	19,9	19,5	60,6	100,0
Νότιο Αιγαίο	10,0	19,2	70,8	100,0
Κρήτη	25,6	16,0	58,4	100,0

(¹) At factor cost.
(²) See page 8 for translation.

Regional accounts

2.23. Gross value-added at market prices by branch — 1992

(%)

Territorial units (NUTS) Level I 　Level II	Agricultural, forestry and fishery products	Industrial products	Services	Total
ESPAÑA	**3,4**	**31,9**	**64,7**	**100,0**
Noroeste	**5,5**	**33,6**	**60,8**	**100,0**
Galicia	7,6	33,0	59,3	100,0
Asturias	2,5	36,7	60,8	100,0
Cantabria	4,7	31,3	64,1	100,0
Noreste	**3,1**	**40,3**	**56,6**	**100,0**
País Vasco	1,5	43,6	54,9	100,0
Navarra	4,1	40,1	55,8	100,0
Rioja	6,1	44,3	49,6	100,0
Aragón	3,7	32,9	63,4	100,0
Madrid	**0,2**	**25,7**	**74,2**	**100,0**
Centro	**6,6**	**34,1**	**59,3**	**100,0**
Castilla y León	4,4	34,7	60,9	100,0
Castilla-La Mancha	7,9	36,6	55,5	100,0
Extremadura	7,0	28,9	64,1	100,0
Este	**1,8**	**33,7**	**64,4**	**100,0**
Cataluña	1,4	36,9	61,7	100,0
Comunidad Valenciana	2,8	33,2	64,0	100,0
Baleares	1,4	16,4	82,2	100,0
Sur	**7,1**	**27,3**	**65,7**	**100,0**
Andalucia	6,8	27,2	66,0	100,0
Murcia	7,0	31,5	61,5	100,0
Ceuta y Melilla	0,7	9,2	90,1	100,0
Canarias	**3,5**	**19,8**	**76,6**	**100,0**

2.24. Gross value-added at market prices by branch — 1992

(%)

Territorial units (NUTS) Level I Level II	Agricultural, forestry and fishery products	Industrial products	Services	Total
FRANCE	**2,9**	**29,6**	**67,5**	**100,0**
Île-de-France	**0,2**	**26,3**	**73,5**	**100,0**
Bassin parisien	**5,3**	**34,5**	**60,2**	**100,0**
Champagne-Ardenne	9,7	33,2	57,1	100,0
Picardie	5,1	34,2	60,7	100,0
Haute-Normandie	2,5	41,0	56,5	100,0
Centre	4,9	33,6	61,5	100,0
Basse-Normandie	5,5	32,2	62,2	100,0
Bourgogne	5,4	31,3	63,2	100,0
Nord-Pas-de-Calais	**1,6**	**31,9**	**66,5**	**100,0**
Est	**2,7**	**36,5**	**60,8**	**100,0**
Lorraine	2,4	33,8	63,8	100,0
Alsace	2,7	36,8	60,5	100,0
Franche-Comté	3,5	41,0	55,5	100,0
Ouest	**6,2**	**28,2**	**65,6**	**100,0**
Pays de la Loire	5,5	30,8	63,7	100,0
Bretagne	6,8	25,4	67,8	100,0
Poitou-Charentes	6,6	27,7	65,7	100,0
Sud-Ouest	**5,5**	**26,7**	**67,8**	**100,0**
Aquitaine	7,4	26,0	66,5	100,0
Midi-Pyrénées	3,8	27,0	69,2	100,0
Limousin	3,1	28,6	68,2	100,0
Centre-Est	**2,2**	**35,4**	**62,4**	**100,0**
Rhône-Alpes	1,9	36,0	62,1	100,0
Auvergne	3,7	32,0	64,3	100,0
Méditerranée	**2,9**	**22,4**	**74,7**	**100,0**
Languedoc-Roussillon	4,8	21,0	74,2	100,0
Provence-Alpes-Côte d'Azur	2,2	22,9	74,9	100,0
Corse	2,0	22,4	75,6	100,0

Regional accounts

2.24. Gross value-added at market prices by branch — 1992

(%)

Territorial units (NUTS) Level I Level II	Agricultural, forestry and fishery products	Industrial products	Services	Total
Départements d'outre-mer	:	:	:	:
Guadeloupe	:	:	:	:
Martinique	:	:	:	:
Guyane	:	:	:	:
Réunion	:	:	:	:

Regional accounts

2.25. Gross value-added at market prices by branch — 1992

(%)

Territorial units (NUTS) Level I Level II	Agricultural, forestry and fishery products	Industrial products	Services	Total
IRELAND	7,7 *	38,0 *	54,4 *	100,0
ITALIA (¹)	**3,6**	**29,9**	**66,5**	**100,0**
Nord-Ovest	**2,5**	**33,0**	**64,5**	**100,0**
Piemonte	2,6	36,5	60,9	100,0
Valle d'Aosta	2,5	27,2	70,3	100,0
Liguria	2,4	24,6	73,0	100,0
Lombardia	**1,9**	**37,9**	**60,2**	**100,0**
Nord-Est	**3,9**	**33,5**	**62,7**	**100,0**
Trentino-Alto Adige	4,9	25,1	70,0	100,0
Veneto	3,9	36,7	59,4	100,0
Friuli-Venezia Giulia	2,9	28,3	68,8	100,0
Emilia-Romagna	**5,2**	**33,2**	**61,5**	**100,0**
Centro	**3,1**	**31,9**	**65,0**	**100,0**
Toscana	2,2	31,8	65,9	100,0
Umbria	5,1	30,6	64,3	100,0
Marche	4,3	32,7	63,0	100,0
Lazio	**1,9**	**19,5**	**78,6**	**100,0**
Campania	**4,0**	**21,7**	**74,3**	**100,0**
Abruzzi-Molise	**5,2**	**30,4**	**64,4**	**100,0**
Abruzzi	5,1	31,2	63,7	100,0
Molise	5,7	26,9	67,4	100,0
Sud	**6,9**	**21,4**	**71,7**	**100,0**
Puglia	7,6	22,4	70,0	100,0
Basilicata	7,2	23,5	69,3	100,0
Calabria	4,9	18,4	76,7	100,0
Sicilia	**7,0**	**20,8**	**72,1**	**100,0**
Sardegna	**5,1**	**26,3**	**68,6**	**100,0**

(¹) At factor cost.

Regional accounts

2.26. Gross value-added at market prices by branch — 1992

(%)

Territorial units (NUTS) Level I Level II	Agricultural, forestry and fishery products	Industrial products	Services	Total
LUXEMBOURG (GRAND-DUCHÉ)	1,5	31,0	67,5	100,0
NEDERLAND	**3,8**	**29,3**	**66,9**	**100,0**
Noord-Nederland	**5,1**	**42,3**	**52,6**	**100,0**
Groningen	2,8	52,8	44,4	100,0
Friesland	7,9	31,4	60,7	100,0
Drenthe	5,9	36,9	57,2	100,0
Oost-Nederland	**5,0**	**28,1**	**67,0**	**100,0**
Overijssel	5,0	32,4	62,6	100,0
Gelderland	4,3	26,7	69,0	100,0
Flevoland	11,7	17,6	70,7	100,0
West-Nederland	**3,0**	**23,8**	**73,2**	**100,0**
Utrecht	1,7	18,3	80,0	100,0
Noord-Holland	2,0	21,3	76,7	100,0
Zuid-Holland	4,1	25,6	70,3	100,0
Zeeland	4,2	41,8	54,0	100,0
Zuid-Nederland	**4,2**	**34,2**	**61,5**	**100,0**
Noord-Brabant	4,1	34,7	61,1	100,0
Limburg	4,5	33,2	62,4	100,0
ÖSTERREICH	:	:	:	:
Ostösterreich				
Burgenland				
Niederösterreich				
Wien				
Südösterreich				
Kärnten				
Steiermark				
Westösterreich				
Oberösterreich				
Salzburg				
Tirol				
Vorarlberg	:	:	:	:

Regional accounts

2.26. Gross value-added at market prices by branch — 1992

(%)

Territorial units (NUTS) Level I Level II	Agricultural, forestry and fishery products	Industrial products	Services	Total
PORTUGAL (¹)	5,8	37,0	57,2	100,0
Continente	5,8	37,0	57,2	100,0
Norte	4,6	47,7	47,7	100,0
Centro	10,4	43,4	46,2	100,0
Lisboa e Vale do Tejo	3,8	29,8	66,5	100,0
Alentejo	21,6	28,0	50,5	100,0
Algarve	14,9	18,8	66,3	100,0
Açores	:	:	:	:
Madeira	:	:	:	:
SUOMI/FINLAND	:	:	:	:
Manner-Suomi	:	:	:	:
Uusimaa	:	:	:	:
Etelä-Suomi	:	:	:	:
Itä-Suomi	:	:	:	:
Väli-Suomi	:	:	:	:
Pohjois-Suomi	:	:	:	:
Ahvenanmaa/Åland	:	:	:	:
SVERIGE	:	:	:	:
Stockholm	:	:	:	:
Östra Mellansverige	:	:	:	:
Småland med öarna	:	:	:	:
Sydsverige	:	:	:	:
Västsverige	:	:	:	:
Norra Mellansverige	:	:	:	:
Mellersta Norrland	:	:	:	:
Övre Norrland	:	:	:	:
UNITED KINGDOM	1,7	31,2	67,0	100,0
North	1,8	38,7	59,5	100,0
Cleveland, Durham	:	:	:	:
Cumbria	:	:	:	:
Northumberland, Tyne and Wear	:	:	:	:

(¹) 1990.

Regional accounts

2.27. Gross value-added at market prices by branch — 1992

(%)

Territorial units (NUTS) **Level I** Level II	Agricultural, forestry and fishery products	Industrial products	Services	Total
Yorkshire and Humberside	1,9	35,7	62,5	100,0
Humberside	:	:	:	:
North Yorkshire				
South Yorkshire				
West Yorkshire				
East Midlands	2,7	39,0	58,4	100,0
Derbyshire, Nottinghamshire	:	:	:	:
Leicestershire, Northamptonshire				
Lincolnshire				
East Anglia	4,7	30,3	65,0	100,0
South-East	0,7	23,0	76,3	100,0
Bedfordshire, Hertfordshire	:	:	:	:
Berkshire, Buckinghamshire, Oxfordshire				
Surrey, East-West Sussex				
Essex				
Greater London				
Hampshire, Isle of Wight				
Kent				
South-West	3,3	28,5	68,2	100,0
Avon, Gloucestershire, Wiltshire	:	:	:	:
Cornwall, Devon				
Dorset, Somerset				
West Midlands	2,0	37,9	60,1	100,0
Hereford-Worcs., Warwickshire	:	:	:	:
Shropshire, Staffordshire				
West Midlands (County)				
North-West	0,9	36,2	62,9	100,0
Cheshire	:	:	:	:
Greater Manchester				
Lancashire				
Merseyside				
Wales	2,1	37,4	60,5	100,0
Clwyd, Dyfed, Gwynedd, Powys	:	:	:	:
Gwent, Mid-South-West Glamorgan				
Scotland	2,6	31,4	65,9	100,0
Borders-Central-Fife-Lothian-Tayside	:	:	:	:
Dumfries & Galloway, Strathclyde				
Highlands, Islands				
Grampian				
Northern Ireland	4,1	29,1	66,8	100,0

2.28. Money market rates

(%)

Country	Official discount rate		Day-to-day money rate	
	End 1994	End 1995	1994	1995
1 B	4,50	3,00	5,50	4,59
2 DK	5,00	4,25	6,21	6,19
3 D	4,50	3,00	5,34	4,50
4 EL	20,50	18,00	23,75	15,83
5 E	–	–	7,81	8,99
6 F	–	–	5,69	6,36
7 IRL	–	–	5,32	5,86
8 I	7,50	9,00	8,20	10,08
9 L	–	–	–	–
10 NL	–	–	5,14	4,22
11 A	4,50	3,00	5,01	4,36
12 P	10,50	9,50	10,85	8,91
13 FIN	:	:	4,39	5,24
14 S	7,00	7,00	7,36	8,55
15 UK	:	:	4,92	6,25
16 ISL	–	–	–	–
17 NOR	6,75 (¹)	6,75 (¹)	6,58 (²)	6,65 (²)
18 CHE	3,50	1,50	3,85 (³)	2,89 (³)
19 USA	4,75	5,25	4,21	5,82
20 CAN	6,96	6,04	5,28	6,90
21 JPN	1,75	0,50	2,20	1,21

(¹) Norway has no official discount rate. The figures refer to the interest rates on overnight loans (d-loans).
(²) One week euro-market interest rate on NOK.
(³) Annual average rate.

Finance

2.28. Money market rates

(%)

Central bank advance rate on securities		Treasury bills interest rates (3 months)		Country	
End 1994	End 1995	1994	1995		
4,85	3,75	5,68	4,76	B	1
5,50	4,60	–	–	DK	2
4,85	3,75	–	–	D	3
24,00	21,50	17,57	14,40	EL	4
7,35	9,00	7,79	9,01	E	5
5,00	4,45	5,81	6,67	F	6
6,25	6,50	–	–	IRL	7
8,35	10,50	8,84	10,73	I	8
–	–	–	–	L	9
4,50	2,75	–	–	NL	10
4,70	3,75	–	–	A	11
8,88	8,50	10,76	9,69	P	12
5,55	4,25	:	:	FIN	13
7,60	8,91	7,40	8,75	S	14
6,25	6,50	5,15	6,33	UK	15
5,40	6,50	–	–	ISL	16
6,75	6,75	6,07 (¹)	5,33 (¹)	NOR	17
6,25	5,38 (²)	4,06 (³)	1,71 (³)	CHE	18
–	–	4,25	5,49	USA	19
–	–	6,17	6,98	CAN	20
–	–	1,63	0,85	JPN	21

(¹) Three months treasury certificates.
(²) Lombard rate of December 1995.
(³) Treasury bill rates at the end of the year.

2.29. Conversion rates
1 ECU = ... (yearly averages)

	Country	Currency	1991	1992	1993	1994	1995
1	B	BEF	42,22327	41,59317	40,47126	39,65647	38,55189
2	DK	DKK	7,908588	7,809251	7,593587	7,543283	7,328043
3	D	DEM	2,050762	2,02031	1,936386	1,924525	1,87375
4	EL	GRD	225,2158	247,0262	268,5679	288,0262	302,9886
5	E	ESP	128,4687	132,5256	149,124	158,9184	163,000
6	F	FRF	6,973323	6,848388	6,63368	6,582615	6,525055
7	IRL	IEP	0,7678087	0,7607175	0,799952	0,793618	0,815525
8	I	ITL	1 533,235	1 595,515	1 841,229	1 915,059	2 130,143
9	L	LUF	42,22327	41,59317	40,47126	39,65647	38,55189
10	NL	NLG	2,310976	2,274816	2,175213	2,158269	2,098914
11	A	ATS	14,4309	14,21692	13,6238	13,53955	13,18239
12	P	PTE	178,6142	174,7137	188,3699	196,896	196,1047
13	FIN	FIM	5,002107	5,807034	6,696278	6,190767	5,708546
14	S	SEK	7,479265	7,532946	9,12151	9,163075	9,331923
15	UK	GBP	0,701012	0,7376497	0,779988	0,775903	0,828789
16	ISL	ISK	73,1847	74,5137	79,1650	82,875	83,7500
17	NOR	NOK	8,017007	8,041772	8,309539	8,37420	8,285745
18	CHE	CHF	1,772454	1,817758	1,730194	1,621276	1,54574
19	USA	USD	1,239158	1,298104	1,170999	1,189518	1,308006
20	CAN	CAD	1,419814	1,568627	1,510699	1,624696	1,794830
21	JPN	JPY	166,4934	164,2226	130,1475	121,3218	123,0124

Finance

2.29. Conversion rates
1 PPS = ... (yearly averages)

	Country	Currency	1991	1992	1993	1994	1995
1	B	BEF	41,61	40,87	40,25	40,10	40,27
2	DK	DKK	9,75	9,89	9,49	9,37	9,39
3	D	DEM	2,22	2,23	2,27	2,23	2,24
4	EL	GRD	171,25	183,95	198,91	211,00	227,12
5	E	ESP	117,30	124,13	126,19	130,46	134,69
6	F	FRF	6,92	6,94	7,09	7,12	7,13
7	IRL	IEP	0,71	0,69	0,71	0,69	0,69
8	I	ITL	1 554,00	1 577,71	1 655,00	1 648,98	1 705,09
9	L	LUF	41,95	42,06	42,75	43,02	43,24
10	NL	NLG	2,32	2,31	2,30	2,28	2,30
11	A	ATS	14,20	15,12	14,96	14,97	15,05
12	P	PTE	116,80	125,00	126,17	127,01	131,55
13	FIN	FIM	6,30	6,87	6,57	6,61	6,75
14	S	SEK	9,95	10,60	10,61	10,64	10,91
15	UK	GBP	0,68	0,67	0,69	0,69	0,70
16	ISL	ISK	85,30	85,70	88,77	90,39	:
17	NOR	NOK	9,59	9,22	9,43	9,81	9,87
18	CHE	CHF	2,23	2,34	2,30	2,26	2,25
19	USA	USD	1,07	1,05	1,08	1,08	1,08
20	CAN	CAD	1,28	1,26	1,37	1,36	1,33
21	JPN	JPY	205,00	199,00	197,71	194,80	190,055

Finance

2.30. Central government debt

(Mio ECU)

	Country	Total		Domestic		Foreign	
		End 1993	End 1994	End 1993	End 1994	End 1993	End 1994
	EUR 15	3 391 082	:	2 837 183	:	553 899	:
1	B	225 212	238 393	187 483	203 933	37 729	34 460
2	DK	84 495	92 672	62 570	75 084	21 925	17 588
3	D	690 343	735 762	428 318	460 325	262 025	275 438
4	EL	87 725	:	68 885	:	18 840	:
5	E	180 780	212 591	140 733	176 780	40 047	35 811
6	F	376 286	444 336	367 483	434 813	8 803	9 523
7	IRL	37 851	37 823	22 329	23 320	15 522	14 503
8	I	925 693	969 912	887 429	928 317	38 264	41 595
9	L	398	438	249	282	149	157
10	NL	171 427	175 540	171 427	175 540	0	0
11	A	81 487	91 412	65 847	71 949	15 640	19 462
12	P	42 841	49 139	37 805	42 187	5 037	6 952
13	FIN	41 100	53 846	17 020	23 557	24 080	30 289
14	S	121 797	140 184	82 679	98 554	39 118	41 629
15	UK	323 646	383 533	296 926	360 272	26 721	23 261
16	ISL	2 228	2 354	969	997	1 259	1 357
17	NOR	40 263	41 138	30 634	32 549	9 629	8 590
	EEA	3 433 209	:	2 868 866	:	564 343	:
18	CHE	42 018	48 211	–	–	–	–
19	USA	4 065 439	3 902 475	3 507 390	3 343 062	558 049	559 413
20	CAN	–	–	–	–	–	–
21	JPN	–	–	–	–	–	–

Finance

2.31. Money supply

(Mio ECU)

	Country	M1 (¹)		M2 (²)		M3 (³)	
		End 1994	End 1995	End 1994	End 1995	End 1994	End 1995
	EUR 15	–	–	–	–	–	–
1	B	37 363	39 615	–	–	169 080	171 144
2	DK	–	–	52 737	56 202	–	–
3	D	401 033	433 178	673 217	667 580	1 016 622	1 065 516
4	EL	9 454	10 163	–	–	53 320	55 850
5	E	106 972	112 110	177 411	185 755	392 941	441 488
6	F	254 251	282 929	456 888	507 470	794 916	853 910
7	IRL	5 603	6 179	–	–	24 160	26 704
8	I (⁴)	273 616	266 603	512 205	504 058	–	–
9	L	2 668	2 383	12 872	13 838	19 001	18 980
10	NL	71 334	82 012	128 424	136 184	218 356	230 757
11	A	26 521	30 881	36 323	–	134 777	144 140
12	P	18 588	20 214	54 389	58 635	–	–
13	FIN	26 480	31 288	49 183	53 136	56 356	57 689
14	S	–	–	–	–	77 613	84 143
15	UK	–	–	521 515	515 690	718 895	735 246
16	ISL	418	465	1 360	1 365	2 008	2 080
17	NOR	48 044	49 177	69 989	74 361	–	–
	EEA	–	–	–	–	–	–
18	CHE	87 654	102 881	194 179	227 233	257 265	283 124
19	USA	954 603	875 563	2 869 663	2 799 336	3 529 235	3 493 274
20	CAN	–	–	–	–	–	–
21	JPN	1 236 477	1 265 138	4 414 018	4 124 788	–	–

(¹) M1 = notes and coin in circulation + bank sight deposits.
(²) M2 = M1 + savings deposits + other short-term claims on banks.
(³) M3 = M2 + certain placements in a less liquid or longer term form.
(⁴) Average.

2.32. Money supply: M1 (¹)
in national currency

(Mrd)

	Country	End of year				
		1991	1992	1993	1994	1995
1	B	1 334,60	1 336,00	1 432,90	1 463,20	1 539,40
2	DK	–	–	–	–	–
3	D	604,04	669,58	726,32	764,10	816,10
4	EL	1 742,92	1 968,25	2 223,74	2 793,54	3 166,40
5	E	15 764,40	15 631,20	16 180,00	17 337,00	17 887,00
6	F	1 611,10	1 631,10	1 629,40	1 671,90	1 822,00
7	IRL	3,198	3,228	3,939	4,455	5,070
8	I (²)	451 458	481 960	503 694	537 433	538 505
9	L	80,40	83,00	87,10	104,50	92,20
10	NL	129,725	135,071	149,643	152,243	172,928
11	A	284,14	301,79	334,63	355,58	409,19
12	P	2 704,90	3 163,90	3 392,70	3 641,00	3 972,20
13	FIN	130,64	134,83	141,76	154,35	175,92
14	S	–	–	–	–	–
15	UK	–	–	–	–	–
16	ISL	29,553	29,942	31,564	34,955	38,918
17	NOR	327,84	356,04	377,79	402,33	407,47
18	CHE	120,75	124,06	136,59	141,40	155,64
19	USA	917,30	1 045,80	1 153,90	1 174,20	1 150,70
20	JPN	131 045	136 138	145 610	151 665	171 540

(¹) M1 = notes and coin in circulation + bank sight deposits.
(²) Average.

2.33. Financial market rates (yearly averages)

Country	Index of share prices (1985 = 100)		Yields on shares	
	1994	1995	1994	1995
1 B	231	226	2,67	2,94
2 DK	176	176	–	–
3 D ([1])	106	104	3,07	–
4 EL ([1])	81	79	–	–
5 E	368	347	3,99	4,56
6 F ([1])	138	120	3,02	3,34
7 IRL	319	349	–	–
8 I	210	192	1,67	1,68
9 L	353	319	–	–
10 NL	195	206	3,18	3,40
11 A ([1])	75	66	–	–
12 P ([1])	116	111	–	–
13 FIN	328	340	1,39	2,60
14 S	370	413	–	–
15 UK	245	255	3,76	3,95
16 ISL	–	–	–	–
17 NOR	232	250	–	–
18 CHE ([1])	174 ([2])	185 ([2])	1,76 ([3])	1,81 ([3])
19 USA	235	269	2,82	2,56
20 CAN	124	:	2,26	:
21 JPN ([1])	74	64	0,70	0,83

([1]) 1990 = 100.
([2]) Swiss Bank Corporation share index.
([3]) Yield on Swiss Bank Corporation share index.

Finance

2.33. Financial market rates (yearly averages)

Yield on fixed interest securities				Country	
Government		Private sector			
1994	1995	1994	1995		
7,71	7,37	–	–	B	1
7,95	8,28	9,91	9,63	DK	2
6,68	6,50	6,76	6,53	D	3
:	:	–	–	EL	4
9,70	11,03	9,74	11,16	E	5
7,52	7,65	7,62	7,71	F	6
8,20	8,29	–	–	IRL	7
10,56	12,21	–	–	I	8
6,39	6,05	7,39	7,08	L	9
6,72	6,60	6,73	6,60	NL	10
6,70	6,47	:	6,58	A	11
10,15	10,74	–	:	P	12
9,05	8,79	–	–	FIN	13
9,51	10,24	9,85	10,29	S	14
8,05	8,25	9,09	:	UK	15
–	–	–	–	ISL	16
7,04	6,89 (¹)	7,70 (²)	7,58	NOR	17
5,06 (³)	4,71 (³)	5,35 (⁴)	4,99 (⁴)	CHE	18
7,42	6,93	8,21	:	USA	19
8,98	8,01	9,99	9,08	CAN	20
4,49	3,37	5,04	4,04	JPN	21

(¹) Five years government bond rate.
(²) Five years private bond rate.
(³) Yield for Confederation bonds with remaining running time of more than seven years.
(⁴) Yield for other bonds with remaining running time of more than seven years.

Finance

2.34. Index of share prices
(yearly averages)

(1985 = 100)

	Country	1991	1992	1993	1994	1995
1	B	190	187	207	231	226
2	DK	158	145	148	176	176
3	D (¹)	91	87	93	106	104
4	EL (¹)	88	70	73	81	79
5	E	311	270	318	368	347
6	F (¹)	113	117	130	138	120
7	IRL	241	224	281	319	349
8	I	172	141	168	210	192
9	L	187	178	246	353	319
10	NL	136	142	168	195	206
11	A (¹)	85	67	67	75	66
12	P (¹)	86	75	89	116	111
13	FIN	171	138	220	328	340
14	S	263	223	294	370	413
15	UK	190	199	228	245	255
16	ISL	:	:	:	:	:
17	NOR	172	141	184	230	249
18	CHE (¹) (²)	104	113	147	174	185
19	USA	191	211	231	235	269
20	JPN (¹)	85	63	70	74	64

(¹) 1990 = 100.
(²) Share price index of Swiss Bank Corporation.

Finance

2.35. Foreign official reserves of convertible currencies

(Mio ECU)

	Country	End of year					
		1990	1991	1992	1993	1994	1995
	EUR 15	**245 349**	**248 592**	**265 720**	**276 210**	**278 350**	**264 673**
1	B (¹)	8 157	8 254	10 591	9 388	10 474	11 170
2	DK	7 381	5 076	8 652	8 775	6 865	7 808
3	D	46 187	42 893	70 928	65 187	58 713	59 193
4	EL	2 425	3 790	3 826	6 843	11 643	11 117
5	E	36 234	47 948	36 482	35 672	32 686	24 722
6	F	24 989	21 099	20 137	17 934	19 121	17 609
7	IRL	3 557	3 967	2 544	5 001	4 671	6 122
8	I	44 140	33 928	20 618	22 533	24 476	25 065
9	L (¹)	:	:	:	:	:	:
10	NL	11 757	12 111	16 712	26 593	26 598	23 633
11	A	6 421	7 200	9 502	12 428	13 014	13 595
12	P	10 454	15 110	15 500	13 876	12 281	11 653
13	FIN	6 757	5 301	3 943	4 475	8 170	7 071
14	S	12 737	13 033	18 134	16 467	18 314	16 101
15	UK	24 152	28 881	28 151	31 038	31 324	29 812
16	ISL	306	323	400	369	228	197
17	NOR	10 492	9 105	9 168	16 709	14 627	16 062
	EEA	**256 157**	**258 028**	**275 287**	**293 288**	**296 032**	**280 957**
18	CHE	21 434	21 628	26 790	28 369	27 279	26 392
19	USA	38 284	34 255	33 037	37 226	33 511	37 360
20	JPN	50 970	46 056	51 109	79 522	93 612	131 211

(¹) BLEU.

2.36. Foreign official reserves

(Mio ECU)

	Country	ECU		SDRs	
		End 1994	End 1995	End 1994	End 1995
	EUR 15	–	–	**3 454**	**4 937**
1	B	3 782	3 073	146	374
2	DK	452	620	148	121
3	D	22 972	20 385	906	1 523
4	EL	1 149	1 224	0	0
5	E	6 105	4 417	207	313
6	F	3 544	3 557	294	727
7	IRL	668	779	120	121
8	I	3 782	4 502	102	41
9	L	–	–	–	–
10	NL	7 179	6 176	524	697
11	A	–	2 004	230	138
12	P	1 921	1 678	58	65
13	FIN	–	588	264	273
14	S	–	1 436	55	336
15	UK	–	–	398	312
16	ISL	33	23	0	0
17	NOR	1 348	1 379	316	352
	EEA	–	–	**3 770**	**5 281**
18	CHE	–	–	192	205
19	USA	–	–	8 162	8 400
20	CAN	–	–	–	–
21	JPN	–	–	1 693	2 060

2.36. Foreign official reserves

(Mio ECU)

Reserve position in the Fund (¹)		Monetary gold		Foreign official reserve		Country	
End 1994	End 1995	End 1994	End 1995	End 1994	End 1995		
13 130	**15 158**	**119 888**	**109 870**	**414 822**	**394 707**	**EUR 15**	
660	765	7 802	6 044	19 083	18 353	B	1
350	453	623	589	7 986	8 971	DK	2
3 276	3 964	29 656	28 009	92 550	92 689	D	3
135	129	1 072	1 018	12 849	12 265	EL	4
902	1 204	4 867	4 600	38 662	30 839	E	5
1 931	2 097	25 502	24 087	46 849	44 519	F	6
180	224	112	106	5 084	6 573	IRL	7
1 653	1 494	20 773	19 619	47 004	46 178	I	8
–	–	–	–	–	–	L	9
952	1 322	10 833	10 232	38 907	35 885	NL	10
432	519	5 714	3 528	19 390	17 780	A	11
274	342	4 674	4 729	17 285	16 789	P	12
233	293	623	471	9 291	8 109	FIN	13
536	511	1 891	1 414	20 796	18 361	S	14
1 618	1 841	5 745	5 424	39 086	37 396	UK	15
12	12	16	15	254	249	ISL	16
523	719	368	348	15 835	17 482	NOR	17
13 666	**15 889**	**120 271**	**110 233**	**430 911**	**412 438**	**EEA**	
763	1 110	25 948	24 507	54 182	52 214	CHE	18
9 780	11 147	81 549	77 012	132 994	133 912	USA	19
–	–	–	–	–	–	CAN	20
7 017	6 163	7 549	7 130	109 871	146 565	JPN	21

(¹) Unconditional drawing rights available.

Balance of payments

2.37. Balance of payments by main heading — 1994
Balance

(Mio ECU)

	Country	Goods (fob)	Transport	Travel	Other services	Investment income	Labour income
	EUR 15	**77 018**	**-6 213**	**1 022**	**12 900**	**-23 803**	**-2 925**
1	B (¹)	3 549	1 799	-2 166	4 318	2 853	- 451
2	DK	5 991	326	- 345	1 766	-4 418	0
3	D	47 494	-4 767	-26 087	-14 370	7 314	-2 521
4	EL	-9 581	- 347	2 297	2 882	-1 132	74
5	E	-12 810	282	14 647	-1 730	-7 615	6
6	F	7 116	- 899	9 177	8 557	-8 090	- 250
7	IRL	6 966	526	162	-1 716	-5 287	0
8	I	29 777	-4 980	9 836	-4 186	-12 918	80
9	L (¹)	:	:	:	:	:	:
10	NL	11 088	2 656	-3 847	2 505	1 506	- 20
11	A	-7 744	906	2 927	2 871	- 761	212
12	P	-5 695	- 859	1 983	- 626	- 175	58
13	FIN	6 461	- 168	- 214	-1 080	-3 593	8
14	S	8 097	456	-1 728	413	-5 024	- 121
15	UK	-13 691	-1 144	-5 620	13 296	13 537	:
16	ISL (²)	155	66	- 118	54	- 181	31
17	NOR (²)	5 855 (³)	3 805	-1 213	-1 914	-2 067	- 312
	EEA	**83 028**	**-2 342**	**1 022**	**12 900**	**-26 051**	**-3 206**
18	CHE	3 111	- 761	1 565	7 681	11 401	-4 217
19	USA	-139 233	3 409	14 218	30 635	-12 452	-1 011
20	CAN	8 617	-1 828	-2 462	-3 206	-16 900	:
21	JPN	122 872	-9 938	-22 880	-10 805	34 735	- 579

(¹) BLEU.
(²) 1993.
(³) Goods (caf).

102

Balance of payments

2.37. Balance of payments by main heading — 1994
Balance

(Mio ECU)

Governmental transactions	Unrequited transfers	Current balance	Direct investment	Other long-term capital	Portfolio investment	Reserves	Errors and omissions	
5 874	-46 752	17 097	-30 362	-4 997	-35 666	-24 604	- 507	
3 247	-2 824	10 325	5 406	5 743	-19 443	- 245	-1 911	1
10	- 964	2 335	718	-6 423	-10 079	1 582	614	2
5 256	-28 719	-16 399	-18 559	2 192	-14 317	-6 377	-2 786	3
- 240	5 880	- 167	821	4 612	0	-5 115	- 395	4
- 843	3 642	-4 419	3 349	- 119	1 624	50	- 315	5
- 543	-10 684	4 385	46	7 884	-46 762	-5 533	3 684	6
116	1 809	2 577	76	-2 466	-1 155	126	655	7
289	-4 868	13 031	-2 402	-20 584	-4 677	-1 766	272	8
:	:	:	:	:	:	:	:	9
44	-5 193	8 739	-6 712	4 458	-12 135	- 408	-2 365	10
315	- 468	-1 741	56	944	49	- 798	271	11
- 152	4 512	- 953	867	- 709	963	1 297	- 883	12
- 162	- 368	882	-1 972	- 122	5 985	-4 058	- 552	13
165	-1 528	731	387	6 533	-1 747	-2 009	-3 676	14
-1 628	-6 979	-2 229	-12 443	-6 940	66 028	-1 350	6 880	15
113 (¹)	- 2 (¹)	- 3 (¹)	3 (¹)	85 (¹)	- 35 (¹)	52 (¹)	- 31 (¹)	16
-1 523 (¹)	515 (¹)	3 067 (¹)	233 (¹)	4 594 (¹)	- 780 (¹)	7 013 (¹)	-1 574 (¹)	17
4 464	-46 239	20 161	-30 126	- 318	-36 481	-17 539	-2 112	
0	-2 958	15 548	-5 772	:	-13 372	- 847	- 736	18
3 110	-28 586	-129 910	- 42	4 808	64 836	4 487	-28 803	19
- 178	542	-14 525	- 124	153	8 643	1 032	1 206	20
2 027	-6 308	109 124	-14 442	-13 168	-36 293	-21 359	-14 306	21

(¹) 1993.

Balance of payments

2.38. Transport Balance

(Mio ECU)

	Country	1990	1991	1992	1993	1994
	EUR 15	**-2 276**	**-3 099**	**-5 237**	**-4 285**	**-6 211**
1	B (¹)	1 054	935	1 189	1 369	1 799
2	DK	302	308	328	477	326
3	D	-2 319	-3 501	-4 269	-4 333	-4 767
4	EL	- 425	- 545	- 464	- 255	- 347
5	E	498	501	355	202	282
6	F	-1 057	- 946	-1 233	-1 054	- 899
7	IRL	520	533	534	493	526
8	I	-3 776	-3 090	-4 578	-3 597	-4 980
9	L (¹)	:	:	:	:	:
10	NL	2 691	2 663	2 571	2 393	2 656
11	A	1 275	1 415	1 803	848	906
12	P	- 698	- 822	- 857	- 622	- 859
13	FIN	- 166	- 212	- 141	- 20	- 168
14	S	692	558	571	441	456
15	UK	- 868	- 896	-1 047	- 629	-1 144
16	ISL	48	38	35	66	73
17	NOR	2 430	2 799	3 417	3 805	3 696
	EEA	**201**	**- 263**	**-1 785**	**- 414**	**-2 442**
18	CHE	- 405	- 232	- 329	- 470	- 761
19	USA	2 600	4 017	4 332	3 248	3 409
20	CAN	- 527	- 315	- 518	- 649	- 773
21	JPN	-6 979	-7 608	-7 100	-8 897	-9 938

(¹) BLEU.

Balance of payments

2.39a. Voyages
Solde

(Mio ECU)

	Country	1990	1991	1992	1993	1994
	EUR 15	**4 006**	**4 379**	**540**	**2 271**	**1 023**
1	B (¹)	-1 375	-1 571	-1 975	-1 958	-2 166
2	DK	- 279	80	- 25	- 144	- 345
3	D	-14 919	-16 662	-19 750	-23 118	-26 087
4	EL	1 156	1 306	1 572	2 002	2 297
5	E	11 221	11 814	12 838	12 726	14 647
6	F	6 244	7 315	8 706	9 150	9 177
7	IRL	220	313	199	317	162
8	I	4 989	5 488	3 775	6 834	9 836
9	L (¹)	:	:	:	:	:
10	NL	-2 929	-3 171	-3 352	-3 607	-3 847
11	A	4 479	5 184	4 875	4 389	2 927
12	P	2 098	2 196	1 949	1 840	1 983
13	FIN	-1 249	-1 197	- 838	- 312	- 214
14	S	-2 655	-2 902	-3 034	-1 563	-1 728
15	UK	-2 994	-3 812	-4 401	-4 285	-5 620
16	ISL	- 115	- 132	- 128	- 118	- 100
17	NOR	-1 649	-1 429	-1 253	-1 213	-1 253
	EEA	**2 242**	**2 818**	**- 841**	**940**	**- 330**
18	CHE	1 208	1 573	1 555	1 410	1 565
19	USA	4 374	10 571	12 493	14 583	14 218
20	CAN	-4 408	-5 189	-5 097	-5 111	-3 431
21	JPN	-16 753	-16 717	-17 899	-19 922	-22 880

(¹) BLEU.

Balance of payments

2.39b. Other services
Balance

(Mio ECU)

	Country	1990	1991	1992	1993	1994
	EUR 15	**12 731**	**12 695**	**12 735**	**10 807**	**12 901**
1	B (¹)	2 251	2 575	3 451	3 923	4 318
2	DK	2 012	2 763	2 480	1 530	1 766
3	D	-7 154	-9 037	-11 165	-13 128	-14 370
4	EL	2 234	2 806	2 912	2 563	2 882
5	E	-1 810	-1 610	-2 613	-2 054	-1 730
6	F	7 219	7 383	7 900	7 065	8 557
7	IRL	-1 019	-1 080	-1 414	-1 542	-1 716
8	I	-2 938	-3 298	-3 272	-3 546	-4 186
9	L (¹)	:	:	:	:	:
10	NL	2 028	715	1 015	2 158	2 505
11	A	1 114	1 377	971	1 953	2 871
12	P	- 290	- 403	- 270	- 517	- 626
13	FIN	- 918	-1 248	-1 086	-1 154	-1 080
14	S	- 783	28	110	282	413
15	UK	10 786	11 723	13 715	13 273	13 296
16	ISL	65	62	81	54	53
17	NOR	- 616	-1 006	-3 892	-1 914	-3 955
	EEA	**12 181**	**11 751**	**8 924**	**8 947**	**8 999**
18	CHE	5 243	5 671	5 812	7 569	7 681
19	USA	21 044	41 950	60 690	29 320	30 635
20	CAN	-2 723	-2 649	-2 243	-2 653	-3 206
21	JPN	-12 580	-12 297	-11 415	-11 062	-10 805

(¹) BLEU.

Balance of payments

2.40. Merchandise trade balance (fob/fob)
Balance

(Mio ECU)

	Country	1990	1991	1992	1993	1994
	EUR 15	**-4 127**	**-29 082**	**-8 185**	**59 840**	**77 019**
1	B (¹)	- 251	- 227	1 054	3 156	3 549
2	DK	3 822	3 831	5 561	6 675	5 991
3	D	56 622	18 417	24 997	38 933	47 494
4	EL	-7 963	-8 118	-8 961	-9 017	-9 581
5	E	-23 239	-24 922	-23 928	-13 394	-12 810
6	F	-10 664	-8 093	1 388	5 786	7 116
7	IRL	2 363	2 589	4 601	6 029	6 966
8	I	916	- 153	2 155	28 241	29 777
9	L (¹)	:	:	:	:	:
10	NL	8 042	8 617	8 780	11 081	11 088
11	A	-5 497	-6 975	-6 810	-6 680	-7 744
12	P	-5 346	-6 349	-7 278	-5 873	-5 695
13	FIN	570	1 892	3 031	5 471	6 461
14	S	2 713	5 105	5 212	6 547	8 097
15	UK	-26 215	-14 697	-17 987	-17 114	-13 691
16	ISL	64	- 42	- 1	155	238
17	NOR	5 973	7 013	6 533	6 533	6 346
	EEA	**1 910**	**-22 111**	**-1 653**	**66 528**	**83 603**
18	CHE	-3 823	-3 160	763	2 990	3 111
19	USA	-85 232	-60 158	-73 601	-113 583	-139 233
20	CAN	5 320	1 974	2 956	5 613	8 617
21	JPN	49 784	83 616	102 157	120 968	122 872

(¹) BLEU.

2.41. Current balance

(Mio ECU)

	Country	1990	1991	1992	1993	1994
	EUR 15	**-29 476**	**-63 743**	**-59 314**	**5 626**	**17 094**
1	B (¹)	2 775	3 883	5 123	9 667	10 325
2	DK	1 037	1 639	3 249	4 022	2 335
3	D	36 952	-15 548	-16 174	-13 486	-16 399
4	EL	-2 844	-1 113	-1 675	- 624	- 167
5	E	-13 265	-13 520	-14 342	-3 839	-4 419
6	F	-12 067	-5 406	3 378	7 795	4 385
7	IRL	45	1 204	1 906	2 678	2 577
8	I	-13 397	-19 125	-21 615	9 661	13 031
9	L (¹)	:	:	:	:	:
10	NL	7 962	6 153	5 232	8 240	8 739
11	A	944	64	- 554	- 759	-1 741
12	P	- 150	- 521	- 62	566	- 953
13	FIN	-5 455	-5 415	-3 848	- 805	882
14	S	-5 163	-3 843	-6 729	-3 449	731
15	UK	-26 849	-12 195	-13 201	-14 042	-2 229
16	ISL	- 106	- 255	- 168	4	101
17	NOR	3 029	4 134	3 344	3 007	2 529
	EEA	**-26 553**	**-59 865**	**-56 138**	**8 637**	**19 724**
18	CHE	5 452	8 372	10 966	15 243	15 548
19	USA	-71 785	9 976	-14 620	-89 215	-129 910
20	CAN	-17 732	-19 829	-17 404	-19 975	-14 525
21	JPN	28 431	59 462	90 901	112 273	109 124

(¹) BLEU.

2.42. Reserves
Balance

(Mio ECU)

	Country	1990	1991	1992	1993	1994
	EUR 15	**-45 362**	**-9 935**	**-8 916**	**18 242**	**-24 604**
1	B (¹)	- 393	- 416	- 466	1 831	- 245
2	DK	-2 752	2 319	-3 141	397	1 582
3	D	-5 348	- 164	-33 856	18 517	-6 377
4	EL	14	-1 437	126	-2 638	-5 115
5	E	-5 362	-11 430	12 691	4 017	50
6	F	-8 538	4 083	997	8 024	-5 533
7	IRL	- 670	- 362	1 577	-2 238	126
8	I	-10 173	5 561	22 061	-1 212	-1 766
9	L (¹)	:	:	:	:	:
10	NL	- 259	- 383	-4 559	-5 783	- 408
11	A	29	- 680	-1 919	-1 916	- 798
12	P	-2 888	-4 814	- 96	2 407	1 297
13	FIN	-3 192	1 568	1 598	- 214	-4 058
14	S	-5 713	50	-5 786	-2 032	-2 009
15	UK	- 116	-3 829	1 857	- 918	-1 350
16	ISL	- 57	- 11	- 62	52	129
17	NOR	- 268	2 252	- 547	7 013	250
	EEA	**-45 687**	**-7 694**	**-9 525**	**25 307**	**-24 225**
18	CHE	- 915	- 803	-3 387	- 411	- 847
19	USA	-1 856	4 853	2 954	-1 209	4 487
20	CAN	- 491	2 006	4 473	420	1 032
21	JPN	5 723	5 187	- 438	-23 337	-21 359

(¹) BLEU.

Prices

2.43. Consumer price index
General index

(1985 = 100)

	Country	1991	1992	1993	1994	1995
	EUR 15	**130**	**135**	**140**	**144**	**148**
1	B	115	117	121	123	125
2	DK	124	127	128	131	134
3	D	111	115	119	123	125
4	EL	266	308	353	391	427
5	E	145	154	161	168	176
6	F	120	123	126	128	130
7	IRL	121	125	127	130	133
8	I	140	147	154	160	168
9	L	112	116	120	123	125
10	NL	108	112	115	118	120
11	A	115	120	124	128	131
12	P	190	207	220	231	241
13	FIN	133	137	140	141	143
14	S	148	151	158	162	166
15	UK	141	146	149	152	158
16	ISL	268	278	290	294	299
17	NOR	140	143	147	149	152
	EEA	**130 ***	**135 ***	**140 ***	**144 ***	**148 ***
18	CHE	120	125	129	130	132
19	USA	127	130	134	138	142

2.43. Consumer price index
Food, excluding drinks and meals out

(1985 = 100)

	Country	1991	1992	1993	1994	1995
	EUR 15 (¹)	**131**	**135**	**136**	**140**	**145**
1	B	109	109	108	110	112
2	DK	112	114	114	117	121
3	D	108	111	111	113	114
4	EL	259	296	333	376	411
5	E	141	145	146	154	162
6	F	119	120	119	121	122
7	IRL	118	119	119	123	127
8	I	140	148	150	156	165
9	L	112	113	112	114	117
10	NL	104	106	105	107	108
11	A	113	117	121	123	122
12	P	176	184	186	192	198
13	FIN	119	120	119	119	110
14	S	138	131	132	134	136
15	UK	132	135	137	139	144
16	ISL	262	265	271	265	273
17	NOR	135	137	135	137	139
	EEA	:	:	:	:	:
18	CHE	116	116	116	116	117
19	USA	131	131	134	138	143

(¹) EUR 12.

Prices

2.43. Consumer price index
Drinks (home consumption), tobacco

(1985 = 100)

	Country	1991	1992	1993	1994	1995
	EUR 15 (¹)	**138**	**148**	**157**	**164**	**170**
1	B	124	130	134	138	139
2	DK	119	121	118	119	121
3	D	111	117	121	122	124
4	EL	327	404	478	565	601
5	E	160	175	190	203	219
6	F	125	132	141	150	156
7	IRL	123	131	134	140	145
8	I	152	161	168	173	182
9	L	122	126	131	130	131
10	NL	109	116	123	124	125
11	A	:	:	:	:	:
12	P	228	248	265	294	315
13	FIN	151	158	164	165	167
14	S	150	152	168	176	183
15	UK	144	156	166	173	181
16	ISL	274	288	301	308	312
17	NOR	156	170	175	182	190
	EEA	:	:	:	:	:
18	CHE	113	115	115	115	118
19	USA	145	153	156	156	:

(¹) EUR 12.

Prices

2.43. Consumer price index
Clothing, footwear, including repairs

(1985 = 100)

	Country	1991	1992	1993	1994	1995
	EUR 15 (¹)	**131**	**136**	**141**	**144**	**147**
1	B	129	133	136	138	140
2	DK	130	132	133	134	134
3	D	110	113	116	118	119
4	EL	282	321	355	393	432
5	E	151	158	182	187	192
6	F	127	129	131	131	132
7	IRL	112	114	115	116	115
8	I	145	152	158	163	170
9	L	121	125	130	132	133
10	NL	92	92	93	92	90
11	A	107	112	112	115	:
12	P	216	242	259	269	274
13	FIN	123	128	132	134	137
14	S	111	111	109	115	115
15	UK	123	123	123	125	125
16	ISL	307	319	319	320	319
17	NOR	134	136	140	142	143
	EEA	:	:	:	:	:
18	CHE	118	123	125	126	126
19	USA	122	125	127	127	126

(¹) EUR 12.

2.43. Consumer price index
Rent, fuel, power

(1985 = 100)

	Country	1991	1992	1993	1994	1995
	EUR 15 (¹)	**132**	**137**	**144**	**154**	**166**
1	B	104	107	112	115	117
2	DK	133	136	140	143	145
3	D	109	114	119	124	128
4	EL	272	319	369	408	448
5	E	144	154	173	181	191
6	F	125	132	139	144	148
7	IRL	112	114	115	117	118
8	I	139	145	152	160	169
9	L	98	100	107	109	113
10	NL	109	113	117	122	128
11	A	112	117	122	126	132
12	P	197	216	232	241	247
13	FIN	134	131	133	131	134
14	S	167	179	189	193	198
15	UK	163	163	156	161	171
16	ISL	230	234	236	237	242
17	NOR	144	147	152	153	157
	EEA	:	:	:	:	:
18	CHE	125	132	138	138	140
19	USA	124	128	131	134	138

(¹) EUR 12.

Prices

2.43. Consumer price index
Household goods and services

(1985 = 100)

	Country	1991	1992	1993	1994	1995
	EUR 15 (¹)	**129**	**134**	**138**	**140**	**144**
1	B	116	119	122	123	124
2	DK	120	123	124	125	127
3	D	111	114	118	120	122
4	EL	253	284	309	336	364
5	E	138	145	152	156	161
6	F	121	124	125	126	128
7	IRL	117	120	120	123	126
8	I	139	145	152	157	164
9	L	118	123	127	129	131
10	NL	109	112	113	113	114
11	A	113	119	123	126	128
12	P	201	231	251	263	276
13	FIN	127	131	134	136	139
14	S	137	139	141	142	146
15	UK	126	130	132	133	138
16	ISL	291	298	306	310	313
17	NOR	134	134	137	138	141
	EEA	:	:	:	:	:
18	CHE	118	123	126	126	128
19	USA	112	114	115	117	119

(¹) EUR 12.

Prices

2.43. Consumer price index
Transport, communications

(1985 = 100)

	Country	1991	1992	1993	1994	1995
	EUR 15 (¹)	**123**	**129**	**136**	**141**	**146**
1	B	110	112	116	120	121
2	DK	125	128	130	133	127
3	D	112	117	122	126	127
4	EL	281	332	402	425	456
5	E	142	153	157	166	175
6	F	116	119	123	126	129
7	IRL	111	111	113	115	117
8	I	131	137	145	152	163
9	L	104	109	115	118	120
10	NL	111	114	117	122	125
11	A	113	117	120	124	128
12	P	191	203	230	244	256
13	FIN	129	133	143	148	154
14	S	158	161	178	181	185
15	UK	133	141	147	150	153
16	ISL	236	249	272	284	288
17	NOR	140	143	148	150	155
	EEA	:	:	:	:	:
18	CHE	113	118	124	127	129
19	USA	116	119	123	126	131

(¹) EUR 12.

Prices

2.43. Consumer price index
Recreation, education, culture

(1985 = 100)

	Country	1991	1992	1993	1994	1995
	EUR 15 (¹)	**126**	**132**	**136**	**139**	**142**
1	B	116	117	119	121	123
2	DK	125	127	130	132	135
3	D	108	113	116	118	119
4	EL	238	286	321	359	408
5	E	139	149	151	157	163
6	F	117	121	122	123	123
7	IRL	124	129	133	137	140
8	I	149	157	162	167	173
9	L	109	112	114	116	117
10	NL	104	105	107	109	109
11	A	119	124	130	133	136
12	P	184	199	211	228	242
13	FIN	132	140	145	147	149
14	S	130	133	137	140	142
15	UK	132	138	142	145	148
16	ISL	287	306	320	332	338
17	NOR	140	145	150	153	156
	EEA	:	:	:	:	:
18	CHE	118	123	128	129	130
19	USA	128	132	135	139	142

(¹) EUR 12.

Prices

2.43. Consumer price index
Other goods and services, including meals and drinks out

(1985 = 100)

	Country	1991	1992	1993	1994	1995
	EUR 15 (¹)	**141**	**150**	**155**	**161**	**167**
1	B	127	133	138	140	142
2	DK	122	125	127	129	132
3	D	118	124	135	143	149
4	EL	245	281	315	359	393
5	E	163	178	160	167	175
6	F	132	137	141	144	147
7	IRL	130	136	140	146	151
8	I	149	158	167	174	183
9	L	124	130	136	139	143
10	NL	111	115	118	121	123
11	A	:	:	:	:	:
12	P	205	217	237	251	264
13	FIN	147	152	153	153	157
14	S	161	165	170	174	184
15	UK	149	159	167	174	179
16	ISL	312	319	325	329	335
17	NOR	138	142	144	144	147
	EEA	:	:	:	:	:
18	CHE	126	133	138	140	146
19	USA	145	155	163	168	175

(¹) EUR 12.

Prices

2.43. Consumer price index
Fuel and power

(1985 = 100)

	Country	1991	1992	1993	1994	1995
	EUR 15 (¹)	**108**	**110**	**113**	**117**	:
1	B	84	83	86	88	:
2	DK	117	115	113	114	:
3	D	91	93	94	97	:
4	EL	217	256	289	293	311
5	E	107	114	120	126	132
6	F	102	101	103	104	106
7	IRL	99	98	98	99	99
8	I	126	127	133	139	147
9	L	77	76	81	81	81
10	NL	88	87	84	87	87
11	A	:	:	:	:	:
12	P	152	157	165	170	171
13	FIN	:	:	:	:	:
14	S	:	:	:	:	:
15	UK	124	127	130	136	140
16	ISL	:	:	:	:	:
17	NOR	137	135	139	139	147
	EEA	:	:	:	:	:
18	CHE	81	79	80	77	81
19	USA	101	101	102	103	:

(¹) EUR 12.

Population and social conditions

Population

3.1. Area, population, density per square kilometre and estimated population growth

	Country	Area (km²)	Population 1 000		Density per km²	Projected population (¹) (1 000)	
			1.1.1995	1.1.1996	1.1.1996	Year 2000	Year 2020
	EUR 15	**3 236 191,7**	**371 575,1 ***	**372 662,1 ***	**115,2 ***	:	:
1	B	30 518,0	10 130,6	10 143,0	332,4	10 279	10 535
2	DK	43 094,1	5 215,7	5 251,0	121,8	5 295	5 264
3	D	356 974,0	81 538,6	81 845,0	229,3	83 625	81 478
4	EL	131 957,0	10 442,9	10 474,6	79,4	10 573 (²)	10 080 (²)
5	E	505 990,0	39 177,4	39 241,9	77,6	39 848 (²)	38 348 (²)
6	F	543 965,4	58 020,4	58 265,4	107,1	59 412	63 453
7	IRL	70 285,1	3 579,6	3 591,2	51,1	3 613 (²)	3 791
8	I	301 322,7	57 268,6	57 330,5	190,3	57 254 (²)	53 649 (²)
9	L	2 586,4	406,6	412,8	159,6	426	488
10	NL	41 526,0	15 424,1	15 492,8	373,1	15 881	17 148
11	A	83 858,0	8 039,9	8 054,8	96,1	8 163	8 370
12	P	91 905,0	9 912,1	9 920,8	107,9	9 807 (²)	9 730 (²)
13	FIN	338 145,0	5 098,8	5 116,8	15,1	5 165	5 223 (²)
14	S	449 964,0	8 816,4	8 837,5	19,6	8 986	9 442
15	UK	244 101,0	58 503,6 *	58 684,0 *	240,4 *	59 287	61 082
16	ISL	103 000,0	267,0	268,0	2,6	279 (¹)	312 (¹)
17	NOR	323 758,0	4 348,4	4 370,0	13,5	4 465	4 831
	EEA	**3 663 086,7**	**376 221,2 ***	**377 331,0 ***	**103,0 ***	**382 972 ***	**384 331 ***
18	CHE	39 987,5	7 019,0	7 060,4	176,6	7 380	7 533
19	USA	9 372 614,0	261 626,0	264 257,1	28,2	276 242	325 939
20	CAN	9 976 139,0	29 413,1	:	2,9 (³)	31 506	38 398 (²)
21	JPN	377 801,0	125 001,0	125 320,4	331,7	127 385	128 345 (²)
	⊕	**136 255 000,0**	**5 690 270,0 ***	:	**41,8 (³)**	**6 158 051 (²)**	**7 887 856 (²)**

(¹) Projections compiled by the NSIs.
(²) Projections compiled by the United Nations.
(³) 1.1.1995.

3.2. Area and regional population — 1993

Territorial units (NUTS) Level I Level II	Area (km²)	Total mean population		Movement of the population		
		1 000	Density per km²	Birth rate ‰	Mortality rate ‰	Migration rate ‰
EUR 15	3 191 119,9	369 788,8	115,9	11,2	10,1	2,5
BELGIQUE/BELGIË	30 518,1	10 084,5	330,4	11,9	10,6	1,9
Région Bruxelles-capitale/ Brussels hfdst. gewest	161,4	949,7	5 884,2	13,1	11,5	-2,9
Vlaams gewest	13 512,4	5 835,8	431,9	11,6	10,0	2,1
Antwerpen	2 867,4	1 622,3	565,8	11,9	10,2	1,7
Limburg	2 422,2	764,2	315,5	12,1	7,4	2,2
Oost-Vlaanderen	2 982,2	1 345,5	451,2	11,4	11,0	1,5
Vlaams Brabant	2 106,1	986,1	468,2	11,0	9,4	4,8
West-Vlaanderen	3 134,4	1 117,7	356,6	11,9	10,5	1,2
Région wallonne	16 844,3	3 298,9	195,8	11,9	11,4	2,8
Brabant wallon	1 090,6	331,3	303,8	11,7	9,0	7,5
Hainaut	3 785,7	1 272,8	336,2	11,8	12,1	0,9
Liège	3 862,4	1 013,0	262,3	11,9	11,4	2,8
Luxembourg	4 439,8	237,5	53,5	13,4	11,1	3,2
Namur	3 665,9	430,8	117,5	12,3	11,4	5,0
DANMARK	43 080,0	5 188,6	120,4	13,0	12,1	2,2

Population

3.3. Area and regional population — 1993

Territorial units (NUTS) Level I Level II	Area (km²)	Total mean population		Movement of the population		
		1 000	Density per km²	Birth rate ‰	Mortality rate ‰	Migration rate ‰
DEUTSCHLAND	356 718,0	81 166,3	227,5	9,8	11,1	5,7
Baden-Württemberg	35 751,3	10 195,9	285,2	11,6	9,7	6,5
Stuttgart	10 557,6	3 822,7	362,1	11,6	9,4	4,2
Karlsruhe	6 919,1	2 624,9	379,4	10,9	10,4	8,7
Freiburg	9 357,2	2 050,6	219,1	11,6	9,8	6,8
Tübingen	8 917,5	1 697,8	190,4	12,4	9,0	7,7
Bayern	70 553,9	11 816,8	167,5	11,3	10,4	6,8
Oberbayern	17 528,8	3 933,6	224,4	11,0	9,8	6,2
Niederbayern	10 331,0	1 115,1	107,9	11,5	10,2	9,1
Oberpfalz	9 691,4	1 036,4	106,9	11,7	10,4	6,7
Oberfranken	7 231,3	1 097,2	151,7	10,9	11,7	5,8
Mittelfranken	7 245,8	1 646,8	227,3	10,9	11,1	6,7
Unterfranken	8 532,5	1 294,8	151,7	11,8	10,3	6,3
Schwaben	9 993,2	1 692,9	169,4	12,1	10,3	8,1
Berlin	889,1	3 470,6	3 903,4	8,3	11,9	6,4
Brandenburg	29 480,3	2 546,0	86,4	4,8	11,4	4,6
Bremen	404,2	684,1	1 692,4	9,7	12,6	-1,1
Hamburg	755,31	1 699,5	2 250,1	9,6	12,2	10,9
Hessen	21 114,3	5 945,0	281,6	10,4	10,8	7,9
Darmstadt	7 444,6	3 660,3	491,7	10,2	10,5	6,1
Gießen	5 381,1	1 037,3	192,8	10,8	10,7	9,9
Kassel	8 288,6	1 247,4	150,5	10,5	11,7	11,5
Mecklenburg-Vorpommern	23 171,0	1 852,1	79,9	5,1	10,6	-6,1
Niedersachsen	47 347,6	7 616,4	160,9	11,1	11,2	9,3
Braunschweig	8 096,6	1 672,5	206,6	10,2	11,9	4,3
Hannover	9 048,1	2 115,5	233,8	10,5	11,9	7,0
Lüneburg	15 244,3	1 550,2	101,7	10,9	11,3	16,4
Weser-Ems	14 958,5	2 277,6	152,3	12,4	10,0	10,4

3.3. Area and regional population — 1993

Territorial units (NUTS) Level I Level II	Area (km²)	Total mean population		Movement of the population		
		1 000	Density per km²	Birth rate ‰	Mortality rate ‰	Migration rate ‰
Nordrhein-Westfalen	34 071,5	17 721,6	520,1	11,0	11,0	4,6
Düsseldorf	5 288,4	5 290,8	1 000,5	10,4	11,6	0,3
Köln	7 364,6	4 127,4	560,4	10,9	10,6	6,4
Münster	6 902,1	2 539,1	367,9	11,8	10,1	4,2
Detmold	6 517,5	1 966,5	301,7	11,7	10,8	9,8
Arnsberg	7 998,9	3 797,8	474,8	10,7	11,4	5,9
Rheinland-Pfalz	19 845,7	3 903,4	196,7	10,8	11,2	11,9
Koblenz	8 092,9	1 454,3	179,7	10,9	11,7	13,5
Trier	4 922,2	496,6	100,9	11,3	11,0	9,2
Rheinhessen-Pfalz	6 830,6	1 952,5	285,8	10,7	11,0	11,4
Saarland	2 570,3	1 084,6	422,0	9,8	12,0	2,7
Sachsen	18 411,7	4 623,6	251,1	5,1	13,0	0,6
Sachsen-Anhalt	20 445,9	2 788,3	136,4	5,2	12,5	0,4
Dessau	4 279,6	583,4	136,3	5,1	12,6	0,5
Halle	4 428,1	930,2	210,1	5,1	12,5	-3,0
Magdeburg	11 738,1	1 274,7	108,6	5,5	12,4	2,8
Schleswig-Holstein	15 731,9	2 686,7	170,8	10,7	11,6	6,7
Thüringen	16 174,0	2 537,6	156,9	5,2	11,8	1,4

3.4. Area and regional population — 1993

Territorial units (NUTS) Level I Level II	Area (km²)	Total mean population		Movement of the population		
		1 000	Density per km²	Birth rate ‰	Mortality rate ‰	Migration rate ‰
ΕΛΛΑΔΑ (¹)	131 625,5	10 380,4	78,9	9,8	9,4	5,4
Βόρεια Ελλάδα	**56 457,3**	**3 346,5**	**59,3**	**10,0**	**9,2**	**5,5**
Ανατολική Μακεδονία, Θράκη	14 157,9	561,6	39,7	10,2	10,9	1,8
Κεντρική Μακεδονία	18 810,9	1 745,3	92,8	10,2	8,5	7,2
Δυτική Μακεδονία	9 451,5	299,2	31,7	9,8	9,7	8,8
Θεσσαλία	14 036,9	740,5	52,8	9,3	9,4	2,9
Κεντρική Ελλάδα	**53 901,7**	**2 535,6**	**47,0**	**8,6**	**9,8**	**19,8**
Ήπειρος	9 203,6	355,0	38,6	7,8	9,2	20,9
Ιόνια Νησιά	2 307,2	195,2	84,6	9,6	10,8	13,2
Δυτική Ελλάδα	11 350,7	722,0	63,6	9,9	9,4	7,6
Στερεά Ελλάδα	15 549,7	623,3	40,1	7,7	9,1	30,3
Πελοπόννησος	15 490,5	640,1	41,3	7,9	10,8	24,9
Αττική	**3 808,2**	**3 500,7**	**919,3**	**10,3**	**9,1**	**-5,0**
Νησιά	**17 458,4**	**997,6**	**57,1**	**10,7**	**10,1**	**4,5**
Βόρειο Αιγαίο	3 836,0	188,7	49,2	9,1	14,3	-1,1
Νότιο Αιγαίο	5 286,3	260,4	49,3	11,5	8,8	8,0
Κρήτη	8 336,1	548,5	65,8	10,8	9,3	4,8

(¹) Translation: see p. 8.

3.5. Area and regional population — 1993

Territorial units (NUTS) Level I Level II	Area (km²)	Total mean population		Movement of the population		
		1 000	Density per km²	Birth rate ‰	Mortality rate ‰	Migration rate ‰
ESPAÑA	504 790,0	39 082,6	77,4	9,9	8,7	-1,0
Noroeste	45 297,0	4 339,2	95,8	7,5	10,1	-18,0
Galicia	29 434,0	2 725,3	92,6	7,8	10,0	-19,2
Asturias	10 565,0	1 087,2	102,9	6,4	10,8	-25,0
Cantabria	5 298,0	526,7	99,4	7,8	9,4	2,4
Noreste	70 366,0	4 056,7	57,7	8,0	8,8	-13,6
País Vasco	7 261,0	2 084,7	287,1	7,6	8,0	-19,5
Navarra	10 421,0	522,6	50,2	9,0	8,6	2,8
La Rioja	5 034,0	263,6	52,4	8,1	9,5	6,9
Aragón	47 650,0	1 185,8	24,9	8,0	10,2	-15,1
Madrid	7 995,0	5 011,5	626,8	9,9	7,1	13,1
Centro	215 025,0	5 229,4	24,3	9,4	9,9	-37,1
Castilla y León	94 193,0	2 517,6	26,7	7,7	9,7	-34,1
Castilla-La Mancha	79 230,0	1 657,5	20,9	10,9	10,0	-25,9
Extremadura	41 602,0	1 054,3	25,3	11,2	10,0	-61,7
Este	60 249,0	10 709,5	177,8	9,6	8,8	15,3
Cataluña	31 930,0	6 084,3	190,6	9,2	8,7	7,8
Comunidad Valenciana	23 305,0	3 895,9	167,2	9,9	8,9	21,5
Baleares	5 014,0	729,2	145,4	10,8	9,3	44,0
Sur	98 616,0	8 212,8	83,3	12,4	8,1	5,1
Andalucía	87 268,0	7 022,9	80,5	12,3	8,1	2,9
Murcia	11 317,0	1 063,7	94,0	12,6	8,0	20,2
Ceuta y Melilla	31,0	126,2	4 070,1	17,8	6,5	2,0
Canarias	7 242,0	1 523,6	210,4	11,6	7,0	10,2

3.6. Area and regional population — 1993

Territorial units (NUTS) Level I / Level II	Area (km²)	Total mean population (1 000)	Density per km²	Birth rate ‰	Mortality rate ‰	Migration rate ‰
FRANCE (¹)	543 964,6	57 654,5	106,0	12,3	9,2	1,2
Île-de-France	12 012,2	10 936,6	910,5	14,8	7,2	-2,4
Bassin parisien	145 644,6	10 396,7	71,4	12,0	9,6	0,5
Champagne-Ardenne	25 605,8	1 351,5	52,8	12,3	9,4	-2,4
Picardie	19 399,4	1 853,3	95,5	13,0	9,0	1,8
Haute-Normandie	12 317,4	1 763,7	143,2	13,0	8,7	-0,2
Centre	39 150,8	2 408,1	61,5	11,2	9,9	1,8
Basse-Normandie	17 589,3	1 406,9	80,0	11,9	9,4	0,4
Bourgogne	31 581,9	1 613,2	51,1	10,8	11,2	0,1
Nord-Pas-de-Calais	12 414,1	3 985,6	321,1	13,6	9,4	-2,8
Est	48 029,9	5 059,7	105,3	12,4	9,0	-0,7
Lorraine	23 547,4	2 295,5	97,5	12,0	9,1	-3,5
Alsace	8 280,2	1 655,5	199,9	13,1	8,8	3,2
Franche-Comté	16 202,3	1 108,7	68,4	12,0	9,0	-0,4
Ouest	85 099,1	7 575,2	89,0	11,3	9,7	3,1
Pays de la Loire	32 081,8	3 122,6	97,3	11,9	8,6	3,0
Bretagne	27 207,8	2 831,4	104,1	11,3	10,5	2,0
Poitou-Charentes	25 809,5	1 621,2	62,8	10,1	10,3	5,2
Sud-Ouest	103 598,5	6 044,7	58,3	10,1	10,8	4,8
Aquitaine	41 308,4	2 849,3	69,0	10,2	10,6	5,9
Midi-Pyrénées	45 347,8	2 476,7	54,6	10,5	10,3	3,5
Limousin	16 942,3	718,7	42,4	8,6	12,9	4,8
Centre-Est	69 711,0	6 819,6	97,8	12,0	8,9	1,5
Rhône-Alpes	43 698,1	5 504,9	126,0	12,6	8,3	1,6
Auvergne	26 012,9	1 314,7	50,5	9,5	11,3	1,2
Méditerranée	67 455,2	6 836,4	101,3	11,4	10,2	6,1
Languedoc-Roussillon	27 375,8	2 193,1	80,1	11,0	10,5	8,8
Provence-Alpes-Côte d'Azur	31 399,6	4 389,8	139,8	11,6	10,0	5,0
Corse	8 679,8	253,5	29,2	10,9	11,2	2,7

(¹) Not including DOM.

Population

3.6. Area and regional population — 1993

Territorial units (NUTS) Level I Level II	Area (km²)	Total mean population		Movement of the population		
		1 000	Density per km²	Birth rate ‰	Mortality rate ‰	Migration rate ‰
Départements d'outre-mer (¹)	**88 851,0**	**1 538,5**	**17,3**	**20,7**	**5,4**	**2,2**
Guadeloupe	1 705,0	408,0	239,3	17,9	5,6	-12,3
Martinique	1 100,0	372,5	338,6	16,9	5,9	8,0
Guyane	83 534,0	134,0	1,6	29,5	4,2	19,0
Réunion	2 512,0	624,1	248,4	22,8	5,3	4,6

(¹) 1992.

Population

3.7. Area and regional population — 1993

Territorial units (NUTS) Level I Level II	Area (km²)	Total mean population		Movement of the population		
		1 000	Density per km²	Birth rate ‰	Mortality rate ‰	Migration rate ‰
IRELAND	68 894,6	3 563,3	51,7	13,9	8,9	-8,1
ITALIA	301 316,2	57 138,5	189,6	9,7	9,7	3,2
Nord-Ovest	34 080,6	6 087,5	178,6	7,4	12,0	4,2
Piemonte	25 398,9	4 306,6	169,6	7,7	11,4	4,4
Valle d'Aosta	3 263,5	118,2	36,2	7,7	10,4	11,4
Liguria	5 418,1	1 662,7	306,9	6,7	13,6	3,2
Lombardia	23 872,0	8 901,0	372,9	8,6	9,5	3,0
Nord-Est	39 816,0	6 512,1	163,6	8,6	9,9	5,1
Trentino-Alto Adige	13 607,3	903,6	66,4	10,7	8,9	5,8
Veneto	18 364,6	4 415,3	240,4	8,7	9,3	5,2
Friuli-Venezia Giulia	7 844,1	1 193,2	152,1	7,0	12,7	4,1
Emilia-Romagna	22 124,4	3 924,3	177,4	7,0	11,3	5,3
Centro	41 142,2	5 785,6	140,6	7,6	11,1	5,0
Toscana	22 992,6	3 528,2	153,4	7,3	11,5	4,1
Umbria	8 456,0	819,2	96,9	7,8	11,0	8,6
Marche	9 693,5	1 438,2	148,4	8,2	10,3	5,0
Lazio	17 227,3	5 185,3	301,0	9,6	9,2	4,1
Abruzzi-Molise	15 231,9	1 594,9	104,7	9,7	10,2	5,4
Abruzzi	10 794,2	1 262,9	117,0	9,7	10,0	6,2
Molise	4 437,7	332,0	74,8	9,7	10,6	2,3
Campania	13 595,3	5 708,7	419,9	13,6	7,9	1,3
Sud	44 429,7	6 756,4	152,1	11,9	8,0	-0,8
Puglia	19 357,1	4 065,6	210,0	11,9	7,7	-0,4
Basilicata	9 992,3	611,2	61,2	11,0	8,8	-1,7
Calabria	15 080,3	2 079,6	137,9	12,2	8,4	-1,4
Sicilia	25 706,9	5 025,3	195,5	12,9	9,5	2,0
Sardegna	24 089,9	1 657,4	68,8	9,3	8,3	2,3

Population

3.8. Area and regional population — 1993

Territorial units (NUTS) Level I Level II	Area (km²)	Total mean population		Movement of the population		
		1 000	Density per km²	Birth rate ‰	Mortality rate ‰	Migration rate ‰
LUXEMBOURG (GRAND-DUCHÉ)	2 586,4	398,1	153,9	13,4	9,8	10,7
NEDERLAND	41 028,9	15 288,8	372,6	12,8	9,0	2,9
Noord-Nederland	11 388,3	1 611,3	141,5	12,0	9,8	2,4
Groningen	2 967,1	556,0	187,4	11,2	10,2	1,1
Friesland	5 740,7	605,5	105,5	12,6	9,8	2,2
Drenthe	2 680,5	449,8	167,8	12,0	9,5	4,4
Oost-Nederland	10 494,5	3 136,1	298,8	13,3	8,9	4,3
Overijssel	3 420,1	1 041,9	304,6	13,3	9,3	1,3
Gelderland	5 143,4	1 845,6	358,8	12,8	9,1	2,6
Flevoland	1 930,8	248,6	128,7	16,7	5,1	29,7
West-Nederland	11 854,1	7 167,2	604,6	13,0	9,3	2,7
Utrecht	1 434,3	1 051,5	733,2	13,6	8,4	3,3
Noord-Holland	4 042,2	2 448,8	605,8	12,9	9,4	3,5
Zuid-Holland	3 445,8	3 304,4	959,0	13,0	9,4	1,7
Zeeland	2 931,9	362,5	123,7	12,1	10,0	5,3
Zuid-Nederland	7 292,0	3 374,2	462,7	12,3	8,2	2,3
Noord-Brabant	5 081,9	2 251,7	443,1	12,7	7,9	2,3
Limburg	2 209,4	1 122,5	508,1	11,5	8,9	2,1
ÖSTERREICH	83 859,0	7 991,5	95,3	11,9	10,3	5,0
Ostösterreich	23 554,0	3 367,6	143,0	11,1	11,9	7,5
Burgenland	3 966,0	273,3	68,9	10,1	11,2	1,6
Niederösterreich	19 173,0	1 505,2	78,5	11,5	11,2	4,2
Wien	415,0	1 589,1	3 829,0	10,9	12,7	11,7
Südösterreich	25 921,0	1 760,9	67,9	11,2	10,2	1,1
Kärnten	9 533,0	558,3	58,6	11,5	9,8	1,8
Steiermark	16 388,0	1 202,6	73,4	11,1	10,3	0,8
Westösterreich	34 384,0	2 863,1	83,3	13,3	8,6	4,5
Oberösterreich	11 980,0	1 373,3	114,6	13,0	9,2	4,9
Salzburg	7 155,0	500,8	70,0	13,0	8,3	5,8
Tirol	12 648,0	648,8	51,3	13,6	8,0	5,8
Vorarlberg	2 601,0	340,1	130,7	14,1	7,3	-1,5

Population

3.9. Area and regional population — 1993

Territorial units (NUTS) Level I Level II	Area (km²)	Total mean population		Movement of the population		
		1 000	Density per km²	Birth rate ‰	Mortality rate ‰	Migration rate ‰
PORTUGAL	**91 906,3**	**9 876,1**	**107,5**	**11,5**	**10,8**	**1,6**
Continente	**88 797,7**	**9 383,0**	**105,7**	**11,4**	**10,7**	**1,5**
Norte	21 278,3	3 494,6	164,2	12,8	9,2	1,4
Centro	23 668,3	1 713,7	72,4	10,2	12,2	2,1
Lisboa e Vale do Tejo	11 931,3	3 296,3	276,3	10,9	10,7	1,5
Alentejo	26 931,3	535,3	19,9	9,0	14,5	-2,9
Algarve	4 988,5	343,1	68,8	11,3	12,8	5,8
Açores	**2 329,7**	**238,6**	**102,4**	**15,5**	**12,2**	**2,0**
Madeira	**778,9**	**254,6**	**326,8**	**13,7**	**10,8**	**3,3**
SUOMI/FINLAND	**338 147,3**	**5 066,5**	**15,0**	**12,8**	**10,1**	**1,8**
Manner-Suomi	**336 595,4**	**5 041,4**	**15,0**	**12,8**	**10,1**	**1,8**
Uusimaa	10 404,6	1 285,8	123,6	14,4	8,7	6,5
Etelä-Suomi	58 243,8	1 788,5	30,7	11,7	10,9	0,8
Itä-Suomi	85 171,9	708,9	8,3	11,3	11,3	-0,4
Väli-Suomi	46 707,6	705,2	15,1	12,8	10,4	0,0
Pohjois-Suomi	136 067,5	553,0	4,1	14,5	8,5	-0,9
Ahvenanmaa/Åland	**1 551,9**	**25,0**	**16,1**	**13,1**	**9,9**	**1,1**
SVERIGE	**410 934,2**	**8 718,6**	**21,2**	**13,5**	**11,1**	**3,7**
Stockholm	6 490,1	1 678,0	258,6	14,8	9,5	4,5
Östra Mellansverige	38 431,7	1 484,5	38,6	13,6	11,0	4,7
Småland med öarna	32 712,4	789,6	24,1	13,3	11,8	1,6
Sydsverige	13 968,3	1 241,6	88,9	12,7	11,5	4,7
Västsverige	29 927,3	1 739,8	58,1	13,9	10,8	3,7
Norra Mellansverige	63 970,9	864,7	13,5	12,5	13,2	2,1
Mellersta Norrland	71 121,6	396,7	5,6	11,8	13,1	1,0
Övre Norrland	154 311,9	523,7	3,4	13,0	10,4	3,5
UNITED KINGDOM	**241 751,0**	**58 191,2**	**240,7**	**13,1**	**10,9**	**1,1**
North	**15 416,0**	**3 102,3**	**201,2**	**12,4**	**12,2**	**0,0**
Cleveland, Durham	3 026,0	1 167,0	385,7	13,0	11,7	-0,8
Cumbria	6 824,0	490,2	71,8	11,9	12,5	0,5
Northumberland, Tyne and Wear	5 566,0	1 445,1	259,6	12,2	12,6	0,4

133

3.9. Area and regional population — 1993

Territorial units (NUTS) Level I Level II	Area (km²)	Total mean population		Movement of the population		
		1 000	Density per km²	Birth rate ‰	Mortality rate ‰	Migration rate ‰
Yorkshire and Humberside	**15 410,0**	**5 014,0**	**325,4**	**13,0**	**8,2**	**-2,5**
Humberside	3 508,0	884,4	252,1	12,7	11,3	3,2
North Yorkshire	8 309,0	721,8	86,9	11,4	12,3	3,7
South Yorkshire	1 559,0	1 306,2	837,8	13,1	11,7	-1,0
West Yorkshire	2 034,0	2 101,6	1 033,2	13,7	3,2	-8,0
East Midlands	**15 628,0**	**4 082,9**	**261,3**	**12,7**	**11,1**	**3,4**
Derbyshire, Nottinghamshire	4 789,0	1 979,3	413,3	12,8	11,5	1,8
Leicestershire, Northamptonshire	4 918,0	1 502,2	305,4	13,0	10,1	3,6
Lincolnshire	5 921,0	601,4	101,6	11,6	12,4	8,2
East Anglia	**12 570,0**	**2 093,9**	**166,6**	**12,2**	**9,3**	**1,1**
South-East	**27 224,0**	**17 769,6**	**652,7**	**13,7**	**10,4**	**1,3**
Bedfordshire, Hertfordshire	2 875,0	1 539,1	535,3	14,0	9,3	1,0
Berkshire, Buckinghamshire, Oxfordshire	5 742,0	2 001,2	348,5	13,6	8,6	1,6
Surrey, East-West Sussex	5 460,0	2 477,8	453,8	11,6	12,8	5,7
Essex	3 675,0	1 560,3	424,6	13,0	10,7	2,1
Greater London	1 578,0	6 933,0	4 393,5	15,1	9,9	-0,7
Hampshire, Isle of Wight	4 159,0	1 718,5	413,2	12,8	10,6	2,9
Kent	3 735,0	1 539,7	412,2	13,1	11,5	0,9
South-West	**23 828,0**	**4 768,0**	**200,1**	**11,9**	**11,9**	**5,3**
Avon, Gloucestershire, Wiltshire	7 461,0	2 100,2	281,5	12,7	10,7	4,4
Cornwall, Devon	10 262,0	1 526,2	148,7	11,2	12,9	4,9
Dorset, Somerset	6 105,0	1 141,6	187,0	11,2	12,9	7,4
West Midlands	**13 004,0**	**5 289,6**	**406,8**	**13,2**	**11,0**	**-0,6**
Hereford-Worcs., Warwickshire	5 902,0	1 188,4	201,4	11,8	11,0	5,0
Shropshire, Staffordshire	6 203,0	1 467,5	236,6	12,3	10,9	0,7
West Midlands (County)	899,0	2 633,7	2 929,6	14,3	11,0	-3,8
North-West	**7 342,0**	**6 412,4**	**873,4**	**13,2**	**12,1**	**-0,1**
Cheshire	2 331,0	971,9	416,9	12,4	10,8	2,9
Greater Manchester	1 286,0	2 578,9	2 005,4	13,8	11,9	-1,0
Lancashire	3 070,0	1 420,7	462,8	13,0	12,8	3,5
Merseyside	655,0	1 440,9	2 199,8	12,8	12,5	-4,2
Wales	**20 766,0**	**2 906,5**	**140,0**	**12,6**	**11,3**	**1,2**
Clwyd, Dyfed, Gwynedd, Powys	17 136,0	1 127,5	65,8	11,7	13,1	3,8
Gwent, Mid-South-West Glamorgan	3 630,0	1 779,0	490,1	13,1	10,1	-0,5
Scotland	**77 080,0**	**5 120,2**	**66,4**	**12,4**	**12,3**	**2,0**
Borders-Central-Fife-Lothian-Tayside	17 863,0	1 878,5	105,2	12,2	12,4	3,4
Dumfries & Galloway, Strathclyde	19 899,0	2 434,7	122,4	12,5	13,0	-0,2
Highlands, Islands	30 611,0	278,9	9,1	12,1	8,6	-0,3
Grampian	8 707,0	528,1	60,7	12,5	11,1	8,0
Northern Ireland	**13 483,0**	**1 631,8**	**121,0**	**15,3**	**9,6**	**1,5**

3.10. Population by age and sex — yearly average 1994

(1 000)

	Country	Under 15		From 15 to 64	
		Male	Female	Male	Female
	EUR 15	**33 621**	**31 975**	**125 020**	**123 624**
1	B	937	892	3 378	3 325
2	DK	443	422	1 784	1 734
3	D	6 822	6 475	28 371	27 305
4	EL	930	878	3 516	3 520
5	E	3 451	3 268	13 290	13 295
6	F	5 837	5 572	18 924	18 965
7	IRL	463	437	1 135	1 126
8	I	4 442	4 231	19 518	19 710
9	L	38	36	139	135
10	NL	1 445	1 381	5 353	5 183
11	A	725	688	2 735	2 676
12	P	922	881	3 261	3 419
13	FIN	496	475	1 719	1 685
14	S	846	803	2 841	2 753
15	UK	5 825	5 533	19 056	18 794
16	ISL	34	32	87	84
17	NOR	431	409	1 425	1 377
	EEA	**34 089**	**32 419**	**126 542**	**125 096**
18	CHE	612	580	2 382	2 363
	CIS	**39 058**	**37 762**	**79 947**	**75 743**
	of which				
19	RUS	17 595	16 939	43 664	40 104
20	USA	29 053	27 700	83 551	84 813
21	CAN	3 154	2 918	9 906	9 919
22	JPN	10 320	9 800	43 640	43 360

Population

3.10. Population by age and sex — yearly average 1994

(1 000)

65 and over		Total		Country	
Male	Female	Male	Female		
22 368	**34 365**	**181 010**	**189 964**	**EUR 15**	
633	951	4 947	5 168	B	1
341	482	2 568	2 637	DK	2
4 382	8 066	39 576	41 846	D	3
702	880	5 148	5 278	EL	4
2 425	3 421	19 165	19 984	E	5
3 435	5 166	28 195	29 704	F	6
175	234	1 774	1 797	IRL	7
3 805	5 497	27 765	29 439	I	8
21	35	198	205	L	9
809	1 212	7 607	7 776	NL	10
432	774	3 892	4 138	A	11
586	833	4 769	5 133	P	12
261	452	2 476	2 612	FIN	13
652	886	4 339	4 442	S	14
3 710	5 476	28 592	29 803	UK	15
13	16	133	133	ISL	16
289	407	2 144	2 192	NOR	17
22 672	**34 790**	**183 303**	**192 304**	**EEA**	
422	634	3 416	3 578	CHE	18
13 931	**34 875**	**132 936**	**148 380**	**CIS** of which	
8 214	21 481	69 473	78 524	RUS	19
13 293	19 498	125 898	132 010	USA	20
1 425	1 938	14 485	14 775	CAN	21
7 420	10 650	61 380	63 810	JPN	22

3.11. Population by age and sex — yearly average 1994

(% of total)

	Country	Under 15		From 15 to 64	
		Male	Female	Male	Female
	EUR 15	**9,1**	**8,6**	**33,7**	**33,3**
1	B	9,3	8,8	33,4	32,9
2	DK	8,5	8,1	34,3	33,3
3	D	8,4	8,0	34,8	33,5
4	EL	8,9	8,4	33,7	33,8
5	E	8,8	8,3	33,9	34,0
6	F	10,1	9,6	32,7	32,8
7	IRL	13,0	12,2	31,8	31,5
8	I	7,8	7,4	34,1	34,5
9	L	9,3	8,9	34,5	33,4
10	NL	9,4	9,0	34,8	33,7
11	A	9,0	8,6	34,1	33,3
12	P	9,3	8,9	32,9	34,5
13	FIN	9,8	9,3	33,8	33,1
14	S	9,6	9,1	32,4	31,4
15	UK	10,0	9,5	32,6	32,2
16	ISL	12,7	12,0	32,5	31,7
17	NOR	9,9	9,4	32,9	31,7
	EEA	**9,1**	**8,6**	**33,7**	**33,3**
18	CHE	8,7	8,3	34,1	33,8
	CIS (¹) (²) (³) of which	**13,9**	**13,4**	**28,4**	**26,9**
19	RUS (²) (³)	11,9	11,4	29,5	27,1
20	USA (¹)	11,3	10,7	32,4	32,9
21	CAN	10,8 *	10,0 *	33,9 *	33,9 *
22	JPN (⁴)	8,2	7,8	34,9	34,6

(¹) 1993.
(²) The data refer to the beginning of the year.
(³) 16-59 years in the case of men and 15-64 years in the case of women.
(⁴) 1995.

3.11. Population by age and sex — yearly average 1994

(% of total)

65 and over		Total		Country	
Male	Female	Male	Female		
6,0	**9,3**	**48,8**	**51,2**	**EUR 15**	
6,3	9,4	48,9	51,1	B	1
6,6	9,3	49,3	50,7	DK	2
5,4	9,9	48,6	51,4	D	3
6,7	8,4	49,4	50,6	EL	4
6,2	8,7	49,0	51,0	E	5
5,9	8,9	48,7	51,3	F	6
4,9	6,6	49,7	50,3	IRL	7
6,7	9,6	48,5	51,5	I	8
5,3	8,6	49,1	50,9	L	9
5,3	7,9	49,5	50,5	NL	10
5,4	9,6	48,5	51,5	A	11
5,9	8,4	48,2	51,8	P	12
5,1	8,9	48,7	51,3	FIN	
7,4	10,1	49,4	50,6	S	13
6,4	9,4	49,0	51,0	UK	14
					15
5,0	6,1	50,2	49,8	ISL	16
6,7	9,4	49,4	50,6	NOR	17
6,0	**9,3**	**48,8**	**51,2**	**EEA**	
6,0	9,1	48,8	51,2	CHE	18
5,0	**12,4**	**47,3**	**52,7**	**CIS (^{1}) (^{2}) (^{3})** of which	
5,6	14,5	46,9	53,1	RUS (^{2}) (^{3})	19
5,2	7,6	48,8	51,2	USA (^{1})	20
4,9 *	6,6 *	49,5 *	50,5 *	CAN	21
5,9	8,5	49,0	51,0	JPN (^{4})	22

(^{1}) 1993.
(^{2}) The data refer to the beginning of the year.
(^{3}) 16-59 years in the case of men and 15-64 years in the case of women.
(^{4}) 1995.

3.12. Births, marriages and deaths — 1994

Country	Births		Marriages		Deaths		Infant mortality rate ‰
	1 000	Per 1 000 population	1 000	Per 1 000 population	1 000	Per 1 000 population	
EUR 15	4 041,8 (¹)	10,9 (¹)	1 939,3 *	5,2 *	3 664,8 (¹)	9,9 (¹)	6,1 (¹)
1 B	116,4 (¹)	11,5 (¹)	52,0	5,1	103,6	10,2	7,6
2 DK	69,7	13,4	35,3	6,8	61,2	11,8	5,5
3 D	769,6	9,5	440,2	5,4	884,7	10,9	5,6
4 EL	103,8	10,0	56,8	5,4	97,8	9,4	7,9
5 E	365,1 (¹)	9,3 (¹)	196,1 (¹)	5,0 (¹)	335,8 (¹)	8,6 (¹)	6,0 (¹)
6 F	710,9 (¹)	12,3 (¹)	253,7 (¹)	4,4 (¹)	519,6 (¹)	9,0 (¹)	5,8 (¹)
7 IRL	47,9	13,4	16,3	4,6	30,7	8,6	5,9
8 I	527,4 (¹)	9,2 (¹)	285,1 (¹)	5,0 (¹)	548,1 (¹)	9,6 (¹)	6,6 (¹)
9 L	5,5	13,5	2,4	5,8	3,8	9,4	5,3
10 NL	195,6	12,7	83,0	5,4	133,5	8,7	5,6
11 A	92,4	11,5	43,3	5,4	80,7	10,0	6,3
12 P	109,3	11,0	66,0	6,7	99,6	10,1	8,1
13 FIN	65,2	12,8	24,9	4,9	48	9,4	4,7
14 S	112,3	12,8	34,2	3,9	91,8	10,5	4,4
15 UK	750,7	12,9	341,6 (²)	5,9 (²)	625,9	10,7	6,2
16 ISL	4,4	16,7	1,3	4,9	1,7	6,5	3,4
17 NOR	60,1	13,9	20,6	4,8	44,1	10,2	5,2
EEA	4 106,7 (¹)	10,9 (¹)	1 961,4 *	5,2 *	3 710,8 (¹)	9,9 (¹)	6,1 (¹)
18 CHE	83,0	11,9	42,4	6,1	62,0	8,9	5,1
CIS of which	3 731,0	13,0	2 011,4	7,0	3 785,5	13,3	24,4
19 RUS	1 408,2	9,6	1 080,6 (²)	7,4 (²)	2 301,4	15,7	18,6
20 USA	4 039,0	15,7	2 324,0	9,0	2 268,0	8,8	8,3
21 CAN	386,4 (¹)	13,2 (¹)	159,1 (²)	5,5 (²)	211,5 (¹)	7,2 (¹)	6,2 (¹)
22 JPN	1 258,2	10,1	788,8	6,3	875,9	7,1	4,2

(¹) Provisional.
(²) 1993.

Population

3.13. Size of private households (¹)

(1 000)

Country	Year	Number of persons constituting a household					Total
		1	2	3	4	5 or more	
EUR 15		:	:	:	:	:	:
1 B	1995	1 110	1 251	746	633	327	4 067
2 DK	1994	5 149	:	:	:	:	:
3 D	1995	12 542	11 749	5 835	4 590	1 697	36 413
4 EL	1995	779	1 086	742	816	333	3 756
5 E	1995	1 536	2 962	2 642	2 908	2 064	12 112
6 F	1995	6 752	7 364	3 880	3 281	1 849	23 126
7 IRL	1995	261	265	179	196	245	1 146
8 I	1995	4 612	5 150	4 704	4 338	1 556	20 360
9 L	1995	24	41	31	31	17	144
10 NL	1995	1 966	2 184	858	1 019	398	6 425
11 A	1995	906	893	550	489	281	3 119
12 P	1995	448	866	810	746	405	3 275
13 FIN	1995	832	688	320	265	117	2 222
14 S		:	:	:	:	:	:
15 UK	1995	6 922	8 298	3 923	3 585	1 725	24 453
16 ISL	1990	601	460	266	280	145	1 752
17 NOR		:	:	:	:	:	:
EEA		:	:	:	:	:	:
18 CHE	1993	935	912	430	418	186	2 881

(¹) Private households as distinct from institutional households, boarding schools, communities, homes for the aged, etc.

3.14. Number of pupils and students by level of education (full-time and part-time education)

(1 000)

School year	EUR 15 (¹)	B	DK	D (¹)	EL	E	F
Total (²)							
1975/1976	:	2 143	977	13 113	1 736	7 474	10 962
1980/1981	:	2 094	1 040	12 790	1 765	8 365	11 296
1985/1986	69 028 *	2 103	1 006	11 228	1 890	9 066	11 401
1990/1991	67 631 *	2 058	948	10 608	1 868	8 830	11 800
1993/1994	72 970 *	2 113	939	13 842	1 887	8 778	12 145
Primary education							
1975/1976	30 869	948	481	4 027	947	3 730	4 754
1980/1981	27 850	857	435	2 896	901	3 684	4 740
1985/1986	24 709	758	403	2 361	888	3 569	4 116
1990/1991	23 528	750	340	2 664	813	2 847	4 149
1993/1994	23 900 *	736	327	3 640	724	2 471	4 078
Secondary education, lower level							
1975/1976	20 190 *	548	233	5 489	374	1 932	3 257
1980/1981	20 458 *	421	299	5 552	452	2 130	3 261
1985/1986	19 139 *	463	263	4 093	441	2 303	3 893
1990/1991	16 770	410	242	3 580	446	2 067	3 446
1993/1994	18 102 *	382	223	5 120	439	1 852	3 472
Secondary education, higher level							
1975/1976	14 427	471	152	2 553	305	1 273	1 898
1980/1981	16 505	596	200	3 119	288	1 854	2 119
1985/1986	17 504	633	224	3 225	373	2 259	2 036
1990/1991	17 968	620	222	2 564	405	2 694	2 506
1993/1994	19 491 *	671	209	2 950	412	2 986	2 511
University							
1975/1976	:	176	111	1 044	117	548	1 053
1980/1981	:	217	106	1 223	121	698	1 176
1985/1986	7 675 *	248	116	1 550	182	944	1 358
1990/1991	9 465 *	276	143	1 799	195	1 222	1 699
1993/1994	11 477 *	322	170	2 132	312	1 470	2 083
Percentage enrolment (education or training) in the 16–18 age group							
1993/1994	81 *	97	81	91	66	73	91

(¹) 1975/76-1990/91: excluding the new German *Länder*;
1993/94: including the new German *Länder*.
(²) Because of comparability problems, the data for pre-primary education are not included.

Education and training

3.14. Number of pupils and students by level of education (full-time and part-time education)

(1 000)

IRL	I	L	NL	A	P	School year
\multicolumn{7}{c	}{Total (¹)}					
746	10 719	50 *	3 808 *	1 553	1 746	1975/1976
806	10 900	51 *	3 884 *	1 472	1 826	1980/1981
850	10 300	50 *	3 712 *	1 368	1 987	1985/1986
875	9 632	49 *	3 550	1 323	1 970	1990/1991
897	9 572	49 *	3 241	1 387	2 145	1993/1994
\multicolumn{7}{c	}{Primary education}					
414	4 850	29	2 029	520	1 211	1975/1976
430	4 437	25	1 807	400	1 240	1980/1981
428	3 712	22	1 536	344	1 238	1985/1986
425	3 062	24	1 517	370	1 020	1990/1991
392	2 863	25 *	1 173	382	929	1993/1994
\multicolumn{7}{c	}{Secondary education, lower level}					
187	2 779	10	1 037 *	524	340	1975/1976
200	2 885	13	1 085 *	472	309	1980/1981
212	2 757	13	1 018 *	390	376	1985/1986
201	2 262	12	806	342	443	1990/1991
210	1 997	12 *	787	382	500	1993/1994
\multicolumn{7}{c	}{Secondary education, higher level}					
99	2 113	10	450	404	106	1975/1976
121	2 452	12	629	462	186	1980/1981
140	2 639	14	753	461	271	1985/1986
158	2 856	12	748	405	321	1990/1991
178	2 942	11 *	749	396	438	1993/1994
\multicolumn{7}{c	}{University}					
46	977	1 *	291	105	89	1975/1976
55	1 126	1 *	364	137	90	1980/1981
70	1 192	1 *	406	173	102	1985/1986
90	1 452	1 *	479	206	186	1990/1991
118	1 770	1 *	532	227	276	1993/1994
\multicolumn{7}{c	}{Percentage enrolment (education or training) in the 16–18 age group}					
87	:	:	89	79	65	1993/1994

(¹) Because of comparability problems, the data for pre-primary education are not included.

3.14. Number of pupils and students by level of education (full-time and part-time education)

(1 000)

School year	FIN	S	UK
Total (¹)			
1975/1976	951	:	13 636
1980/1981	944	:	12 543
1985/1986	928	1 420	11 720
1990/1991	980	1 359	11 786
1993/1994	1 044	1 656	13 298
Primary education			
1975/1976	454	713	5 771
1980/1981	373	667	4 956
1985/1986	379	613	4 337
1990/1991	391	578	4 572
1993/1994	391	626	5 143
Secondary education, lower level			
1975/1976	245	314	2 929
1980/1981	233	365	2 783
1985/1986	193	333	2 393
1990/1991	205	303	2 003
1993/1994	200	332	2 169
Secondary education, higher level			
1975/1976	175	215	4 203
1980/1981	227	264	3 976
1985/1986	229	292	3 957
1990/1991	219	292	3 953
1993/1994	255	463	4 322
University			
1975/1976	77	:	733
1980/1981	113	:	828
1985/1986	128	183	1 033
1990/1991	166	193	1 258
1993/1994	197	234	1 664
Percentage enrolment (education or training) in the 16–18 age group			
1993/1994	90	91	67 (²)

(¹) Because of comparability problems, the data for pre-primary education are not included.
(²) Excludes private independent schools and youth training in enterprises.

Education and training

3.14. Number of pupils and students by level of education (full-time and part-time education)

(1 000)

ISL	NOR	EEA (¹)	CHE	School year
	Total (including special education) (²)			
57	804 *	:	:	1975/1976
56	853	:	1 204	1980/1981
57	822	**71 034 ***	1 127	1985/1986
61	843	**69 651 ***	1 116	1990/1991
:	868	:	1 186	1993/1994
	Primary education			
27	391	:	:	1975/1976
25	390	**28 716 ***	451	1980/1981
25	335	**25 446 ***	377	1985/1986
25	309	**24 266**	404	1990/1991
:	310	:	423	1993/1994
	Secondary education, lower level			
13	183	:	:	1975/1976
13	197	**21 030**	362	1980/1981
12	195	**19 661**	315	1985/1986
12	162	**17 216**	272	1990/1991
:	157	:	287	1993/1994
	Secondary education, higher level			
13	154	:	:	1975/1976
14	173	**16 991**	299	1980/1981
15	209	**18 048 ***	320	1985/1986
17	229	**18 510 ***	296	1990/1991
:	223	:	278	1993/1994
	University			
4	67	:	:	1975/1976
4	74	:	85	1980/1981
5	89	**7 879**	110	1985/1986
5	142	**9 649**	137	1990/1991
:	178	:	149	1993/1994
	Percentage enrolment (education or training) in the 16–18 age group			
:	89		81	1993/1994

(¹) 1975/76-1990/91: excluding the new German *Länder*; 1993/94: including the new German *Länder*.
(²) Because of comparability problems, the data for pre-primary education are not included.

Employment

3.15. Working population and employment (spring 1994)

Country	Civilian working population		Civilian employment	
	1 000	As % of total population	1 000	(%) of females
EUR 15	**165 868**	**45**	**147 243**	**41**
1 B	4 148	41	3 748	40
2 DK	2 759	54	2 537	46
3 D	39 267	49	35 840	42
4 EL	4 154	41	3 786	35
5 E	15 488	40	11 728	34
6 F	24 869	44	21 720	44
7 IRL	1 413	40	1 207	37
8 I	22 584	40	20 024	35
9 L	170	43	165	37
10 NL	7 224	48	6 706	41
11 A	3 866	48	3 708	43
12 P	4 759	49	4 440	44
13 FIN	2 502	49	2 038	49
14 S	4 266	49	3 939	49
14 UK	28 398	50	25 657	45
16 ISL	146	55	137	46
17 NOR	2 116	49	1 992	47
EEA	**168 129**	**45**	**149 372**	:
18 CHE	3 915	56	3 787	40
CIS	:	:	**121 804 ***	**50**
of which				
19 RUS	84 059 (¹)	57 (¹)	68 484	51
20 USA	130 800	50	122 805	46
21 CAN	14 896	51	13 311	45
22 JPN	67 243	54	65 350	41

(¹) Working age population.

Employment

3.16. Civilian employment by occupational status (spring 1994)

	Country	Employers, self-employed and family workers		Employees	
		1 000	% civilian employment	1 000	% civilian employment
	EUR 15	25 423	17	121 672	83
1	B	664	18	3 084	82
2	DK	249	10	2 286	90
3	D	3 811	11	32 029	89
4	EL	1 770	47	2 017	53
5	E	3 089	26	8 609	73
6	F	3 056	14	18 664	86
7	IRL	273	23	934	77
8	I	5 744	29	14 280	71
9	L	18	11	147	89
10	NL	831	12	5 875	88
11	A	510	14	3 198	86
12	P	1 213	27	3 226	73
13	FIN	316	16	1 722	84
14	S	434	11	3 505	89
15	UK	3 445	13	22 095	86
16	ISL	26	19	111	81
17	NOR	197	10	1 791	90
	EEA	25 646	17	123 573	83
18	CHE	:	:	:	:
	CIS	13 381	11	108 423	89
	of which				
19	RUS	6 466	9	62 018	91
20	USA	:	:	:	:
21	CAN	1 458	11	11 853	89
22	JPN	12 587	19	52 763	81

Employment

3.17. Civilian employment by main sectors of economic activity (spring 1994)

(1 000)

	Country	Agriculture	Industry	Services	Total
	EUR 15	**8 086**	**44 894**	**93 941**	**147 243**
1	B	108	1 082	2 558	3 748
2	DK	127	670	1 728	2 537
3	D	1 171	13 261	21 408	35 840
4	EL	788	894	2 104	3 786
5	E	1 164	3 530	7 034	11 728
6	F	1 128	5 830	14 750	21 720
7	IRL	151	335	716	1 207
8	I	1 550	6 429	12 045	20 024
9	L	5	44	114	164
10	NL	262	1 532	4 769	6 706
11	A	266	1 236	2 206	3 708
12	P	522	1 442	2 476	4 440
13	FIN	171	541	1 326	2 038
14	S	139	980	2 817	3 939
15	UK	534	7 087	17 890	25 657
16	ISL	13	34	90	137
17	NOR	107	464	1 420	1 992
	EEA	**8 206**	**45 391**	**95 451**	**149 371**
18	CHE	151	1 093	2 525	3 767
	CIS	**25 223**	**40 758**	**55 793**	**121 804** *
	of which				
19	RUS	10 246	25 364	32 874	68 484
20	USA	3 724	29 545	89 536	122 805
21	CAN	546	2 995	9 770	13 311
22	JPN	4 187	22 090	39 073	65 350

Employment

3.18. Civilian employment by main sectors of economic activity (spring 1994)

(%)

	Country	Agriculture	Industry	Services	Total
	EUR 15	**5**	**30**	**64**	**100**
1	B	3	29	68	100
2	DK	5	26	68	100
3	D	3	37	60	100
4	EL	21	24	56	100
5	E	10	30	60	100
6	F	5	27	68	100
7	IRL	13	28	59	100
8	I	8	32	60	100
9	L	3	27	70	100
10	NL	4	23	71	100
11	A	7	33	59	100
12	P	12	32	56	100
13	FIN	8	27	65	100
14	S	4	25	72	100
15	UK	2	28	70	100
16	ISL	9	25	66	100
17	NOR	5	23	71	100
	EEA	**5**	**30**	**64**	**100**
18	CHE	4	29	67	100
	CIS of which	**21**	**34**	**46**	**100**
19	RUS	15	37	48	100
20	USA	3	24	73	100
21	CAN	4	23	73	100
22	JPN	6	34	60	100

Employment

3.19. Employees by economic activity (spring 1994)

(1 000)

No	NACE Rev.1	EUR 15	B	DK	D	EL	E
A-B	**AGRICULTURE, HUNTING, FORESTRY AND FISHING**	:	18	60	521	29	361
01	Agriculture, hunting, and related service activities	:	16	53	465	21	284
C-F	**INDUSTRY**	:	970	619	12 463	615	2 885
C	**Mining and quarrying**	:	11	3	254	14	53
D	**Manufacturing**	:	729	466	8 996	403	1 961
15	Manufacture of food products and beverages	:	81	97	:	67	298
18	Manufacture of wearing apparel; dressing and dyeing of fur	:	21	10	:	71	119
22	Publishing, printing and reproduction of recorded media	:	38	49	:	23	101
24	Chemical industry	:	87	27	773	21	121
28	Manufacture of fabricated metal products	:	67	36	:	24	162
29	Manufacture of machinery and equipement n.e.c.	:	42	75	:	17	118
E	**Production and distribution of electricity, gas and water**	:	30	19	364	40	86
F	**Construction**	:	200	132	2 817	158	785
G-P	**SERVICES**	:	2 096	1 597	19 044	1 372	5 363
G	**Wholesale and retail trade; repair of motor vehicles and household goods**	:	356	297	4 287	228	1188
50	Sale of motor vehicles	:	54	53	:	40	205
51	Wholesale trade and commission trade, except of motor vehicles and motorcycles	:	94	101	:	68	351
52	Retail trade, except of motor vehicles and motorcycles; repair of personal and household goods	:	209	143	:	120	633
H	**Hotels and restaurants**	:	61	58	709	97	419
I	**Transport, storage and communication**	:	241	154	2 032	181	496
60	Land transport; transport via pipelines	:	109	53	707	51	237
64	Post and telecommunications	:	78	50	652	44	145
J	**Financial intermediation**	:	138	88	1 146	84	290
65	Financial intermediation, except insurance and pension funding	:	96	67	831	64	216
K	**Real estate, renting and business activities**	:	156	165	133	62	454
74	Other service activities provided mainly to business	:	116	106	:	52	385
L	**Public administration and defence; compulsory social security**	:	357	170	3 198	282	744
M	**Education**	:	340	177	1 740	195	611
N	**Health and social work**	:	325	384	2 018	138	545
O	**Other community, social and personal service activities**	:	102	94	1 501	75	298
92	Recreational, cultural and sporting activities	:	46	48	301	43	153
93	Other service activities	:	24	11	:	12	62
P	**Households with employed persons**	:	6	10	116	27	316
	TOTAL	:	3 084	2 286	32 029	2 017	8 609

Employment

3.19. Employees by economic activity (spring 1994)

(1 000)

F	IRL	I	L	NL	A	P	FIN	S	UK
274	28	554	1	98	:	77	:	:	237
222	19	492	1	96	:	57	:	:	217
5 218	295	5 272	43	1 431	:	1 206	:	:	5 990
55	5	70	0	10	:	15	:	:	108
3 792	209	3 959	24	1 039	:	894	:	:	4 597
525	39	287	2	157	:	99	:	:	470
145	11	416	:	10	:	151	:	:	167
210	15	140	1	116	:	31	:	:	377
268	17	258	1	92	:	38	:	:	318
398	13	493	2	87	:	58	:	:	350
315	13	433	2	77	:	30	:	:	480
207	13	178	1	47	:	34	:	:	234
1 164	67	1 065	18	335	:	262	:	:	1 051
13 162	607	8 455	102	4 243	:	1 943	:	:	15 842
2 371	126	1 328	19	922	:	379	:	:	3 454
375	18	250	3	75	:	87	:	:	477
829	34	327	6	359	:	84	:	:	709
1 167	74	750	10	488	:	209	:	:	2 268
502	51	442	7	188	:	125	:	:	914
1 324	46	937	10	394	:	185	:	:	1 411
576	19	432	5	188	:	71	:	:	463
473	15	338	3	105	:	54	:	:	487
687	42	579	15	212	:	122	:	:	1 116
442	26	434	13	124	:	99	:	:	640
1 588	54	496	8	539	:	122	:	:	1 817
989	40	323	7	406	:	90	:	:	1 185
2 072	66	1 524	15	523	:	307	:	:	1 619
1 588	76	1 480	7	429	:	311	:	:	1 827
1 896	93	983	9	836	:	188	:	:	2 472
718	52	512	4	185	:	134	:	:	1 084
272	20	87	2	90	:	38	:	:	514
150	19	246	1	40	:	62	:	:	260
396	:	164	2	13	:	68	:	:	106
18 664	934	14 280	147	5 875	:	3 226	:	:	22 095

Employment

3.20. Normal weekly hours worked by full-time and part-time employees (spring 1994)

No	NACE Rev. 1	EUR 15	B	DK	D	EL	E
A-B	**AGRICULTURE, HUNTING, FORESTRY AND FISHING**	:	35,5	37,3	39,0	44,7	43,2
01	Agriculture, hunting, and related service activities	:	35,3	36,5	39,1	44,6	41,3
C-F	**INDUSTRY**	:	38,2	36,4	37,8	40,8	40,1
C	**Mining and quarrying**	:	38,9	38,6	39,1	40,7	39,7
D	**Manufacturing**	:	38,0	36,1	37,4	41,0	40,1
15	Manufacture of food products and beverages	:	37,5	34,5	:	42,2	40,8
18	Manufacture of wearing apparel; dressing and dyeing of fur	:	37,0	34,2	:	40,4	39,2
22	Publishing, printing and reproduction of recorded media	:	36,8	30,5	:	41,4	39,1
24	Chemical industry	:	38,7	38,1	38,4	40,8	39,2
28	Manufacture of fabricated metal products	:	37,9	37,2	:	41,8	39,8
29	Manufacture of machinery and equipement n.e.c.	:	37,9	38,5	:	40,0	40,0
E	**Production and distribution of electricity, gas and water**	:	38,3	36,4	38,3	39,7	40,0
F	**Construction**	:	38,9	37,4	38,9	40,6	40,3
G-P	**SERVICES**	:	34,4	33,9	35,7	39,4	38,2
G	**Wholesale and retail trade; repair of motor vehicles and household goods**	:	35,0	32,2	35,3	42,8	40,4
50	Sale of motor vehicles	:	37,8	31,5	:	43,5	40,9
51	Wholesale trade and commission trade, except of motor vehicles and motorcycles	:	37,9	38,3	:	41,7	41,0
52	Retail trade, except of motor vehicles and motorcycles; repair of personal and household goods	:	33,0	28,1	:	43,2	39,8
H	**Hotels and restaurants**	:	32,4	27,2	37,5	45,3	41,3
I	**Transport, storage and communication**	:	38,6	37,6	38,2	44,4	40,8
60	Land transport; transport via pipelines	:	40,0	41,8	38,9	43,8	41,9
64	Post and telecommunications	:	37,3	31,8	35,5	39,3	38,5
J	**Financial intermediation**	:	37,0	36,2	36,9	39,8	39,4
65	Financial intermediation, except insurance and pension funding	:	36,7	36,0	36,5	39,3	39,3
K	**Real estate, renting and business activities**	:	35,4	34,7	37,5	40,0	37,1
74	Other service activities provided mainly to business	:	34,9	34,3	:	39,8	36,8
L	**Public administration and defence; compulsory social security**	:	36,3	36,4	37,1	39,5	38,8
M	**Education**	:	28,7	33,9	34,1	28,4	33,7
N	**Health and social work**	:	33,0	33,3	34,5	39,3	38,5
O	**Other community, social and personal service activities**	:	35,1	32,7	34,5	37,1	38,0
92	Recreational, cultural and sporting activities	:	35,1	29,4	35,5	36,2	37,2
93	Other service activities	:	32,8	33,4	:	42,0	38,7
P	**Households with employed persons**	:	25,0	26,5	21,1	36,7	29,2
	TOTAL	:	35,6	34,7	36,6	39,9	39,1

Employment

3.20. Normal weekly hours worked by full-time and part-time employees (spring 1994)

F	IRL	I	L	NL	A	P	FIN	S	UK
39,2	46,7	39,4	45,5	31,3	:	47,6	:	:	41,7
38,7	49,5	39,1	46,3	30,9	:	47,2	:	:	41,6
39,2	39,9	40,0	40,0	36,2	:	42,4	:	:	42,3
39,7	41,4	40,8	40,0	40,2	:	43,3	:	:	51,2
39,2	39,9	39,9	40,1	35,4	:	42,2	:	:	42,1
39,5	40,7	40,7	39,5	33,1	:	43,0	:	:	42,0
38,1	38,1	39,2	:	30,0	:	43,1	:	:	37,6
38,8	38,7	39,4	39,8	27,0	:	41,9	:	:	39,2
39,4	40,0	40,0	40,0	37,4	:	40,9	:	:	42,3
39,2	39,9	40,1	40,3	37,7	:	42,5	:	:	43,2
39,7	40,6	40,2	41,5	37,6	:	43,6	:	:	42,8
38,6	38,6	38,8	40,0	38,1	:	39,7	:	:	40,8
39,5	40,1	40,6	39,9	38,4	:	43,3	:	:	42,7
36,2	35,9	36,2	37,4	30,5	:	38,8	:	:	35,4
38,3	37,1	39,9	38,2	30,1	:	42,9	:	:	33,6
39,6	38,9	40,8	40,8	35,2	:	42,6	:	:	41,3
40,4	40,2	40,2	38,8	36,1	:	42,1	:	:	41,0
36,5	35,2	39,4	37,0	25,0	:	43,4	:	:	29,6
39,4	34,8	39,8	42,9	21,8	:	45,9	:	:	29,6
38,8	40,5	39,1	39,0	35,0	:	43,0	:	:	43,9
40,4	41,7	39,9	40,1	36,7	:	46,6	:	:	46,6
36,9	38,3	37,6	36,2	30,0	:	39,2	:	:	42,1
39,1	37,9	38,6	39,4	35,9	:	37,6	:	:	38,4
39,2	37,9	38,7	39,5	35,5	:	37,5	:	:	38,0
37,9	38,3	37,3	36,0	31,8	:	39,2	:	:	38,1
37,3	37,9	36,6	35,6	30,4	:	39,1	:	:	37,2
37,0	38,1	36,8	37,4	34,4	:	39,4	:	:	38,7
30,3	28,9	27,4	29,5	31,0	:	31,2	:	:	33,5
35,6	36,1	37,3	35,9	26,6	:	37,8	:	:	32,4
35,1	34,0	37,3	37,3	29,2	:	36,6	:	:	33,7
35,5	34,6	36,1	37,5	27,0	:	37,7	:	:	33,3
36,8	30,4	37,7	35,2	27,8	:	34,8	:	:	31,8
26,2	:	30,3	24,2	14,8	:	32,3	:	:	24,3
37,1	37,5	37,7	38,2	31,7	:	40,4	:	:	37,3

Employment

3.21. Unemployment, 1991-95

	Country	1991	1992	1993	1994	1995

Estimated number of unemployed (Annual averages in 1 000)

	EUR 15	**13 627**	**15 345**	**17 799**	**18 499**	**17 856**
1	B	263 *	295	366	416	416
2	DK	243 *	266 *	289	229	198
3	D	2 195	2 580	3 090	3 299	3 209
4	EL	276 *	317	351	369	380
5	E	2 477	2 810	3 503	3 727	3 574
6	F	2 323	2 558	2 909	3 050	2 850
7	IRL	198 *	210	215	202	178
8	I	2 064 *	2 098 *	2 346	2 571	2 683
9	L	3	4	4	5	5
10	NL	395 *	394 *	467	524	535
11	A	:	:	:	:	147
12	P	191	199	270	333	347
13	FIN	193	328	444	456	430
14	S	148	260	415	426	404
15	UK	2 528	2 891	2 979	2 744	2 501

Proportion of women among all unemployed (Annual averages in %)

	EUR 15	**50,5**	**49,2**	**47,6**	**48,1**	**49,3**
1	B	60,5 *	57,1	54,5	53,5	54,0
2	DK	52,4 *	51,9 *	49,9	52,0	55,8
3	D	53,0	54,9	52,1	51,2	50,9
4	EL	59,9 *	60,0	58,4	57,5	57,5
5	E	51,7	50,1	47,2	49,0	51,0
6	F	56,8	55,7	53,1	53,6	54,7
7	IRL	37,0 *	37,1	37,7	38,1	38,5
8	I	54,7 *	54,0 *	52,4	51,0	51,4
9	L	50,0	48,9	46,4	47,8	55,6
10	NL	57,4 *	54,4 *	49,1	48,4	52,0
11	A	:	:	:	:	56,9
12	P	60,5	52,3	53,5	51,7	50,8
13	FIN	35,7	38,0	41,6	43,1	46,2
14	S	42,8	38,3	38,8	40,2	42,8
15	UK	36,1	33,3	33,7	33,9	35,0

Employment

3.21. Unemployment, 1991-95

	Country	1991	1992	1993	1994	1995
		Proportion aged under 25 among all unemployed (Annual averages in %)				
	EUR 15	**32,4**	**30,6**	**29,6**	**28,2**	**27,6**
1	B	27,9 *	26,6	28,0	27,4	26,8
2	DK	26,0 *	24,6 *	23,7	23,8	26,2
3	D	15,9	13,7	13,4	13	12,6
4	EL	44,0 *	41,7	40,5	38,8	37,3
5	E	37,2	35,6	35,2	33,4	32,1
6	F	29,2	27,7	27,4	26,2	25,0
7	IRL	33,4 *	33,1	32,9	31,6	30,3
8	I	49,3 *	47,9 *	44,1	40,6	39,4
9	L	30,6	27,9	27,4	29,4	29,9
10	NL	27,7 *	28,7 *	30,8	28,4	29,4
11	A	:	:	:	:	23,2
12	P	38,6	40,2	36,1	33,8	33,6
13	FIN	24,8	22,9	21,1	19,2	18,0
14	S	36,3	32,3	30,2	28,3	25,3
15	UK	31,6	30,9	30,6	30,1	30,2
		Proportion of women among all unemployed aged under 25 (Annual averages in %)				
	EUR 15	**50,6**	**49,2**	**47,7**	**48,1**	**50,1**
1	B	59,0 *	55,0	50,0	49,9	50,6
2	DK	50,4 *	50,7 *	49,8	48,5	58,1
3	D	52,0	52,3	48,6	46,9	46,9
4	EL	61,7 *	62,3	61,9	61,9	62,6
5	E	54,2	51,8	48,7	50,0	53,0
6	F	56,9	55,8	53,0	54,1	56,4
7	IRL	41,4 *	42,0	41,8	41,4	41,5
8	I	51,5 *	52,0 *	51,1	49,8	51,1
9	L	44,4	44,5	49,2	46,7	53,1
10	NL	55,1 *	50,2 *	45,0	46,6	53,0
11	A	:	:	:	:	59,3
12	P	57,8	51,5	54,3	51,5	49,5
13	FIN	37,2	40,2	41,4	42,1	44,5
14	S	44,5	40,3	41,0	42,7	45,9
15	UK	37,1	35,6	36,2	36,5	38,0

3.22. Unemployment rates 1991-95

(annual averages in %)

	Country	1991	1992	1993	1994	1995
	EUR 15	**8,2**	**9,3**	**10,7**	**11,2**	**10,7**
1	B	6,6 *	7,3 *	8,9	10,0	9,9
2	DK	8,4 *	9,2 *	10,1	8,2	7,1
3	D	5,6	6,6	7,9	8,4	8,2
4	EL	7,0 *	7,9	8,6	8,9	9,1
5	E	16,4	18,5	22,8	24,1	22,9
6	F	9,5	10,4	11,7	12,3	11,5
7	IRL	14,8 *	15,4	15,6	14,3	12,4
8	I	8,8 *	9,0 *	10,3	11,4	11,9
9	L	1,7	2,1	2,7	3,2	2,9
10	NL	5,8 *	5,6 *	6,6	7,2	7,3
11	A	:	:	:	:	3,8
12	P	4,0	4,2	5,7	7,0	7,3
13	FIN	7,6	13,1	17,9	18,4	17,2
14	S	3,3	5,8	9,5	9,8	9,2
15	UK	8,8	10,1	10,4	9,6	8,8
16	ISL	1,5	3,1	4,3	4,7	5,0
17	NOR	5,5	5,9	6,0	5,4	4,9
	EEA	:	:	:	:	:
18	CHE	1,9	3,0	3,8	3,6	:
	CIS	–	**0,3**	**0,9**	**1,4**	:
	of which					
19	RUS	–	0,3	1,0	1,8	:
20	USA	6,7	7,4	6,8	6,1	5,6
21	CAN	10,2	11,2	11,6	:	:
22	JPN	2,1	2,2	2,5	2,9	3,1

Employment

3.23. Unemployment rates — April 1995

(%)

Territorial units (NUTS) **Level I** Level II	Total	Men	Women	Age < 25	Age ≥ 25
EUR 15	10,7	9,5	12,4	20,5	9,1
BELGIQUE/BELGIË	9,4	7,4	12,3	21,9	7,9
Region Bruxelles-Capitale /					
Brussels hfdst. gew.	13,3	12,8	14,0	33,3	11,4
Vlaams gewest	6,9	4,9	9,9	14,7	6,0
Antwerpen	8,1	6,0	11,3	16,8	7,1
Limburg	9,5	5,4	15,8	18,0	8,4
Oost-Vlaanderen	6,8	5,1	9,2	15,0	5,8
Vlaams Brabant	5,3	3,9	7,1	13,8	4,5
West-Vlaanderen	5,3	3,6	7,7	10,2	4,6
Région wallonne	12,9	10,6	16,2	33,2	10,5
Brabant wallon	8,3	6,6	10,6	27,8	6,8
Hainaut	15,9	13,3	19,6	39,2	12,9
Liège	12,7	10,4	15,9	29,4	10,7
Luxembourg	7,0	5,0	9,9	20,0	5,3
Namur	12,3	10,2	15,4	35,4	9,8
DANMARK	7,1	6,4	7,9	8,8	6,7

Employment

3.24. Unemployment rates — April 1995

(%)

Territorial units (NUTS) Level I / Level II	Total	Men	Women	Age < 25	Age ≥ 25
DEUTSCHLAND	8,2	7,2	9,6	7,8	8,3
Baden-Württemberg	5,5	5,3	5,8	5,7	5,5
Stuttgart	5,6	5,4	5,9	5,7	5,6
Karlsruhe	5,6	5,4	5,9	6,1	5,6
Freiburg	5,5	5,3	5,8	5,6	5,5
Tübingen	5,0	4,6	5,5	5,3	5,0
Bayern	4,9	4,5	5,3	4,6	4,9
Oberbayern	4,1	4,1	4,1	3,8	4,1
Niederbayern	4,7	4,4	5,1	4,7	4,7
Oberpfalz	5,5	4,9	6,3	4,5	5,7
Oberfranken	5,6	4,7	6,6	4,9	5,7
Mittelfranken	6,0	5,6	6,6	5,6	6,1
Unterfranken	5,4	4,7	6,5	5,3	5,4
Schwaben	4,5	4,3	4,9	4,4	4,6
Berlin	11,2	11,0	11,4	12,2	11,1
Brandenburg	15,1	10,6	20,1	12,5	15,4
Bremen	10,6	11,0	10,1	12,2	10,5
Hamburg	7,6	8,2	6,8	9,1	7,4
Hessen	6,3	6,0	6,6	6,7	6,2
Darmstadt	5,8	5,8	5,8	6,3	5,7
Gießen	6,6	5,9	7,6	7,0	6,5
Kassel	7,5	6,9	8,4	7,3	7,5
Mecklenburg-Vorpommern	12,0	8,8	15,7	9,7	12,3
Niedersachsen	7,9	7,4	8,6	8,0	7,9
Braunschweig	9,7	9,2	10,4	9,3	9,8
Hannover	7,6	7,4	8,0	7,6	7,6
Lüneburg	6,4	5,9	7,2	6,9	6,4
Weser-Ems	7,9	7,2	8,9	8,0	7,9

Employment

3.24. Unemployment rates — April 1995

(%)

Level I Level II (NUTS)	Total	Men	Women	Age < 25	Age ≥ 25
Nordrhein-Westfalen	**8,2**	**8,0**	**8,6**	**8,3**	**8,2**
Düsseldorf	8,9	8,8	9,0	8,9	8,9
Köln	7,9	7,7	8,3	8,1	7,9
Münster	7,4	7,0	7,9	7,3	7,4
Detmold	6,8	5,9	8,2	6,8	6,8
Arnsberg	8,9	8,8	9,1	9,2	8,9
Rheinland-Pfalz	**6,2**	**5,8**	**6,6**	**7,3**	**6,0**
Koblenz	5,4	5,0	5,9	6,2	5,2
Trier	5,5	5,1	6,2	6,7	5,4
Rheinhessen-Pfalz	6,9	6,6	7,2	8,4	6,7
Saarland	**9,1**	**9,2**	**8,9**	**9,8**	**9,0**
Sachsen	**13,8**	**8,9**	**19,2**	**10,2**	**14,3**
Sachsen-Anhalt	**16,7**	**12,5**	**21,4**	**13,8**	**17,1**
Dessau	15,1	10,1	20,9	12,4	15,5
Halle	15,1	11,0	19,5	13,2	15,4
Magdeburg	18,6	14,6	23,1	14,8	19,2
Schleswig-Holstein	**6,5**	**6,3**	**6,8**	**6,8**	**6,4**
Thüringen	**11,9**	**8,3**	**16,1**	**9,7**	**12,3**

3.25. Unemployment rates — April 1995

(%)

Level I Level II	Total	Men	Women	Age < 25	Age ≥ 25
ΕΛΛΑΔΑ (¹)	**9,1**	**6,2**	**13,8**	**27,9**	**6,5**
Βόρεια Ελλάδα	**9,2**	**6,1**	**14,2**	**28,6**	**6,6**
Ανατολική Μακεδονία, Θράκη	9,2	6,0	13,9	22,7	7,2
Κεντρική Μακεδονία	9,1	6,1	14,0	28,4	6,6
Δυτική Μακεδονία	13,2	10,1	19,1	44,4	9,6
Θεσσαλία	7,6	4,6	12,9	28,7	5,0
Κεντρική Ελλάδα	**7,4**	**4,7**	**12,1**	**27,1**	**4,9**
Ήπειρος	7,2	5,3	10,7	31,3	4,8
Ιόνια Νησιά	5,3	4,5	6,6	21,2	3,1
Δυτική Ελλάδα	8,2	5,5	12,8	24,3	5,9
Στερεά Ελλάδα	9,2	5,1	17,0	32,1	6,2
Πελοπόννησος	6,0	3,3	10,5	27,0	3,6
Αττική	**11,0**	**8,0**	**15,7**	**30,4**	**8,1**
Νησιά	**4,5**	**2,6**	**7,6**	**16,5**	**2,7**
Βόρειο Αιγαίο	4,9	3,3	8,5	21,4	2,7
Νότιο Αιγαίο	4,8	3,2	8,1	14,4	3,2
Κρήτη	4,1	2,1	7,1	16,4	2,5

(¹) Translation: see p. 8.

Employment

3.26. Unemployment rates — April 1995

(%)

Territorial units (NUTS) Level I Level II	Total	Men	Women	Age < 25	Age ≥ 25
ESPAÑA	**22,7**	**18,1**	**30,3**	**41,7**	**18,8**
Noroeste	**18,5**	**14,9**	**23,9**	**38,4**	**15,6**
Galicia	17,2	13,9	21,6	34,2	14,7
Asturias	20,9	17,0	27,6	51,5	16,4
Cantabria	21,4	15,9	31,4	35,6	19,1
Noreste	**19,3**	**13,6**	**28,7**	**39,2**	**16,0**
País Vasco	23,0	17,6	31,4	48,1	18,9
Navarra	12,6	8,2	20,6	25,0	10,5
La Rioja	15,9	10,7	25,0	31,1	13,6
Aragón	16,1	9,5	27,5	31,2	13,5
Madrid	**20,7**	**17,2**	**26,1**	**40,3**	**17,1**
Centro	**22,4**	**16,9**	**32,9**	**41,2**	**18,8**
Castilla y León	20,3	14,7	30,4	43,4	16,6
Castilla-La Mancha	20,4	16,0	29,4	35,6	17,0
Extremadura	30,5	23,3	44,4	45,7	27,0
Este	**20,3**	**15,7**	**27,4**	**38,2**	**16,3**
Cataluña	19,9	15,6	26,5	38,5	15,7
Comunidad Valenciana	22,2	16,7	31,0	39,3	18,3
Baleares	13,8	11,5	17,2	29,5	10,5
Sur	**31,8**	**26,5**	**41,0**	**49,5**	**27,2**
Andalucía	33,3	28,1	42,4	50,9	28,7
Murcia	22,2	16,5	31,9	38,5	17,8
Ceuta y Melilla	33,0	26,1	44,9	71,6	25,2
Canarias	**23,7**	**19,7**	**30,0**	**41,8**	**19,4**

Employment

3.27. Unemployment rates — April 1995

(%)

Territorial units (NUTS) Level I Level II	Total	Men	Women	Age < 25	Age ≥ 25
FRANCE	**11,2**	**9,4**	**13,4**	**24,9**	**9,7**
Île-de-France	**10,0**	**9,3**	**10,8**	**17,0**	**9,3**
Bassin parisien	**11,9**	**9,5**	**14,9**	**29,1**	**9,8**
Champagne-Ardenne	12,4	9,7	16,0	28,0	10,3
Picardie	12,9	10,3	16,1	29,9	10,5
Haute-Normandie	12,8	10,6	15,6	28,3	10,8
Centre	10,7	8,2	13,8	27,8	8,8
Basse-Normandie	12,4	10,3	14,9	35,6	9,7
Bourgogne	10,8	8,4	13,8	27,2	8,9
Nord-Pas-de-Calais	**15,3**	**13,4**	**17,8**	**33,3**	**12,6**
Est	**8,7**	**6,9**	**11,0**	**19,5**	**7,2**
Lorraine	9,9	7,9	12,4	22,9	8,2
Alsace	7,1	5,8	8,7	15,8	5,9
Franche-Comté	8,8	6,5	11,9	18,5	7,5
Ouest	**10,5**	**8,1**	**13,2**	**26,2**	**8,6**
Pays de la Loire	10,8	8,3	13,8	25,8	8,8
Bretagne	9,8	7,6	12,4	24,3	8,2
Poitou-Charentes	10,9	8,7	13,6	30,7	8,9
Sud-Ouest	**11,0**	**8,8**	**13,7**	**25,7**	**9,4**
Aquitaine	11,8	9,4	14,6	28,4	10,0
Midi-Pyrénées	10,6	8,5	13,1	22,7	9,3
Limousin	9,3	7,2	11,7	24,3	7,6
Centre-Est	**10,2**	**8,3**	**12,3**	**25,8**	**8,6**
Rhône-Alpes	10,1	8,3	12,2	25,0	8,6
Auvergne	10,5	8,2	13,2	29,6	8,6
Méditerranée	**14,7**	**12,6**	**17,2**	**27,1**	**13,3**
Languedoc-Roussillon	14,8	12,2	18,1	28,1	13,2
Provence-Alpes-Côte d'Azur	14,7	12,9	16,8	26,6	13,3
Corse	13,8	12,5	15,3	27,3	12,3

Employment

3.27. Unemployment rates — April 1995

(%)

Level I Level II — Territorial units (NUTS)	Total	Men	Women	Age < 25	Age ≥ 25
Départements d'outre-mer	:	:	:	:	:
Guadeloupe	:	:	:	:	:
Martinique	:	:	:	:	:
Guyane	:	:	:	:	:
Réunion	:	:	:	:	:

Employment

3.28. Unemployment rates — April 1995

(%)

Territorial units (NUTS) Level I Level II	Total	Men	Women	Age < 25	Age ≥ 25
IRELAND	**14,3**	**14,1**	**14,8**	**22,0**	**12,5**
ITALIA	**12,0**	**9,3**	**16,7**	**33,3**	**8,5**
Nord-Ovest	**8,7**	**6,0**	**12,7**	**26,6**	**5,9**
Piemonte	8,0	5,2	12,0	24,4	5,2
Valle d'Aosta	5,9	4,0	8,5	18,8	4,3
Liguria	10,9	8,2	14,9	34,9	7,9
Lombardia	**6,1**	**4,1**	**9,1**	**16,0**	**4,3**
Nord-Est	**6,0**	**3,5**	**10,0**	**14,5**	**4,4**
Trentino-Alto Adige	3,9	2,7	5,6	8,3	3,0
Veneto	6,0	3,3	10,3	13,7	4,4
Friuli-Venezia Giulia	8,0	5,1	12,3	23,9	5,4
Emilia-Romagna	**6,3**	**3,4**	**10,3**	**18,3**	**4,5**
Centro	**8,0**	**4,7**	**12,8**	**23,6**	**5,7**
Toscana	8,2	4,7	13,4	24,7	5,7
Umbria	10,1	5,6	17,2	31,8	7,2
Marche	6,3	4,3	9,2	16,6	4,7
Lazio	**12,8**	**9,9**	**17,7**	**47,8**	**8,3**
Abruzzi-Molise	**10,8**	**6,8**	**17,4**	**33,2**	**8,1**
Abruzzi	9,1	5,5	15,0	27,6	6,9
Molise	17,5	12,2	26,0	52,2	12,9
Campania	**25,9**	**21,4**	**34,8**	**68,7**	**18,4**
Sud	**18,8**	**15,0**	**26,4**	**48,2**	**13,7**
Puglia	15,9	12,6	23,3	42,7	11,1
Basilicata	19,1	15,4	25,9	46,7	14,9
Calabria	23,9	19,6	31,5	60,6	18,3
Sicilia	**23,3**	**19,1**	**33,2**	**59,7**	**16,9**
Sardegna	**20,8**	**16,6**	**29,7**	**52,8**	**14,7**

Employment

3.29. Unemployment rates — April 1995

(%)

Level I Level II Territorial units (NUTS)	Total	Men	Women	Age < 25	Age ≥ 25
LUXEMBOURG (GRAND-DUCHÉ)	2,7	1,9	4,2	6,5	2,2
NEDERLAND	7,3	6,2	8,9	12,4	6,3
Noord-Nederland	8,9	7,5	10,9	15,8	7,4
Groningen	9,6	8,1	11,7	16,4	8,2
Friesland	8,4	7,1	10,2	16,3	6,6
Drenthe	8,8	7,4	10,7	14,5	7,6
Oost-Nederland	7,1	6,0	8,6	11,1	6,1
Overijssel	7,9	6,7	9,6	13,8	6,4
Gelderland	6,6	5,6	8,1	9,6	5,9
Flevoland	6,9	5,8	8,5	10,1	6,3
West-Nederland	7,3	6,2	8,9	12,6	6,3
Utrecht	6,1	5,2	7,5	10,8	5,2
Noord-Holland	7,6	6,4	9,4	13,4	6,6
Zuid-Holland	7,5	6,3	9,2	12,6	6,5
Zeeland	6,8	5,8	8,3	12,9	5,5
Zuid-Nederland	6,9	5,8	8,4	11,8	5,9
Noord-Brabant	6,9	5,8	8,4	12,2	5,8
Limburg	6,8	5,7	8,4	11,1	6,1
ÖSTERREICH	:	:	:	:	:
Ostösterreich	:	:	:	:	:
Burgenland	:	:	:	:	:
Niederösterreich	:	:	:	:	:
Wien	:	:	:	:	:
Südösterreich	:	:	:	:	:
Kärnten	:	:	:	:	:
Steiermark	:	:	:	:	:
Westösterreich	:	:	:	:	:
Oberösterreich	:	:	:	:	:
Salzburg	:	:	:	:	:
Tirol	:	:	:	:	:
Vorarlberg	:	:	:	:	:

Employment

3.29. Unemployment rates — April 1995

(%)

Territorial units (NUTS) Level I Level II	Total	Men	Women	Age < 25	Age ≥ 25
PORTUGAL	**7,1**	**6,5**	**7,8**	**16,0**	**5,5**
Continente	**7,1**	**6,6**	**7,7**	**16,1**	**5,6**
Norte	6,3	6,0	6,6	12,9	4,9
Centro	3,9	3,7	4,1	8,9	3,2
Lisboa e Vale do Tejo	9,1	8,5	9,9	22,9	7,1
Alentejo	11,4	8,0	15,9	27,0	8,8
Algarve	6,3	5,9	6,9	13,7	5,4
Açores	**7,8**	**5,0**	**13,4**	**16,7**	**5,6**
Madeira	**4,6**	**3,4**	**6,2**	**11,5**	**3,3**
SUOMI/FINLAND	**18,1**	**19,6**	**16,4**	**35,8**	**16,2**
Manner-Suomi	**18,2**	**19,7**	**16,5**	**35,8**	**16,3**
Uusimaa	15,2	17,7	12,8	29,7	13,7
Etelä-Suomi	18,3	18,7	17,7	36,3	16,4
Itä-Suomi	21,7	24,2	18,9	40,1	19,6
Väli-Suomi	18,2	18,7	17,5	37,1	16,0
Pohjois-Suomi	21,2	23,4	18,6	42,2	18,7
Ahvenanmaa/Åland	**6,2**	**6,8**	**5,5**	**25,5**	**5,2**
SVERIGE	**9,1**	**10,1**	**8,0**	**20,4**	**7,6**
Stockholm	7,7	8,7	6,7	15,6	6,7
Östra Mellansverige	9,1	10,2	8,0	22,2	7,4
Småland med öarna	7,3	7,3	7,3	15,4	6,2
Sydsverige	9,1	9,8	8,3	19,5	7,8
Västsverige	9,4	9,8	9,0	21,5	7,9
Norra Mellansverige	10,7	12,1	9,1	24,2	9,0
Mellersta Norrland	10,3	13,2	7,2	25,7	8,3
Övre Norrland	12,0	15,6	8,1	28,0	9,9
UNITED KINGDOM	**8,8**	**10,1**	**7,0**	**15,4**	**7,5**
North	**11,0**	**13,5**	**7,7**	**19,3**	**9,2**
Cleveland, Durham	11,1	13,9	7,5	19,5	9,3
Cumbria	7,7	9,1	5,9	13,7	6,5
Northumberland, Tyne and Wear	12,1	14,9	8,5	21,1	10,2

Employment

3.30. Unemployment rates — April 1995

(%)

Territorial units (NUTS) Level I Level II	Total	Men	Women	Age < 25	Age ≥ 25
Yorkshire and Humberside	**9,1**	**10,7**	**7,0**	**16,6**	**7,6**
Humberside	10,2	11,8	8,0	19,3	8,4
North Yorkshire	5,9	6,3	5,3	10,3	5,1
South Yorkshire	11,2	13,4	8,1	19,3	9,4
West Yorkshire	8,6	10,1	6,6	15,8	7,1
East Midlands	**7,8**	**9,0**	**6,2**	**14,1**	**6,6**
Derbyshire, Nottinghamshire	9,0	10,7	6,7	16,0	7,6
Leicestershire, Northamptonshire	6,5	7,3	5,5	11,7	5,5
Lincolnshire	7,3	7,9	6,5	13,6	6,2
East Anglia	**6,7**	**7,3**	**6,0**	**11,3**	**5,8**
South-East	**8,6**	**9,7**	**7,3**	**14,6**	**7,6**
Bedfordshire, Hertfordshire	6,2	6,9	5,3	10,9	5,4
Berkshire, Buckinghamshire, Oxfordshire	5,2	5,8	4,3	9,0	4,5
Surrey, East-West Sussex	5,9	6,7	4,9	10,1	5,2
Essex	7,7	8,4	6,6	13,2	6,6
Greater London	12,0	13,5	10,2	19,9	10,6
Hampshire, Isle of Wight	6,5	7,4	5,3	11,1	5,6
Kent	8,2	9,4	6,6	14,2	7,1
South-West	**7,6**	**8,6**	**6,3**	**13,2**	**6,5**
Avon, Gloucestershire, Wiltshire	6,9	7,8	5,8	11,5	6,0
Cornwall, Devon	9,1	10,3	7,7	16,9	7,7
Dorset, Somerset	7,0	7,9	5,7	11,8	6,1
West Midlands	**8,8**	**9,9**	**7,3**	**16,1**	**7,4**
Hereford and Worcester, Warwickshire	6,1	6,6	5,5	11,4	5,3
Shropshire, Staffordshire	6,5	7,2	5,6	12,1	5,4
West Midlands (County)	11,4	13,1	9,2	20,2	9,6
North-West	**9,2**	**11,0**	**6,9**	**18,1**	**7,5**
Cheshire	6,8	7,7	5,6	13,2	5,6
Greater Manchester	9,2	11,1	6,9	17,7	7,5
Lancashire	7,0	8,4	5,3	13,8	5,7
Merseyside	13,4	16,2	9,8	26,8	10,7
Wales	**8,7**	**10,4**	**6,5**	**16,3**	**7,1**
Clwyd, Dyfed, Gwynedd, Powys	8,0	9,0	6,7	14,9	6,6
Gwent, Mid-South-West Glamorgan	9,1	11,3	6,4	17,2	7,4
Scotland	**8,8**	**10,5**	**6,6**	**14,8**	**7,5**
Borders-Central-Fife-Lothian-Tayside	8,1	9,8	6,2	14,1	6,9
Dumfries and Galloway, Strathclyde	9,7	12,0	7,0	16,4	8,2
Highlands, Islands	10,6	11,8	9,0	14,8	9,8
Grampian	5,7	6,1	5,2	9,7	4,9
Northern Ireland	**13,0**	**15,2**	**10,0**	**17,5**	**12,0**

Social protection

3.31. Current expenditure on social protection as percentage of gross domestic product at market prices

	Country	1991	1992	1993	1994
	EUR 15	:	:	:	:
1	B	27,4	27,0	26,9 (^{1})	27,0 (^{1})
2	DK	30,9	32,1	33,3	33,7
3	D	28,7	30,0	31,0	30,7 (^{1})
4	EL	15,3	14,9	15,8 (^{1})	16,0 (^{1})
5	E	21,8	23,0	24,5	23,6 (^{1})
6	F	28,4	29,2	30,9	30,5 (^{1})
7	IRL	20,5	21,3	21,5	21,1 (^{1})
8	I	24,1	25,5	25,7	25,3 (^{1})
9	L	23,6	24,0	24,6	24,9 (^{1})
10	NL	32,3	32,9	33,4 (^{1})	32,3 (^{1})
11	A	:	:	:	30,2 (^{1})
12	P	17,3	18,1	18,5	19,5 (^{1})
13	FIN	30,1	34,2	35,2 (^{1})	34,8 (^{1})
14	S	:	:	:	:
15	UK	25,3	27,0	27,8 (^{1})	28,1 (^{1})
16	ISL	17,5	18,2	18,9	18,6
17	NOR	29,0	29,5	30,8	28,2
	EEA	:	:	:	:
18	CHE	16,0	16,9	20,8	:
	CIS	:	:	:	:
	of which				
19	RUS	19,1	–	–	:

(^{1}) Provisional.

Social protection

3.32. Current expenditure on social protection per inhabitant
Total population

(Yearly averages in ECU)

	Country	1991	1992	1993	1994
	EUR 15	:	:	:	:
1	B	4 374	4 591	4 803 ([1])	5 142 ([1])
2	DK	6 284	6 779	7 380	8 020
3	D	5 009	5 681	6 223	6 520 ([1])
4	EL	1 054	1 068	1 166 ([1])	1 236 ([1])
5	E	2 398	2 624	2 556	2 451 ([1])
6	F	4 835	5 214	5 718	5 903 ([1])
7	IRL	2 138	2 364	2 423	2 591 ([1])
8	I	3 960	4 223	3 797	3 789 ([1])
9	L	5 386	5 835	6 678	7 279 ([1])
10	NL	5 037	5 384	5 817 ([1])	5 924 ([1])
11	A	:	:	:	6 276 ([1])
12	P	1 085	1 329	1 337	1 435 ([1])
13	FIN	5 900	5 561	4 999 ([1])	5 616 ([1])
14	S	:	:	:	:
15	UK	3 583	3 755	3 847 ([1])	4 128 ([1])
16	ISL	3 668	3 720	3 726	3 666
17	NOR	5 703	5 931	6 300	6 763
	EEA	:	:	:	:
18	CHE	4 198	4 595	5 596	:

([1]) Provisional.

Social protection

3.33. Current expenditure on social protection per inhabitant

	Country	1991	1992	1993	1994
	EUR 15	:	:	:	:
1	B	4 439	4 672	4 829 (¹)	5 052 (¹)
2	DK	5 097	5 351	5 908	6 374
3	D	4 627	5 136	5 310	5 514 (¹)
4	EL	1 386	1 435	1 575 (¹)	1 645 (¹)
5	E	2 626	2 802	3 020	3 020 (¹)
6	F	4 872	5 144	5 348	5 500 (¹)
7	IRL	2 319	2 607	2 741	2 873 (¹)
8	I	3 907	4 270	4 224	4 312 (¹)
9	L	5 422	5 770	6 321	6 674 (¹)
10	NL	5 017	5 302	5 493 (¹)	5 536 (¹)
11	A	:	:	:	5 611 (¹)
12	P	1 659	1 857	1 996	2 162 (¹)
13	FIN	4 684	4 699	5 097 (¹)	5 262 (¹)
14	S	:	:	:	:
15	UK	3 721	4 161	4 361 (¹)	4 649 (¹)
16	ISL	3 250	3 249	3 442	3 423
17	NOR	4 317	4 634	5 552	5 773
	EEA	:	:	:	:
18	CHE	2 884	3 145	3 742	:

(¹) Provisional.

3.34. Esspros — Current expenditure by type

(Mio ECU)

	Year	EUR 15	B	DK	D	EL	E	F
1. Social protection benefits	1991 1992 1993 1994	: : : :	41 713,2 44 113,0 46 275,1 (¹) 49 777,8 (¹)	31 513,3 34 114,0 37 308,4 40 582,2	384 789,9 437 756,4 484 143,6 510 017,1 (¹)	10 040,9 10 438,0 11 363,2 (¹) 12 236,5 (¹)	89 396,5 97 927,6 95 777,9 92 280,9 (¹)	261 886,7 283 727,8 311 827,7 323 826,1 (¹)
of which:								
— cash benefits	1991 1992 1993 1994	: : : :	31 639,7 33 373,9 35 099,9 (¹) 37 659,7 (¹)	20 138,0 22 021,2 24 316,6 26 957,7	276 171,1 310 853,5 349 383,8 365 263,4 (¹)	8 991,1 9 217,4 9 816,1 10 433,5 (¹)	66 075,7 72 681,8 71 936,4 68 713,1 (¹)	175 930,4 190 026,7 208 856,3 216 229,1 (¹)
— benefits in kind	1991 1992 1993 1994	: : : :	10 073,5 10 739,1 11 175,2 (¹) 12 118,1 (¹)	11 375,3 12 092,8 12 991,9 13 624,5	108 618,7 126 903,0 134 759,8 144 753,8 (¹)	1 049,8 1 220,6 1 547,1 (¹) 1 803,1 (¹)	23 320,8 25 245,9 23 841,6 23 567,9 (¹)	85 956,3 93 701,1 102 971,4 107 597,0 (¹)
2. Administrative costs	1991 1992 1993 1994	: : : :	1 531,6 1 521,4 1 614,2 (¹) 1 685,2 (¹)	874,2 931,7 983,7 1 159,9	10 165,8 11 697,5 13 162,2 13 886,2 (¹)	442,5 431,3 478,8 (¹) 526,5 (¹)	2 318,9 2 476,9 2 594,3 2 188,2 (¹)	11 001,1 11 734,7 12 874,3 13 354,5 (¹)
3. Other current expenditure	1991 1992 1993 1994	: : : :	515,9 480,5 543,6 (¹) 554,8 (¹)	: : : :	5 649,4 8 367,8 7 876,0 6 953,8 (¹)	314,3 156,5 263,2 (¹) 127,4 (¹)	1 594,3 1 962,5 1 531,1 1 466,4 (¹)	2 954,0 3 699,6 4 941,2 4 588,8 (¹)
4. Total current expenditure	1991 1992 1993 1994	: : : :	43 760,7 46 115,0 48 432,9 (¹) 52 017,8 (¹)	32 387,5 35 045,7 38 292,2 41 742,1	400 605,1 457 821,8 505 181,8 530 857,1 (¹)	10 797,7 11 025,8 12 105,2 (¹) 12 890,4 (¹)	93 309,7 102 367,1 99 903,4 95 935,5 (¹)	275 841,8 299 162,1 329 643,2 341 769,4 (¹)

(¹) Provisional.

3.34. Esspros — Current expenditure by type

(Mio ECU)

IRL	I	L	NL	A	P	Year	
7 199,2	216 838,9	2 010,3	72 651,5	:	10 095,8	1991	1. Social protection benefits
8 011,8	230 378,9	2 210,4	78 156,1	:	12 454,8	1992	
8 247,5	207 299,0	2 564,8	84 954,0 (¹)	:	12 537,1	1993	
8 848,9 (¹)	208 294,9 (¹)	2 838,0 (¹)	87 106,3 (¹)	48 728,3 (¹)	13 478,6 (¹)	1994	
							of which:
4 690,1	156 462,8	1 481,0	55 841,6	:	6 630,9	1991	– cash benefits
5 207,6	169 901,3	1 616,7	59 501,8	:	7 937,6	1992	
5 311,3	155 030,7	1 865,3	64 414,3 (¹)	:	8 447,8	1993	
5 668,8	158 413,4 (¹)	2 084,0 (¹)	65 902,4 (¹)	:	8 824,8 (¹)	1994	
2 509,1	60 376,3	529,3	16 810,0	:	3 464,9	1991	– benefits in kind
2 804,2	60 477,7	593,7	18 654,3	:	4 517,3	1992	
2 936,3	52 268,3	699,5	20 539,7 (¹)	:	4 089,3	1993	
3 180,1 (¹)	49 881,5 (¹)	753,9 (¹)	21 203,9 (¹)	:	4 653,8 (¹)	1994	
330,7	5 443,2	60,3	2 787,8	:	586,2	1991	2. Administrative costs
367,9	8 377,2	66,9	3 074,8	:	620,8	1992	
373,7	7 491,2	76,2	3 446,1	:	641,6	1993	
391,7 (¹)	7 336,1 (¹)	82,6 (¹)	3 473,3 (¹)	942,6 (¹)	684,5 (¹)	1994	
9,1	2 467,2	14,0	462,4	:	24,8	1991	3. Other current expenditure
10,5	1 344,4	15,6	512,8	:	26,1	1992	
10,0	1 802,6	16,6	534,0 (¹)	:	23,7	1993	
10,1 (¹)	1 120,1 (¹)	19,9 (¹)	538,2 (¹)	722,2 (¹)	50,0 (¹)	1994	
7 539,1	224 749,4	2 084,6	75 901,8	:	10 706,8	1991	4. Total current expenditure
8 390,3	240 100,5	2 293,0	81 743,7	:	13 101,7	1992	
8 631,3	216 592,8	2 657,6	88 934,2 (¹)	:	13 202,4	1993	
9 250,6 (¹)	216 751,0 (¹)	2 940,5 (¹)	91 117,8 (¹)	50 393,1 (¹)	14 213,1 (¹)	1994	

(¹) Provisional.

3.34. Esspros — Current expenditure by type

(Mio ECU)

	Year	FIN	S	UK
1. Social protection benefits	1991 1992 1993 1994	28 696 27 259 24 651 ([1]) 27 771 ([1])	: : : :	198 698 209 321 215 256 ([1]) 231 959 ([1])
of which:				
— cash benefits	1991 1992 1993 1994	: : : :	: : : :	133 950 140 053 143 205 ([1]) :
— benefits in kind	1991 1992 1993 1994	: : : :	: : : :	64 748 69 268 72 051 ([1]) :
2. Administrative costs	1991 1992 1993 1994	885 779 672 ([1]) 803 ([1])	: : : :	8 246 8 291 8 333 ([1]) 8 763 ([1])
3. Other current expenditure	1991 1992 1993 1994	: : : :	: : : :	155 197 256 ([1]) 322 ([1])
4. Total current expenditure	1991 1992 1993 1994	29 581 28 038 25 324 ([1]) 28 574 ([1])	: : : :	207 098 217 809 223 846 ([1]) 241 044 ([1])

([1]) Provisional.

Social protection

3.34. Esspros — Current expenditure by type

(Mio ECU)

ISL	NOR	**EEA**	CHE	Year		
927	24 711	:	29 176	1991	1.	Social
950	27 027	:	32 114	1992		protection
961	26 624	:	:	1993		benefits
:	:	:	:	1994		
						of which:
469	16 378	:	22 148	1991		— cash
489	17 397	:	24 529	1992		benefits
504	18 110	:	:	1993		
:	:	:	:	1994		
458	8 333	:	7 028	1991		— benefits
461	9 629	:	7 585	1992		in kind
457	8 513	:	:	1993		
:	:	:	:	1994		
18	565	:	948	1991	2.	Administrative
20	579	:	1 354	1992		costs
22	542	:	:	1993		
:	:	:	:	1994		
–	:	:	1 493	1991	3.	Other
–	:	:	4 641	1992		current
–	–	:	:	1993		expenditure
:	:	:	:	1994		
945	25 276	:	31 618	1991	4.	Total
969	27 606	:	38 108	1992		current
983	27 166	:	:	1993		expenditure
:	:	:	:	1994		

3.35. Esspros — Current receipts by type

(Mio ECU)

	Year	EUR 15	B	DK	D	EL	E	F	IRL
1. Employer's social contributions	1991 1992 1993 1994	: : : :	20 258,3 22 164,5 22 161,5 24 742,8	2 522,9 2 599,0 2 824,9 4 255,5	168 981,2 185 740,0 200 590,0 210 762,1	5 462,3 5 519,3 6 205,3 6 474,5	48 367,5 53 965,9 51 118,0 47 256,0	141 740,6 150 971,1 159 157,1 164 224,5	1 806,9 1 917,8 2 029,3 2 119,0
2. Protected person's social contribution of which:	1991 1992 1993 1994	: : : :	11 908,5 13 677,4 13 990,8 15 240,2	1 731,2 1 917,4 2 131,6 4 705,8	129 871,1 145 211,8 162 807,5 175 811,9	3 103,3 3 273,0 3 682,9 3 775,0	15 560,3 17 089,6 17 020,5 16 924,6	78 479,1 83 780,2 88 997,6 91 785,8	1 132,2 1 269,9 1 286,6 1 394,1
— employees	1991 1992 1993 1994	: : : :	9 963,7 11 467,7 12 676,6 13 836,1	1 731,2 1 917,4 2 131,6 4 705,8	95 366,7 105 967,3 115 614,2 124 093,0	3 103,3 3 273,0 3 682,9 3 775,0	7 926,9 8 576,4 8 610,8 8 736,8	62 061,7 66 674,9 71 289,0 73 964,6	1041,6 1 158,8 1 175,8 1 259,5
— self employed	1991 1992 1993 1994	: : : :	1 570,2 1 810,0 803,0 819,6	: : : :	4 468,0 4 916,4 5 455,7 5 781,9	(¹) (¹) (¹) (¹)	4 288,5 4 576,6 4 381,0 4 263,4	13 942,1 14 517,7 14 819,6 14 916,6	90,6 111,1 110,8 134,6
3. Current general government contributions	1991 1992 1993 1994	: : : :	10 277,6 10 781,2 11 746,6 11 822,9	28 679,2 31 075,3 33 776,3 35 109,1	108 763,8 122 308,5 143 797,7 146 502,2	1 900,0 2 097,6 2 493,4 2 712,9	24 093,2 27 984,3 31 537,3 27 834,4	48 930,2 54 237,3 63 128,7 71 992,3	4 533,6 5 098,1 5 225,4 5 614,7
4. Other current receipts	1991 1992 1993 1994	: : : :	4 089,5 4 799,5 4 983,3 5 612,7	2 321,1 2 383,0 2 851,7 2 347,8	14 729,1 16 280,5 17 325,0 16 366,9	879,1 912,8 1 082,8 1 200,0	2 179,3 2 331,0 2 074,9 1 987,1	6 762,9 7 036,2 7 436,2 6 514,1	75,5 100,7 75,0 75,0
5. Total current receipts	1991 1992 1993 1994	: : : :	46 533,9 51 422,7 52 882,2 57 418,7	35 254,4 37 974,7 41 584,6 46 418,1	422 345,2 469 540,8 524 520,2 549 443,1	11 344,6 11 802,7 13 464,4 14 162,4	90 200,2 101 370,8 101 750,7 94 002,2	275 912,8 296 024,8 318 719,6 334 516,6	7 548,3 8 386,5 8 616,2 9 202,8

(¹) Included in 'employees'.

Social protection

3.35. Esspros — Current receipts by type

(Mio ECU)

I	L	NL	A	P	FIN	S	UK	Year	
120 999,7	706,2	17 817,9	:	4 589,1	:	:	61 257,4	1991	1. Employer's
124 146,7	786,0	19 100,5	:	5 188,6	:	:	62 649,1	1992	social
110 279,1	871,3	20 745,7	:	4 954,6	:	:	64 230,8	1993	contributions
106 985,2	926,4	20 789,0	21 666,0	4 817,3	:	:	:	1994	
36 723,7	496,6	35 594,4	:	2 216,0	:	:	37 924,2	1991	2. Protected
38 615,7	559,1	39 319,6	:	2 587,7	:	:	37 394,3	1992	person's
38 982,1	627,3	42 563,5	:	2 690,8	:	:	38 461,5	1993	social
37 573,3	688,1	49 463,1	12 689,0	2 982,2	:	:	:	1994	contribution of which:
24 617,9	424,9	27 659,4	:	2 015,3	:	:	35 400,7	1991	— employees
25 374,9	478,4	30 568,0	:	2 356,5	:	:	34 823,8	1992	
24 223,5	533,2	32 962,8	:	2 457,4	:	:	35 769,2	1993	
23 810,8	582,6	38 334,1	10 560,5	2 630,5	:	:	:	1994	
12 105,8	58,9	1 379,5	:	187,4	:	:	1 649,3	1991	— self-
13 240,9	66,4	1 546,8	:	213,5	:	:	1 638,2	1992	employed
14 758,6	78,5	1 669,4	:	217,3	:	:	1 666,7	1993	
13 762,5	83,9	2 000,9	1 314,2	301,9	:	:	:	1994	
71 243,5	0 894,5	21 089,1	:	2 803,6	:	:	97 994,3	1991	3. Current
79 171,9	1 046,2	21 135,4	:	4 017,5	:	:	105 146,3	1992	general
71 195,9	1 187,9	21 900,1	:	4 570,7	:	:	107 948,7	1993	government
80 379,8	1 339,0	16 822,8	14 626,2	5 236,6	:	:	:	1994	contributions
7 060,9	172,4	13 892,8	:	516,5	:	:	33 847,1	1991	4. Other
5 482,9	184,5	14 898,9	:	621,8	:	:	34 616,5	1992	current
5 311,7	209,2	15 935,2	:	1 080,1	:	:	35 512,8	1993	receipts
5 008,2	190,5	16 310,2	1 186,3	962,1	:	:	:	1994	
236 027,7	2 269,7	88 394,2	:	10 125,1	:	:	231 023,1	1991	5. Total
247 417,3	2 575,8	94 454,5	:	12 415,6	:	:	239 806,2	1992	current
225 768,8	2 895,8	101 144,6	:	13 296,1	:	:	246 153,8	1993	receipts
229 946,4	3 144,0	103 385,1	50 167,5	13 998,2	:	:	:	1994	

3.36. Esspros — Social protection benefits by type

(Mio ECU)

	Year	EUR 15	B	DK	D	EL	E	F
1. Sickness	1992	:	10 988	6 477	124 169	1 249	26 022	75 755
	1993	:	10 985 (¹)	6 999	129 404	1 570 (¹)	24 534	82 205
	1994	:	12 285 (¹)	7 060	137 761 (¹)	1 820 (¹)	23 974 (¹)	84 957 (¹)
2. Invalidity; disability	1992	:	3 449	2 872	36 796	1 047	7 554	16 702
	1993	:	4 063 (¹)	3 136	42 360	1 170 (¹)	7 392	18 152
	1994	:	4 350 (¹)	3 585	45 868 (¹)	1 163 (¹)	7 444 (¹)	18 968 (¹)
3. Employment injury; occupational diseases	1992	:	921	255	13 041	9	2 182	5 835
	1993	:	929	350	13 926	10 (¹)	2 036	5 974
	1994	:	980 (¹)	297	14 491 (¹)	11 (¹)	1 993 (¹)	6 042 (¹)
4. Old age	1992	:	15 204	11 816	131 906	5 915	30 542	105 493
	1993	:	15 494 (¹)	12 660	148 142	6 319 (¹)	29 571	115 123
	1994	:	16 643 (¹)	14 836	157 908 (¹)	6 880 (¹)	30 059 (¹)	120 354 (¹)
5. Survivors	1992	:	4 408	23	45 134	1 156	9 566	18 971
	1993	:	5 021 (¹)	26	49 253	1 247 (¹)	9 172	20 467
	1994	:	5 346 (¹)	26	52 141 (¹)	1 298 (¹)	9 256 (¹)	21 017 (¹)
6. Maternity	1992	:	351	600	3 220	65	902	4 155
	1993	:	345 (¹)	633	3 572	60 (¹)	845	4 382
	1994	:	377 (¹)	637	3 627 (¹)	65 (¹)	821 (¹)	4 553 (¹)
7. Family	1992	:	3 454	3 458	33 402	64	885	22 582
	1993	:	3 525 (¹)	3 762	35 284	97 (¹)	764	25 570
	1994	:	3 649 (¹)	4 059	35 312 (¹)	84 (¹)	762 (¹)	26 421 (¹)
8. Placing; vocational guidance; mobility	1992	:	665	2 140	13 703	:	663	4 073
	1993	:	775 (¹)	2 352	14 366	:	619	5 694
	1994	:	803 (¹)	2 206	11 928 (¹)	:	644 (¹)	6 482 (¹)
9. Unemployment	1992	:	4 172	4 066	22 773	361	18 035	18 240
	1993	:	4 514 (¹)	4 707	32 375	382 (¹)	19 486	20 068
	1994	:	4 674 (¹)	4 601	34 941 (¹)	329 (¹)	16 034 (¹)	19 681 (¹)
10. Housing	1992	:	:	857	3 904	58	372	8 198
	1993	:	:	957	3 890	68 (¹)	335	9 491
	1994	:	:	998	3 517 (¹)	82 (¹)	316 (¹)	10 183 (¹)
11. Miscellaneous	1992	:	503	1 551	9 708	514	1 206	3 723
	1993	:	625 (¹)	1 727	11 571	440 (¹)	1 026	4 703
	1994	:	672 (¹)	2 277	12 524 (¹)	505 (¹)	0 979 (¹)	5 168 (¹)
12. Total benefits	1992	:	44 113	34 114	437 756	10 438	97 928	283 728
	1993	:	46 275 (¹)	37 308	484 144	11 363 (¹)	95 778	311 828
	1994	:	49 778 (¹)	40 582	510 017 (¹)	12 237 (¹)	92 281 (¹)	323 826 (¹)

(¹) Provisional.

3.36. Esspros — Social protection benefits by type

(Mio ECU)

	Year	EUR 15	B	DK	D	EL	E	F
1. Sickness	1992	:	10 988	6 477	124 169	1 249	26 022	75 755
	1993	:	10 985 (¹)	6 999	129 404	1 570 (¹)	24 534	82 205
	1994	:	12 285 (¹)	7 060	137 761 (¹)	1 820 (¹)	23 974 (¹)	84 957 (¹)
2. Invalidity; disability	1992	:	3 449	2 872	36 796	1 047	7 554	16 702
	1993	:	4 063 (¹)	3 136	42 360	1 170 (¹)	7 392	18 152
	1994	:	4 350 (¹)	3 585	45 868 (¹)	1 163 (¹)	7 444 (¹)	18 968 (¹)
3. Employment injury; occupational diseases	1992	:	921	255	13 041	9	2 182	5 835
	1993	:	929	350	13 926	10 (¹)	2 036	5 974
	1994	:	980 (¹)	297	14 491 (¹)	11 (¹)	1 993 (¹)	6 042 (¹)
4. Old age	1992	:	15 204	11 816	131 906	5 915	30 542	105 493
	1993	:	15 494 (¹)	12 660	148 142	6 319 (¹)	29 571	115 123
	1994	:	16 643 (¹)	14 836	157 908 (¹)	6 880 (¹)	30 059 (¹)	120 354 (¹)
5. Survivors	1992	:	4 408	23	45 134	1 156	9 566	18 971
	1993	:	5 021 (¹)	26	49 253	1 247 (¹)	9 172	20 467
	1994	:	5 346 (¹)	26	52 141 (¹)	1 298 (¹)	9 256 (¹)	21 017 (¹)
6. Maternity	1992	:	351	600	3 220	65	902	4 155
	1993	:	345 (¹)	633	3 572	60 (¹)	845	4 382
	1994	:	377 (¹)	637	3 627 (¹)	65 (¹)	821 (¹)	4 553 (¹)
7. Family	1992	:	3 454	3 458	33 402	64	885	22 582
	1993	:	3 525 (¹)	3 762	35 284	97 (¹)	764	25 570
	1994	:	3 649 (¹)	4 059	35 312 (¹)	84 (¹)	762 (¹)	26 421 (¹)
8. Placing; vocational guidance; mobility	1992	:	665	2 140	13 703	:	663	4 073
	1993	:	775 (¹)	2 352	14 366	:	619	5 694
	1994	:	803 (¹)	2 206	11 928 (¹)	:	644 (¹)	6 482 (¹)
9. Unemployment	1992	:	4 172	4 066	22 773	361	18 035	18 240
	1993	:	4 514 (¹)	4 707	32 375	382 (¹)	19 486	20 068
	1994	:	4 674 (¹)	4 601	34 941 (¹)	329 (¹)	16 034 (¹)	19 681 (¹)
10. Housing	1992	:	:	857	3 904	58	372	8 198
	1993	:	:	957	3 890	68 (¹)	335	9 491
	1994	:	:	998	3 517 (¹)	82 (¹)	316 (¹)	10 183 (¹)
11. Miscellaneous	1992	:	503	1 551	9 708	514	1 206	3 723
	1993	:	625 (¹)	1 727	11 571	440 (¹)	1 026	4 703
	1994	:	672 (¹)	2 277	12 524 (¹)	505 (¹)	0 979 (¹)	5 168 (¹)
12. Total benefits	1992	:	44 113	34 114	437 756	10 438	97 928	283 728
	1993	:	46 275 (¹)	37 308	484 144	11 363 (¹)	95 778	311 828
	1994	:	49 778 (¹)	40 582	510 017 (¹)	12 237 (¹)	92 281 (¹)	323 826 (¹)

(¹) Provisional.

3.36. Esspros — Social protection benefits by type

(Mio ECU)

	Year	FIN	S	UK
1. Sickness	1992	:	:	43 884
	1993	:	:	41 410 (¹)
	1994	:	:	:
2. Invalidity; disability	1992	:	:	23 566
	1993	:	:	25 256 (¹)
	1994	:	:	:
3. Employment injury; occupational diseases	1992	:	:	748
	1993	:	:	769 (¹)
	1994	:	:	:
4. Old age	1992	:	:	84 091
	1993	:	:	86 282 (¹)
	1994	:	:	:
5. Survivors	1992	:	:	2 435
	1993	:	:	2 692 (¹)
	1994	:	:	:
6. Maternity	1992	:	:	2 463
	1993	:	:	2 692 (¹)
	1994	:	:	:
7. Family	1992	:	:	20 222
	1993	:	:	21 923 (¹)
	1994	:	:	:
8. Placing; vocational guidance; mobility	1992	:	:	2 308
	1993	:	:	2 436 (¹)
	1994	:	:	:
9. Unemployment	1992	:	:	13 733
	1993	:	:	13 205 (¹)
	1994	:	:	:
10. Housing	1992	:	:	12 638
	1993	:	:	15 128 (¹)
	1994	:	:	:
11. Miscellaneous	1992	:	:	3 233
	1993	:	:	3 462 (¹)
	1994	:	:	:
12. Total benefits	1992	27 259	:	209 321
	1993	24 651 (¹)	:	215 256 (¹)
	1994	27 771 (¹)	:	231 959 (¹)

(¹) Provisional.

Social protection

3.36. Esspros — Social protection benefits by type

(Mio ECU)

ISL	NOR	**EEA**	CHE	Year	
457	7 044	:	6 971	1992	1. Sickness
372	6 560	:	:	1993	
:	:	:	:	1994	
86	4 074	:	2 460	1992	2. Invalidity;
104	3 904	:	:	1993	disability
:	:	:	:	1994	
5	– (¹)	:	1 440	1992	3. Employment injury;
3	– (¹)	:	:	1993	occupational
:	:	:	:	1994	diseases
201	8 914	:	18 243	1992	4. Old age
262	8 544	:	:	1993	
:	:	:	:	1994	
29	402	:	– (²)	1992	5. Survivors
31	409	:	:	1993	
:	:	:	:	1994	
16	451	:	255	1992	6. Maternity
16	695	:	:	1993	
:	:	:	:	1994	
114	2 838	:	585	1992	7. Family
111	2 916	:	:	1993	
:	:	:	:	1994	
1	–	:	30	1992	8. Placing;
1	–	:	:	1993	vocational guidance;
:	:	:	:	1994	mobility
30	2 167	:	1 642	1992	9. Unemployment
35	2 444	:	:	1993	
:	:	:	:	1994	
–	193	:	–	1992	10. Housing
–	180	:	:	1993	
:	:	:	:	1994	
12	943	:	487	1992	11. Miscellaneous
27	972	:	:	1993	
:	:	:	:	1994	
950	27 027	:	32 114	1992	12. Total benefits
961	26 624	:	:	1993	
:	:	:	:	1994	

(¹) Included in 1, 'Sickness'.
(²) Included in 4, 'Old age'.

3.37. Esspros — Current receipts by sector of origin

(Mio ECU)

	Year	**EUR 15**	B	DK	D	EL	E	F
1. Enterprises	1991	:	15 532,1	1 285,2	141 682,9	:	38 170,2	98 423,1
	1992	:	17 163,9	1 296,6	155 832,2	:	43 000,4	104 082,1
	1993	:	17 651,1	1 429,1	168 076,2	:	40 910,4	108 099,3
	1994	:	19 165,2	2 743,9	175 139,4	:	37 563,8	109 726,7
2. Central government	1991	:	15 239,9	16 778,4	109 369,3	:	28 404,9	68 318,1
	1992	:	16 840,9	18 525,0	121 229,5	:	32 532,8	75 144,3
	1993	:	17 318,9	20 098,9	140 577,2	:	36 184,8	85 541,9
	1994	:	18 804,6	20 947,5	142 522,7	:	32 319,8	95 710,8
3. Local government	1991	:	1 180,8	13 138,5	31 752,8	:	4 563,0	14 391,1
	1992	:	1 304,8	13 852,7	36 218,3	:	4 983,9	15 610,3
	1993	:	1 341,8	15 073,2	40 997,0	:	4 139,8	17 482,4
	1994	:	1 456,9	15 673,2	44 016,4	:	3 824,4	18 537,4
4. Social security funds	1991	:	111,3	:	1 153,5	:	2 078,8	7 217,3
	1992	:	123,0	:	1 297,8	:	2 271,6	7 635,8
	1993	:	126,5	:	1 391,6	:	2 068,5	8 484,8
	1994	:	137,4	:	1 456,8	:	1 993,4	8 931,8
5. Households	1991	:	14 367,1	1 731,2	135 228,7	:	16 900,7	87 093,8
	1992	:	15 876,5	1 917,4	151 559,8	:	18 504,1	93 063,7
	1993	:	16 327,1	2 131,6	169 712,3	:	18 374,1	98 606,7
	1994	:	17 727,7	4 705,8	182 594,1	:	18 229,7	101 089,6
6. Private non-profit institutions	1991	:	58,7	2 321,1	3 009,6	:	77,5	469,5
	1992	:	64,9	2 383,0	3 301,9	:	70,7	488,8
	1993	:	66,7	2 851,7	3 545,3	:	66,8	504,5
	1994	:	72,4	2 347,8	3 640,8	:	65,2	520,3
7. Miscellaneous	1991	:	44,0	:	148,3	:	5,3	:
	1992	:	48,7	:	101,3	:	7,2	:
	1993	:	50,0	:	220,7	:	6,3	:
	1994	:	54,3	:	72,9	:	5,9	:
8. Total receipts	1991	:	46 533,9	35 254,4	422 345,2	11 344,6	90 200,2	275 912,8
	1992	:	51 422,7	37 974,7	469 540,8	11 802,7	101 370,8	296 024,8
	1993	:	52 882,2	41 584,6	524 520,2	13 464,4	101 750,7	318 719,5
	1994	:	57 418,7	46 418,1	549 443,1	14 162,4	94 002,2	334 516,6

Social protection

3.37. Esspros — Current receipts by sector of origin

(Mio ECU)

IRL	I	L	NL	A	P	Year	
1 081,4	90 765,6	621,0	20 345,8	:	3 971,2	1991	1. Enterprises
1 155,9	95 145,5	695,1	21 858,0	:	4 579,4	1992	
1 217,8	86 820,5	770,0	23 517,9	:	4 000,2	1993	
1 262,8	88 427,0	783,7	23 579,4	15 334,9	4 394,3	1994	
4 756,7	89 047,7	1 038,0	27 982,7	:	3 488,5	1991	2. Central government
5 319,0	93 344,7	1 199,5	28 360,4	:	4 737,3	1992	
5 486,2	85 177,2	1 355,8	29 758,6	:	5 652,6	1993	
5 873,6	86 753,3	1 500,9	25 030,4	13 383,5	5 656,4	1994	
480,9	15 796,7	80,3	2 063,8	:	96,7	1991	3. Local government
515,0	16 558,9	88,4	2 174,9	:	133,6	1992	
526,3	15 110,1	98,8	2 413,0	:	204,6	1993	
572,1	15 389,7	130,9	2 328,3	7 573,8	241,9	1994	
1,3	973,8	5,7	147,6	:	21,6	1991	4. Social security funds
1,4	1 020,7	5,6	154,5	:	25,4	1992	
1,4	931,4	5,1	177,7	:	20,3	1993	
1,5	948,7	7,4	161,3	:	54,8	1994	
1 132,2	39 444,1	517,2	36 198,5	:	2 539,4	1991	5. Households
1 269,9	41 347,4	580,6	40 006,8	:	2 681,7	1992	
1 286,6	37 729,6	652,2	43 319,8	:	3 104,4	1993	
1 394,1	38 427,8	713,5	50 244,0	12 689,0	3 401,5	1994	
14,7	:	4,9	:	:	6,1	1991	6. Private non-profit institutions
15,0	:	5,3	:	:	10,7	1992	
16,0	:	5,2	:	:	83,6	1993	
16,7	:	5,8	:	:	246,6	1994	
81,1	:	2,7	1 655,6	:	1,6	1991	7. Miscellaneous
110,2	:	1,3	1 899,8	:	247,5	1992	
81,9	:	8,8	1 957,7	:	230,5	1993	
81,9	:	1,7	2 041,7	:	2,7	1994	
7 548,3	236 027,7	2 269,7	88 394,1	:	10 125,1	1991	8. Total receipts
8 386,5	247 417,3	2 575,8	94 454,4	:	12 415,6	1992	
8 616,2	225 768,8	2 895,8	101 144,6	:	13 296,1	1993	
9 202,8	229 946,4	3 144,0	103 385,1	48 981,2	13 998,2	1994	

3.37. Esspros — Current receipts by sector of origin

(Mio ECU)

	Year	FIN	S	UK
1. Enterprises	1991	:	:	74 597,9
	1992	:	:	76 590,8
	1993	:	:	79 359,0
	1994	:	:	:
2. Central government	1991	:	:	108 657,2
	1992	:	:	117 200,5
	1993	:	:	120 128,2
	1994	:	:	:
3. Local government	1991	:	:	9 512,5
	1992	:	:	8 238,5
	1993	:	:	7 692,3
	1994	:	:	:
4. Social security funds	1991	:	:	49,4
	1992	:	:	56,9
	1993	:	:	128,2
	1994	:	:	:
5. Households	1991	:	:	38 206,0
	1992	:	:	37 719,5
	1993	:	:	38 846,2
	1994	:	:	:
6. Private non-profit institutions	1991	:	:	0,0
	1992	:	:	0,0
	1993	:	:	0,0
	1994	:	:	:
7. Miscellaneous	1991	:	:	0,0
	1992	:	:	0,0
	1993	:	:	0,0
	1994	:	:	:
8. Total receipts	1991	:	:	231 023,1
	1992	:	:	239 806,2
	1993	:	:	246 153,8
	1994	:	:	:

Social protection

3.37. Esspros — Current receipts by sector of origin

(Mio ECU)

ISL	NOR	EEA	CHE	Year		
271	7 006	:	14 972	1991	1.	Enterprises
285	6 894	:	14 906	1992		
286	:	:	:	1993		
:	:	:	:	1994		
554	7 697	:	3 829	1991	2.	Central
556	11 332	:	4 058	1992		government
541	:	:	:	1993		
:	:	:	:	1994		
60	6 032	:	1 776	1991	3.	Local
66	4 482	:	1 923	1992		government
83	:	:	:	1993		
:	:	:	:	1994		
2	86	:	6 789	1991	4.	Social
2	102	:	8 819	1992		security funds
5	:	:	:	1993		
:	:	:	:	1994		
57	3 887	:	17 338	1991	5.	Households
61	4 216	:	18 257	1992		
68	:	:	:	1993		
:	:	:	:	1994		
—	—	:	—	1991	6.	Private non-profit
—	—	:	—	1992		institutions
:	:	:	:	1993		
:	:	:	:	1994		
—	—	:	2 330	1991	7.	Miscellaneous
—	—	:	4 330	1992		
:	:	:	:	1993		
:	:	:	:	1994		
945	24 709	:	47 033	1991	8.	Total receipts
969	27 027	:	52 293	1992		
983	:	:	:	1993		
:	:	:	:	1994		

3.38. Indices of real wages in industry (¹)
(Average gross hourly earnings of manual workers — males and females)

(October 1985 = 100)

	Country	October 1990	October 1991	October 1992	October 1993	October 1994
1	B	103,3	106,7	109,0	111,0	113,0
2	DK (²)	107,6	110,1	111,3	113,1	113,2
3	D (³)	115,6	118,3	120,5	121,6	122,0
4	EL (²) (⁴)	91,1	89,7	86,8	90,2	91,4
5	E	107,9	112,2	113,7	117,5	118,4
6	F (⁵)	:	:	:	:	:
7	IRL (⁶)	111,8	114,2	116,2	121,8	121,3
8	I	:	:	:	:	:
9	L	107,2	109,6	113,2	114,5	117,3
10	NL	106,5	106,0	108,4	110,1	109,5
11	A	114,6	118,0	120,0	121,7	122,8
12	P	106,8	111,4	117,0	114,9	115,6
13	FIN (²)	119,8	120,1	118,0	118,2	122,0
14	S	110,2	104,8	107,9	105,1	106,1
15	UK	106,3	109,7	111,8	112,7	108,6
16	ISL	114,8	113,2	115,8	109,6	:
17	NOR (⁷)	111,0	113,0	113,9	114,4	116,1
18	CHE (⁸)	106,3	108,2	109,4	108,5	108,7
19	USA	93,4	91,9	91,0	90,4	90,6
20	JPN (²)	112,7	115,9	119,8	122,7	:

(¹) Data compiled by deflation of consumer price indices.
(²) Manufacturing industries.
(³) Excluding the new German *Länder*.
(⁴) Three-monthly averages.
(⁵) The indices are not published owing to an amendment to the survey between April and October 1988.
(⁶) September.
(⁷) Third quarter.
(⁸) Hourly and monthly earnings.

Wages and salaries

3.39. Indices of wages in industry
(Average gross hourly earnings of manual workers — males and females)

(October 1985 = 100)

Country		October 1990	October 1991	October 1992	October 1993	October 1994
1	B — Total	116,1	122,9	128,3	133,7	139,0
	Males	116,0	122,6	128,3	133,6	138,9
	Females	116,8	123,9	129,3	135,0	140,1
2	DK (¹) — Total	131,9	137,4	141,7	145,0	:
	Males	132,6	137,8	142,1	145,4	:
	Females	130,4	135,6	137,0	143,0	:
3	D (²) — Total	124,3	132,4	139,4	145,8	150,0
	Males	124,0	131,7	138,4	144,3	148,3
	Females	124,4	133,4	140,6	147,6	151,2
4	EL (³) — Total	212,2	247,2	275,8	310,4	349,6
	Males	213,0	247,4	274,2	308,3	344,1
	Females	214,3	248,5	278,1	313,6	356,0
5	E — Total	150,1	165,1	172,9	188,3	197,9
	Males	:	:	:	:	:
	Females	:	:	:	:	:
6	F (⁴) — Total	:	:	:	:	:
	Males	:	:	:	:	:
	Females	:	:	:	:	:
7	IRL (⁴) (⁵) — Total	131,7	139,5	146,1	154,5	157,6
	Males	131,3	138,7	145,4	153,9	156,6
	Females	132,8	140,2	147,2	156,0	160,9
8	I — Total	:	:	:	:	:
	Males	:	:	:	:	:
	Females	:	:	:	:	:
9	L — Total	117,8	122,5	130,4	137,7	144,3
	Males	117,7	122,7	130,7	136,7	143,2
	Females	120,9	128,0	134,3	146,3	152,6
10	NL — Total	112,1	116,1	122,3	126,8	129,6
	Males	112,0	116,1	122,4	126,8	129,5
	Females	116,1	120,1	127,7	134,2	137,1
11	A (⁶) — Total	127,5	135,7	143,7	150,9	156,8
	Males	121,1	128,3	135,4	141,6	146,7
	Females	128,0	136,3	144,6	151,9	157,8
12	P — Total	183,6	208,5	237,9	248,6	260,5
	Males	:	:	:	:	:
	Females	:	:	:	:	:
13	FIN — Total	152,6	158,7	160,4	163,1	170,7
	Males	150,8	156,7	158,3	161,1	168,3
	Females	151,5	157,7	159,1	162,1	169,8
14	S — Total	:	:	:	:	:
	Males	:	:	:	:	:
	Females	:	:	:	:	:
15	UK — Total	145,2	155,9	164,1	166,2	164,9
	Males	145,9	156,6	164,7	166,8	165,7
	Females	146,1	156,6	167,4	170,4	171,9

(¹) Excluding building and civil engineering.
(²) Excluding the new German *Länder*.
(³) Manufacturing industries; three-monthly averages.
(⁴) The indices are not published owing to an amendment to the survey between April 1988 and October 1988.
(⁵) September.
(⁶) Annual average.

Wages and salaries

3.39. Indices of wages in industry
(Average gross hourly earnings of manual workers — males and females)

(October 1985 = 100)

Country		October 1990	October 1991	October 1992	October 1993	October 1994
16 ISL	Males	278,1	293,9	306,6	304,3	309,5
	Females	248,7	269,3	273,2	275,3	279,5
	Total	270,8	287,8	298,3	297,1	302,0
17 NOR (¹)(²)	Males	149,5	157,3	162,2	166,6	171,4
	Females	154,8	164,0	168,8	173,7	178,9
	Total	150,3	158,2	163,2	167,7	172,5
18 CHE (³)	Males	122,0	130,5	136,7	140,0	:
	Females	121,7	130,1	136,2	139,3	:
	Total	123,5	132,4	138,8	143,1	:

(¹) Excluding building and civil engineering, manual workers in establishments affiliated with the Confederation of Norwegian Business and Industry.
(²) Third quarter.
(³) Hourly and monthly earnings.

Wages and salaries

3.40. Wages in industry (¹)
(Average gross hourly earnings of manual workers)

	Country	October 1980	October 1990	October 1991	October 1992	October 1993	October 1994
		\multicolumn{6}{c}{In national currency}					
1	B	229	342	364	380	394	409
2	DK	51,31	94,66	98,58	101,69	104,07	:
3	D (²)	13,58	20,47	21,80	22,96	24,02	24,71
	D (³)	:	:	:	14,24	16,06	17,31
4	EL	:	717	838	929	1 051	1 185
5	E	:	763	844	905	964	1 010
6	F	22,84	45,08	47,25	49,02	50,26	:
7	IRL	2,33	5,37	5,67	5,95	6,30	6,36
8	I	3 934	:	:	:	:	:
9	L	233	355	375	399	415	435
10	NL	14,46	19,11	19,79	20,85	21,60	22,11 *
11	A	69,35	113,30	120,21	127,24	133,64	138,91
12	P	69	325	369	421	440	461
13	FIN	21,11	51,08	52,16	52,73	53,39	55,86
14	S	33,93	72,28	75,23	79,30	80,80	83,24
15	UK	2,39	5,46	5,86	6,17	6,25	6,20
16	ISL	28,64	438,41	465,85	482,94	480,95	488,95
17	NOR	39,75	92,45	97,35	100,42	103,15	106,12
18	CHE	14,12	21,98	23,52	24,63	25,23	:
		\multicolumn{6}{c}{In current PPS}					
1	B	4,95	8,06	8,75	9,3	9,79	10,13
2	DK	5,26	9,32	10,11	10,28	10,97	:
3	D (²)	4,76	9,10	9,82	10,28	10,58	10,86
	D (³)				6,37	7,08	7,61
4	EL	:	4,73	4,89	5,05	5,28	5,47
5	E	:	6,48	7,20	7,29	7,64	7,83
6	F	3,55	6,33	6,83	7,06	7,09	:
7	IRL	3,60	7,23	8,01 *	8,62	8,92	8,88
8	I	4,18	:	:	:	:	:
9	L	5,24	8,31	8,94	9,49	9,71	10,06
10	NL	4,56	8,20	8,53	9,03	9,38	9,70 *
11	A	4,65	8,10	8,47	8,42	8,93	9,28
12	P	1,92	2,91	3,16	3,37	3,49	3,53
13	FIN	4,17	8,00	8,28	7,68	8,13	8,45
14	S	4,91	7,74	7,56	7,48	7,62	7,82
15	UK	3,96	8,31	8,68	9,26	9,09	9,00
16	ISL	3,85	5,31	5,46	5,64	5,42	5,41
17	NOR	4,78	9,50	10,15	10,89	10,94	10,82
18	CHE	6,19	9,99	10,54	10,53	10,97	:

(¹) Except NACE 70, 16 and 17.
(²) Former German *Länder*.
(³) New German *Länder*.

3.41. Average gross hourly earnings in industry — October 1994
Manual workers (males and females)

(ECU)

No	NACE	B	DK	D (¹)	EL	E
A	**All industries (NACE 1-5)**	10,37	:	12,94	4,04	6,37
B	**All industries (NACE 1-5, except 16+17)**	10,37	:	12,89	4,03	6,34
C	**Mining and quarrying (NACE 11, 13, 21, 23)**	10,29	:	12,54	6,20	9,93
D	**Manufacturing industries (NACE 12, 14, 15, 22, 24-26, 3, 4)**	10,42	14,16	12,91	3,92	6,48
11	Extraction and briquetting of solid fuels	:	:	12,58	7,31	12,03
12	Coke ovens	:	:	:	:	:
13	Extraction of petroleum and natural gas	:	:	16,38	7,16	11,41
14	Mineral oil refining	19,12	:	17,26	3,94	:
16	Production and distribution of electricity, gas, steam and hot water	:	:	15,19	5,62	10,34
17	Water supply; collection, purification and distribution of water	12,85	:	13,58	4,86	8,41
21	Extraction and preparation of metalliferous ores	:	:	:	5,72	8,66
22	Production and preliminary processing of metals	13,24	:	13,77	5,25	8,91
23	Extraction of minerals other than metalliferous and energy-producing minerals; peat extraction	10,29	:	12,21	4,34	6,69
24	Manufacture of non-metallic mineral products	10,98	:	12,01	4,43	6,42
25	Chemical industry	12,96	14,34	13,93	3,92	7,39
26	Production of man-made fibres	11,38	:	13,70	4,71	:
30	Metal manufacture; mechanical, electrical and instrument engineering	10,93	:	13,52	4,43	7,31
31	Manufacture of metal articles	10,22	:	12,28	4,03	6,70
32	Mechanical engineering	10,90	:	13,49	4,19	7,56
33	Manufacture of office machinery and data-processing machinery	9,33	:	12,51	3,01	7,35
34	Electrical engineering	10,57	:	12,36	4,20	6,96
35	Manufacture of motor vehicles, of motor vehicle parts and accessories	11,76	:	15,84	4,73	8,51
36	Manufacture of other means of transport	11,13	:	13,86	5,65	8,61
37	Instrument engineering	10,50	:	11,94	3,60	6,96
41/42	Food, drink and tobacco industry	9,94	14,93	11,48	3,77	5,94
43	Textile industry	9,20	:	10,48	3,76	5,05
44	Manufacture of leather and of leather goods	8,57	:	9,11	3,95	5,49
45	Footwear and clothing industry	7,38	:	8,85	3,32	4,22
46	Timber and wooden furniture industries	9,15	:	11,85	3,68	4,82
47	Manufacture of paper and paper products; printing and publishing	11,61	:	13,37	4,03	7,04
48	Manufacture of rubber and plastics	10,60	:	11,51	4,00	7,05
49	Other manufacturing industries	8,62	:	10,56	3,52	5,48
50	Building and civil engineering	10,14	:	12,83	:	5,59

(¹) Excluding the new German *Länder*.

Wages and salaries

3.41. Average gross hourly earnings in industry — October 1994
Manual workers (males and females)

(ECU)

F	IRL	I	L	NL	A	P	FIN	S	UK
:	8,14	:	11,03	10,30	:	2,41	9,04	:	7,99
:	8,01	:	11,03	:	:	2,35	9,01	:	7,90
:	10,83	:	10,85	:	:	2,84	9,26	:	8,38
:	7,92	:	11,87	10,23	:	2,36	9,00	:	7,91
7,49	:	:	:	:	:	:	:	:	:
10,23	:	:	:	:	:	:	:	:	:
:	:	:	:	:	:	6,02	11,58	:	13,06
8,34	10,66	:	13,79	12,57	:	6,40	9,56	:	11,20
:	:	:	16,07	:	:	2,83	:	:	:
:	:	:	:	:	:	:	10,68	:	9,91
7,81	:	:	13,97	:	:	3,77	10,85	:	9,06
7,97	9,10	:	10,55	:	:	2,84	6,96	:	7,64
8,03	9,11	:	10,04	10,18	:	2,97	:	:	7,71
9,09	9,98	:	10,32	:	:	3,51	:	:	9,03
:	:	:	:	:	:	4,94	:	:	:
:	7,67	:	10,50	:	:	2,87	:	:	7,87
:	7,47	:	10,37	9,80	:	2,47	:	:	7,64
8,23	7,80	:	12,45	9,99	:	2,81	:	:	8,13
7,63	7,92	:	:	:	:	:	:	:	:
:	7,14	:	8,49	:	:	3,14	:	:	7,50
8,80	8,01	:	9,36	9,94	:	3,37	:	:	9,68
:	9,69	:	:	:	:	4,14	:	:	9,36
:	7,84	:	:	9,23	:	2,75	:	:	7,35
7,51	8,01	:	8,92	10,58	:	2,50	8,34	:	7,49
6,23	6,95	:	13,31	:	:	2,02	7,08	:	6,41
6,47	5,94	:	:	:	:	2,48	6,20	:	:
:	5,14	:	:	:	:	1,84	6,14	:	5,62
6,83	6,40	:	9,76	9,21	:	1,94	:	:	6,74
8,67	9,55	:	11,99	11,20	:	3,21	:	:	9,02
7,63	8,17	:	13,84	:	:	2,69	:	:	7,43
7,09	7,96	:	9,18	8,51	:	2,17	:	:	6,67
7,45	:	:	9,89	10,34	:	2,28	9,23	:	7,77

3.42. Hourly labour costs in industry (manual and non-manual workers) ([1])

(national currency)

	Country	1984	1988	1992	1994
1	B	609	737	885	962
2	DK	97,3	123,3	150,5	158,9
3	D ([2])	31,88	37,89	46,75	50,31
	D ([3])	:	:	24,18	31,64
4	EL	517	896	1 722	2 200
5	E	:	1 256	2 003	2 245
6	F	84,98	107,43	130,95	:
7	IRL	6,49	8,24	9,74	10,49
8	I	14 823	21 896	28 861	:
9	L	503	591	714	765
10	NL	34,53	38,22	43,84	46,03
11	A	172,9	215,1	282,07	309,65
12	P	275	507	969	1 088
13	FIN	:	:	102,00	110,30
14	S ([4])	77,39	104,49	143,3	147,06
15	UK	5,34	7,29	9,67	:
16	ISL	120,10	390,1	533,9	552,4
17	NOR	:	129,7	155,8	163,1 ([5])

([1]) In establishments with 10 or more employees.
([2]) Former German *Länder*.
([3]) New German *Länder*.
([4]) In establishments with five or more employees.
([5]) Provisional.

Wages and salaries

3.42. Hourly labour costs in industry (manual and non-manual workers) (¹)

(ECU)

	Country	1984	1988	1992	1994
1	B	13,40	16,97	21,27	24,26
2	DK	11,95	15,51	19,28	21,07
3	D (²)	14,24	18,27	23,14	26,14
	D (³)	:	:	11,97	16,44
4	EL	5,85	5,35	6,97	7,64
5	E	:	9,13	15,11	14,13
6	F	12,37	15,27	19,12	:
7	IRL	8,94	10,62	12,80	13,22
8	I	10,73	14,24	18,09	:
9	L	11,07	13,61	17,16	19,29
10	NL	13,68	16,37	19,27	21,33
11	A	10,99	14,75	19,84	22,87
12	P	2,38	2,98	5,55	5,53
13	FIN	:	:	17,56	17,82
14	S (⁴)	11,89	14,43	19,02	16,05
15	UK	9,04	10,97	13,11	12,65
16	ISL	:	9,00	:	:
17	NOR	:	:	19,37	19,26

(¹) In establishments with 10 or more employees.
(²) Former German *Länder*.
(³) New German *Länder*.
(⁴) In establishments with five or more employees.

3.43. Structure of labour costs in industry (manual and non-manual workers) (¹)

(% of total costs)

	Country	Year	Direct costs (²)				Indirect costs (³)	
					of which:			of which:
			Total	Basic salaries	Premiums and bonuses	Payments for days not worked	Total	Social security
1	B	1988	69,4	49,1	11,0	9,2	30,6	29,0
		1992	67,9	49,9	7,1	10,3	32,1	31,5
		1994	67,0	49,3	:	:	33,0	32,4
2	DK	1988	96,2	83,1	0,8	12,3	3,8	3,0
		1992	93,2	79,7	1,4	11,4	6,8	3,4
		1994	:	:	:	:	:	:
3	D (⁴)	1988	76,3	56,0	8,8	11,4	23,7	21,5
		1992	76,6	55,8	8,6	11,0	23,5	21,4
		1994	75,9	55,4	:	:	24,1	22,1
	D (⁵)	1988	:	:	:	:	:	:
		1992	77,8	61,1	3,0	10,2	22,2	19,4
		1994	77,1	60,1	:	:	22,9	20,1
4	EL	1988	80,0	61,0	11,0	7,0	20,0	19,0
		1992	79,0	59,4	11,5	5,5	21,0	20,0
		1994	78,2	58,1	:	:	21,8	20,7
5	E	1988	74,9	55,3	7,0	12,4	25,1	24,5
		1992	73,6	60,1	11,2	:	26,4	22,5
		1994	:	:	:	:	:	:
6	F	1988	68,0	51,4	6,2	9,4	32,0	28,6
		1992	68,6	48,7	9,7	9,0	31,4	28,5
		1994	:	:	:	:	:	:
7	IRL	1988	82,2	70,4	1,4	10,3	17,8	15,0
		1992	82,7	71,6	1,5	7,3	17,3	14,4
		1994	82,7	71,6	:	:	17,3	14,4
8	I	1988	70,0	50,3	7,9	11,4	30,0	26,7
		1992	70,3	50,9	7,8	11,6	29,7	25,2
		1994	:	:	:	:	:	:
9	L	1988	83,2	67,7	4,1	11,2	16,8	15,9
		1992	84,1	68,9	4,6	10,4	15,9	15,3
		1994	84,7	69,3	:	:	15,3	14,7
10	NL	1988	72,9	54,6	7,2	11,0	27,1	23,7
		1992	74,9	55,7	7,5	11,6	25,1	22,6
		1994	75,4	56,6	:	:	24,6	22,1
11	A	1988	75,3	51,6	15,0	8,4	24,7	18,2
		1992	75,5	50,9	15,4	9,0	24,5	18,2
		1994	75,2	50,6	15,4	9,1	24,8	18,2
12	P	1988	74,2	56,0	11,8	6,0	25,8	21,7
		1992	74,1	55,9	11,2	5,4	25,9	20,8
		1994	74,1	55,9	:	:	25,9	20,8
13	FIN (⁶)	1988	75,9	61,7	0,5	13,7	24,1	21,2
		1992	76,0	58,8	1,3	15,9	24,0	21,1
		1994	:	:	:	:	:	:
14	S	1988	69,8	58,8	:	11,0	30,2	30,2
		1992	68,7	56,4	:	12,0	31,3	31,3
		1994	72,5	58,9	:	13,5	27,5	27,5
15	UK	1988	85,5	73,0	1,3	11,0	14,5	11,9
		1992	84,6	70,9	1,1	7,9	15,4	12,4
		1994	84,0	72,6	:	:	16,0	12,8

(¹) In establishments with 10 or more employees.
(²) Basic salaries plus premiums and bonuses plus payments for days not worked plus payments in kind.
(³) Social security plus vocational training costs plus other expenditure.
(⁴) Former German *Länder*.
(⁵) New German *Länder*.
(⁶) Manufacturing industries.

Wages and salaries

3.43. Structure of labour costs in industry (manual and non-manual workers) ([1])

(% of total costs)

Country	Year	Direct costs ([2])				Indirect costs ([3])	
		Total	of which:			Total	of which:
			Basic salaries	Premiums and bonuses	Payments for days not worked		Social security
16 ISL	1988	88,6	73,6	4,1	10,9	11,4	9,7
	1992	88,1	71,3	6,3	10,6	11,9	10,0
	1994	:	:	:	:	:	:
17 NOR	1988	:	:	:	:	:	:
	1992	:	:	:	:	:	:
	1994	:	:	:	:	:	:

([1]) In establishments with 10 or more employees.
([2]) Basic salaries plus premiums and bonuses plus payments for days not worked plus payments in kind.
([3]) Social security plus vocational training costs plus other expenditure.

Wages and salaries

3.44. Average gross hourly earnings in agriculture (full-time employed permanent manual workers)

		B	DK	D(¹)	EL	E	F
A – Total workers				Indices (1986 = 100)			
	1982	88,6	72,1	:	:	:	:
	1984	96,3	82,8	94,8	:	:	:
	1986	88,6	100,0	100,0	:	100,0	100,0
	1988	105,5	120,1	105,1	:	134,3	108,2
	1991	123,9	146,9	119,4	:	179,4	123,9
	1994	132,4	165,0	:	:	:	129,2
				ECU			
	1994						
B – By nature of work carried out							
General agriculture		7,46	11,80	:	:	:	6,34 (²)
Stock keeping		8,08	12,48	:	:	:	6,64 (²)
Specialized crops		7,24	11,95	:	:	:	6,56 (²)
C – By size of farms							
1 or 2 workers		7,04	11,89	:	:	:	6,08
3 to 9 workers		7,43	12,20	:	:	:	6,36
10 or more workers		7,63	12,02	:	:	:	6,70
D – By receipt of benefits in kind							
	1994						
Free accommodation and meals		6,03	11,11	:	:	:	5,87
Free accommodation only		8,63	12,27	:	:	:	6,48
Free meals only		7,13	10,98	:	:	:	6,51
No free accommodation or meals		7,34	12,12	:	:	:	6,33

(¹) Data concerning male manual workers without any benefits in kind, employed on a general agriculture and stock-keeping holding of 50 ha or more.
(²) Male manual workers.

3.44. Average gross hourly earnings in agriculture
(full-time employed permanent manual workers)

IRL	I	L	NL	A	P	FIN	S	UK
Indices (1986 = 100)								
73,1	:	77,8	94,3	:	:	:	:	76,8
87,3	90,8	90,4	93,5	:	:	:	:	88,9
100,0	100,0	100,0	100,0	:	:	:	:	100,0
108,1	116,4	110,4	105,1	:	:	:	:	117,6
136,4	136,3	128,3	116,4	:	:	:	:	154,3
149,8	159,2	160,9	:	:	:	:	:	165,4
ECU								
5,09	5,54 (²)	6,30	8,76	:	1,80 (²)	:	:	5,92 (²)
5,57	5,91 (²)	6,10	:	:	1,74 (²)	:	:	6,25 (²)
5,02	5,63 (²)	7,76	:	:	1,80 (²)	:	:	5,40 (²)
5,01	5,42	6,14	:	:	1,60	:	:	5,62
5,51	5,59	7,30	:	:	1,73	:	:	6,05
5,30	5,93	8,59	:	:	1,80	:	:	6,10
4,74	5,74	5,44	:	:	1,44	:	:	3,55
6,39	5,85	6,63	:	:	1,67	:	:	6,29
4,62	5,92	6,49	:	:	1,60	:	:	4,81
5,32	5,57	7,85	:	:	1,76	:	:	5,74

(¹) Male manual workers.
(²) In establishments with 10 or more employees.

Energy and industry

Industrial production

4.1 General indices of industrial production (¹)

(1990 = 100)

	Country	1991	1992	1993	1994	1995
	EUR 15	**98,9**	**97,6**	**94,6**	**99,4**	**103,1**
1	B	98,2	98,1	93,0	94,7	98,7
2	DK	100,2	103,1	100,4	111,2	115,8
3	D	100,0	97,7	90,5	93,9	95,9
4	EL	98,6	97,7	94,8	95,7	97,4
5	E	99,2	96,1	91,8	98,7	103,3
6	F	98,7	97,2	93,9	97,6	99,1
7	IRL	103,3	112,7	119,1	133,3	158,5
8	I	99,1	97,8	95,7	101,6	107,8
9	L	100,0	99,3	95,0	100,5	101,9
10	NL	101,7	101,5	100,2	103,2	105,6
11	A	102,4	101,4	99,9	105,9	112,3
12	P	101,3	99,6	95,2	94,9	99,4
13	FIN	91,0	92,1	96,9	107,3	115,3
14	S	94,9	93,5	93,3	103,1	113,8
15	UK	96,4	96,0	98,4	103,5	106,0
16	ISL	101,0	98,0	:	:	:
17	NOR	102,1	108,7	112,9	121,3	127,4
	EEA	:	:	:	:	:
18	CHE	100,8	100,1	100,1	108,0	111,3
	CIS	:	:	**76,0**	**58,0**	:
	of which					
19	RUS	:	:	74,0	58,0	:
20	USA	98,2	101,6	105,2	111,4	115,0
21	CAN	:	:	:	:	:
22	JPN	102,3	95,8	92,0	93,1	96,3
	🌐	:	:	:	:	:

(¹) Excluding construction.

Industrial production

4.2. Production of copper, lead and zinc ores, bauxite and potash — 1994

(1 000 t)

	Country	Copper ore	Lead ore	Zinc ore	Bauxite	Potash (K_2O content)
		Metal content				
	EUR 15	**224,0**	**226,0**	**581,0**	**1 945,0**	**5 838,0** (¹)
1	B	–	–	–	–	–
2	DK	–	–	–	–	–
3	D	–	–	–	–	3 525,0 (¹)
4	EL	–	20,0	17,0	1 704,0	–
5	E	5,0	24,0	170,0	–	629,0 (¹)
6	F	–	–	–	151,0	1 141,0 (¹)
7	IRL	–	54,0	194,0	–	–
8	I	–	14,0	23,0	90,0	13,0 (¹)
9	L	–	–	–	–	–
10	NL	–	–	–	–	–
11	A	–	–	–	–	–
12	P	130,0	–	–	–	–
13	FIN	10,0	–	17,0	–	–
14	S	79,0	113,0	160,0	–	–
15	UK	–	1,0	–	–	530,0 (¹)
16	ISL	–	1,0	–	–	–
17	NOR	7,4	6,0	30,1	–	–
	EEA	**231,4**	**233,0**	**611,1**	**1 945,0**	**5 838,0** (¹)
18	CHE	–	–	–	–	–
19	USA	1 811,0	370,0	598,0	40,0	938,0 (¹)
20	CAN	617,0	172,0	1 008,0	58,0	7 289,0 (¹)
21	JPN	6,0	10,0	101,0	–	–
	🌐	**9 417,0**	**2 633,0**	**6 684,0**	**113 886,0**	**23 382,0**

(¹) 1993.

Industrial production

4.3. Production of aluminium, copper, lead, zinc and tin — 1994

(1 000 t)

	Country	Aluminium (primary)	Copper (refined)	Lead (refined)	Zinc	Tin (refined)
	EUR 15	**2 087,0**	**1 564,0**	**1 492,0**	**1 926,0**	**4,8**
1	B	–	371,0	124,0	211,0	0,2
2	DK	–	–	–	–	–
3	D	505,0	592,0	332,0	360,0	0,1
4	EL	138,0	–	–	–	0,2
5	E	338,0	188,0	75,0	299,0	2,0
6	F	384,0	59,0	261,0	309,0	–
7	IRL	–	–	10,0	–	–
8	I	176,0	84,0	204,0	256,0	–
9	L	–	–	–	–	–
10	NL	231,0	–	25,0	213,0	0,2
11	A	–	51,0	17,0	–	–
12	P	–	–	8,0	4,0	0,1
13	FIN	–	69,0	–	173,0	–
14	S	84,0	103,0	83,0	–	–
15	UK	231,0	47,0	353,0	101,0	2,0
16	ISL	99,0	–	–	–	–
17	NOR	857,0	39,5	–	131,9	–
	EEA	**3 043,0**	**1 603,5**	**1 492,0**	**2 057,9**	**4,8**
18	CHE	24,0	–	–	–	–
19	USA	3 298,0	2 220,0	1 232,0	356,0	0,1
20	CAN	2 255,0	550,0	237,0	693,0	–
21	JPN	17,0	1 119,0	292,0	665,0	0,7
	🌐	**19 079,0**	**11 103,0**	**5 282,0**	**7 180,0**	**200,4**

Industrial production

4.4. Raw materials supply (¹)
(consolidated balance sheets) — 1987

(1 000 t)

Raw material	Country	Availability				
		Mining production	Domestic recovery	Imports	Decrease in stocks	Total
Aluminium	**EUR 12**	1 052	1 314	4 876	1 032	8 274
	USA	156	852	6 894	61	7 963
	JPN	–	894	1 891	–	2 785
Copper	**EUR 12**	19	981	2 328	96	3 424
	USA	1 244	498	790	98	2 630
	JPN	24	595	1 224	81	1 924
Lead	**EUR 12**	176	540	804	36	1 556
	USA	319	658	224	–	1 201
	JPN	28	120	221	21	390
Zinc	**EUR 12**	605	388	1 518	60	2 572
	USA	233	82	843	5	1 163
	JPN	166	74	679	10	929
Iron	**EUR 12**	5 826	52 282	86 820	3 884	148 812
	USA	29 065	63 542	25 695	:	118 302
	JPN	161	34 767	76 145	:	110 073
Manganese	**EUR 12**	2	1	1 199	104	1 206
	USA	2	:	556	32	590
	JPN	:	:	728	:	728
Chromium	**EUR 12**	21	50	734	33	838
	USA	–	95	320	–	415
	JPN	3	–	471	:	474
Nickel	**EUR 12**	11	53	227	24	314
	USA	–	32	147	8	187
	JPN	–	:	152	6	158
Titanium	**EUR 12**	–	2	771	17	790
	USA	116	–	520	10	646
	JPN	–	–	214	–	214
Fluorine	**EUR 12**	409	:	137	:	546
	USA	64	–	324	23	411
	JPN	:	–	211	:	211
Phosphate	**EUR 12**	–	127	8 162	71	8 360
	USA	12 470	–	300	789	13 559
	JPN	:	–	1 035	:	1 035

(¹) Metal or other net content.

Industrial production

4.4. Raw materials supply (¹)
(consolidated balance sheets) — 1987

(1 000 t)

Utilization					
Consumption	Exports	Increase in stocks	Total	Country	Raw material
6 432	**1 841**	—	**8 274**	**EUR 12**	Aluminium
6 392	1 571	—	7 963	USA	
2 519	217	49	2 785	JPN	
2 811	**613**	—	**3 424**	**EUR 12**	Copper
2 188	444	—	2 630	USA	
1 641	283	—	1 924	JPN	
1 322	**234**	—	**1 556**	**EUR 12**	Lead
1 023	171	7	1 201	USA	
355	35	—	390	JPN	
1 910	**662**	—	**2 572**	**EUR 12**	Zinc
903	260	—	1 163	USA	
846	83	—	929	JPN	
118 359	**30 453**	—	**148 812**	**EUR 12**	Iron
105 865	12 437	:	118 302	USA	
94 691	15 382	:	110 073	JPN	
1 186	**119**	—	**1 306**	**EUR 12**	Manganese
547	43	—	590	USA	
694	34	:	728	JPN	
781	**57**	—	**838**	**EUR 12**	Chromium
385	13	17	415	USA	
466	8	:	474	JPN	
258	**57**	—	**314**	**EUR 12**	Nickel
162	25	—	187	USA	
155	3	—	158	JPN	
558	**232**	—	**790**	**EUR 12**	Titanium
565	81	—	646	USA	
167	47	:	214	JPN	
489	**56**	:	**546**	**EUR 12**	Fluorine
405	6	—	411	USA	
206	5	:	211	JPN	
7 251	**1 109**	—	**8 360**	**EUR 12**	Phosphate
7 005	6 554	—	13 559	USA	
943	92	:	1 035	JPN	

(¹) Metal or other net content.

Industrial production

4.4. Raw materials supply (¹)
(consolidated balance sheets) — 1987

(t)

Raw material	Country	Availability				
		Mining production	Domestic recovery	Imports	Decrease in stocks	Total
Tin	**EUR 12**	4 202	14 491	36 966	13 832	69 491
	USA	100	16 159	46 412	–	62 671
	JPN	86	5 000	32 993	:	38 079
Cobalt	**EUR 12**	–	744	7 375	973	9 092
	USA	–	1 025	8 874	–	9 899
	JPN	–	–	5 012	:	5 012
Molybdenum	**EUR 12**	–	1 261	44 090	21 737	67 088
	USA	34 073	1 000	4 826	–	39 899
	JPN	100	–	11 560	:	11 660
Niobium	**EUR 12**	–	31	3 056	672	3 759
	USA	–	–	2 753	–	2 753
	JPN	–	–	1 423	:	1 423
Tantalum	**EUR 12**	–	15	716	97	828
	USA	–	57	211	–	268
	JPN	–	–	17	:	17
Vanadium	**EUR 12**	–	41	7 084	151	7 276
	USA	900	2 275	4 138	421	8 734
	JPN	–	–	1 695	:	1 695
Tungsten	**EUR 12**	1 084	1 171	4 979	2 710	9 944
	USA	34	1 500	7 792	260	9 586
	JPN	209	–	2 040	:	2 249
Mercury	**EUR 12**	1 571	–	1 102	363	3 036
	USA	74	265	626	–	965
	JPN	–	213	75	:	288
Antimony	**EUR 12**	91	6 721	27 365	281	34 458
	USA	–	15 833	23 371	–	39 204
	JPN	–	–	12 465	:	12 465
Zirconium	**EUR 12**	–	–	135	2	136
	USA	44	–	35	–	79
	JPN	–	–	126	:	126

(¹) Metal content.

Industrial production

4.4. Raw materials supply (¹)
(consolidated balance sheets) — 1987

(t)

Utilization					
Consumption	Exports	Increase in stocks	Total	Country	Raw material
54 877	**14 614**	–	**69 491**	**EUR 12**	Tin
45 236	16 828	607	62 671	USA	
37 460	619	:	38 079	JPN	
6 604	**2 488**	–	**9 092**	**EUR 12**	Cobalt
7 591	803	1 505	9 899	USA	
4 998	14	:	5 012	JPN	
38 467	**28 621**	–	**67 088**	**EUR 12**	Molybdenum
15 656	20 073	4 170	39 899	USA	
11 579	81	:	11 660	JPN	
3 254	**505**	–	**3 759**	**EUR 12**	Niobium
2 714	39	:	2 753	USA	
1 423	–	:	1 423	JPN	
699	**129**	–	**828**	**EUR 12**	Tantalum
97	171	:	268	USA	
–	17	:	17	JPN	
5 419	**1 857**	–	**7 276**	**EUR 12**	Vanadium
7 658	1 076	–	8 734	USA	
1 642	53	:	1 695	JPN	
5 790	**4 154**	–	**9 944**	**EUR 12**	Tungsten
7 462	2 124	–	9 586	USA	
1 980	269	:	2 249	JPN	
2 273	**763**	–	**3 036**	**EUR 12**	Mercury
691	188	86	965	USA	
88	200	:	288	JPN	
26 563	**7 895**	–	**34 458**	**EUR 12**	Antimony
37 403	1 195	606	39 204	USA	
12 465	–	:	12 465	JPN	
122	**14**	–	**136**	**EUR 12**	Zirconium
62	12	5	79	USA	
126	–	:	126	JPN	

(¹) Metal content.

Industrial production

4.5. Production of cement

(Mio t)

	Country	1991	1992	1993	1994
	EUR 15	**181,2**	**172,5**	**156,9**	**172,8**
1	B	7,2	9,4	7,5	8,8
2	DK	1,6	1,8	1,7	1,8
3	D	31,1	33,2	32,5	36,1
4	EL	13,4	13,6	12,6	13,9
5	E	28,0	25,1	23,9	26,7
6	F	24,8	22,6	20,5	21,2
7	IRL	1,5	1,5	1,5	1,5
8	I	40,8	41,4	34,7	33,1
9	L	0,7	:	—	:
10	NL	4,5	3,1	3,3	3,1
11	A	5,0	5,0	4,9	4,6
12	P	7,5	7,6	7,3	7,6
13	FIN	1,3	1,1	1,1	1,1
14	S	2,2	1,9	2,0	2,2
15	UK	11,6	12,5	11,4	11,1
16	ISL	0,1	0,1	0,1	0,1
17	NOR	1,1	1,3	1,3	1,4
	EEA	**182,4**	**173,9**	**158,3**	**174,3**
18	CHE	4,7	4,3	4,5	4,4
	CIS	**123,6**	**101,4**	**79,4**	**59,0**
	of which				
19	RUS	77,5	61,7	49,9	37,4
20	USA	65,1	69,5	72,4	75,9
21	CAN	9,6	:	:	:
22	JPN	92,4	95,8	94,7	97,4
	🌐	**1 153,0**	**1 173,3**	**1 278,2**	**1 388,4**

4.6. Production of certain basic chemicals — 1994

(1 000 t)

	Country	Sulphuric acid H_2SO_4 (100 %)	Caustic soda NaOH (100 %)	Chlorine Cl_2
	EUR 15	:	:	:
1	B	1 593	:	:
2	DK	:	:	:
3	D	3 512	3 121	2 852
4	EL	:	:	:
5	E	:	643 ([1])	588 ([1])
6	F	2 232	1 561	1 476
7	IRL	:	:	:
8	I	1 620 ([1])	965 ([1])	885 ([1])
9	L	—	—	—
10	NL	—	—	—
11	A	:	:	:
12	P	:	77 ([1])	64
13	FIN	1 235	:	52
14	S	:	:	148
15	UK	984 ([1])	904 ([1])	459 ([1])
16	ISL	—	—	—
17	NOR	:	:	:
	EEA	:	:	:
18	CHE	:	:	:
	CIS	**9 882**	**1 453**	:
	of which			
19	RUS	6 334	1 137	:
20	USA	36 419	11 659	10 909
21	CAN	:	1 428	1 364
22	JPN	6 937	3 777	900
	🌐	**126 799**	**35 898**	:

([1]) 1993.

4.7. Chemicals: production of ammonia, fertilizers and plastics — 1993

(1 000 t)

	Country	Synthetic ammonia NH$_3$ (^{1})	Nitrogenous fertilizers N	Phosphate fertilizers P$_2$O$_5$	Potash fertilizers K$_2$O	Plastics
	EUR 15	**8 926**	**8 822**	**2 238**	**6 373**	:
1	B (^{1})	589	755	340 (^{2})	331	:
2	DK	3	120	65	18	–
3	D	1 165	1 205	224	3 525	10 638
4	EL	:	297	117	–	–
5	E	580	584	181	628	:
6	F	1 483	1 893	933	1 210	3 847
7	IRL	:	286	3	–	–
8	I	1 400	991	325	131	:
9	L (^{1})	–	–	–	–	–
10	NL	3 580	1 830	287	–	3 853
11	P	126	102	37	–	:
12	A	:	210	76	–	944
13	FIN	26	241	139	–	:
14	S	–	140	24	–	:
15	UK	:	759	66	530	:
16	ISL	8	11	4	4	–
17	NOR	:	491	211	:	:
	EEA	:	**9 915**	**2 693**	:	:
18	CHE	–	24	2	:	:
	CIS of which	**16 211**	**8 548**	**3 506**	**4 688**	**2 553**
19	RUS	9 900	4 777	2 512	2 628	1 989
20	USA	:	13 761	10 684	930	19 400
21	CAN	:	1 326	395	7 289	:
22	JPN	:	906	393	:	11 020
	⊕	:	**79 933**	**34 817**	**23 382**	:

(^{1}) BLEU.
(^{2}) 1992.

Industrial production

4.8. Motor vehicles, production and assembly — 1994

(1 000 t)

Country	Passenger cars		Commercial motor vehicles	
	Production	Assembly	Production	Assembly
EUR 15	**12 816**	:	**1 634**	:
1 B	427	1 065 (¹)	52	9 (¹)
2 DK	–	1	–	1
3 D	4 094	–	262	–
4 EL	–	–	–	–
5 E	1 822	–	321	–
6 F	3 175	–	383	–
7 IRL	–	–	–	–
8 I	1 341	–	194	–
9 L	–	–	–	–
10 NL	92	–	12	–
11 A	45	–	7	–
12 P	–	88	–	75
13 FIN	–	–	–	–
14 S	353	–	82	–
15 UK	1 467	:	321	–
16 ISL	–	0	–	0
17 NOR	–	–	–	–
EEA	**12 816**	:	**1 634**	:
18 CHE	–	–	–	–
19 USA	6 614	–	5 649	–
20 CAN	1 216	–	1 106	–
21 JPN	7 801	–	2 752	–
🌐	:	:	:	:

(¹) 1992.

4.9. Merchant vessels under construction and launched (¹)

(1 000 tonnes gross)

	Country	Under construction end June 1994	Launched in 1993
	EUR 15	**2 774,5**	**3 471,6**
1	B	30,2	2,6
2	DK	355,4	959,8
3	D	673,1	963,1
4	EL	16,8	1,5
5	E	282,0	555,5
6	F	388,3	40,8
7	IRL	:	:
8	I	739,9	468,9
9	L	—	—
10	NL	152,8	152,2
11	A	464,9	—
12	P	12,4	97,7
13	FIN	0,2	182,0
14	S	0,1	0,9
15	UK	123,6	229,5
16	ISL	0,2	—
17	NOR	87,6	160,9
	EEA	**3 327,3**	**3 815,4**
18	CHE	—	—
19	USA	22,1	13,7
20	CAN	0,3	26,0
21	JPN	4 810,5	9 085,9
	🌐	**15 844,6**	**20 024,9**

(¹) Ships of 100 tonnes gross or over, excluding ships without engines.

Industrial production

4.10. Production of man-made fibres — 1993

(1 000 t)

	Country	Fibre			
		Cellulosic		Non-cellulosic	
		Yarn (¹)	Staple	Yarn	Staple
	EUR 15	**573,6**	:	**1 031,1**	**1 629,8**
1	Benelux	45,2	:	152,0	117,3
2	DK	–	–	:	49,0
3	D	178,4	:	369,0	446,4
4	EL	5,0	:	5,0	1,9
5	E	8,5	:	69,9	192,2
6	F	–	:	52,1	66,0
7	IRL	–	–	25,6	83,8
8	I	32,4	:	203,4	420,8
9	L	–	–	–	–
10	NL	:	:	:	:
11	P	–	–	6,5	60,3
12	A	131,2	:	1,0	36,4
13	FIN	56,5	:	56,5	14,0
14	S	18,9	:	–	–
15	UK	97,5	:	90,1	141,7
16	ISL	:	:	:	:
17	NOR	–	–	–	–
	EEA	:	:	:	:
18	CHE	–	–	67,6	28,6
19	USA	228,9	126,1	1 837,8	1 662,7
20	CAN	15,6	–	59,9	50,0
21	JPN	306,4	224,0	842,9	694,2
	⊕	**2 711,6**	**1 409,1**	**8 125,5**	**8 539,5**

(¹) Including staple.

4.11. Production of cotton and woollen yarns and fabrics (¹) — 1994

(1 000 t)

	Country	Cotton		Wool	
		Yarns	Fabrics	Yarns	Fabrics
	EUR 15	**950**	**739**	**876**	**285**
1	B	41	39	70	3
2	DK	3	3	2	1
3	D	152	136	34	27
4	EL	98	55	25	:
5	E	86	69	71	:
6	F	164	94	46	37
7	IRL	:	:	:	:
8	I	254	168	529	165
9	L	–	–	–	–
10	NL	3	9	2	2
11	A	23	16	5	1
12	P	111	68	25	9
13	FIN	1	2	:	1
14	S	:	:	2	1
15	UK	14	80	65	38
16	ISL	–	–	1	0
17	NOR	:	:	2	1
	EEA	:	:	**879**	**286**
18	CHE	:	:	:	:
19	USA	1 351	972	551	52
20	CAN	:	:	:	:
21	JPN	237	1 135	83	270
	🌐	:	:	:	:

(¹) The figures in this table must be treated with great reserve as regards comparability between countries. National statistics are far from consistent in their inclusion of mixed yarns and fabrics.

Industrial production

4.12. Production of tobacco — 1993

	Country	Cigars and cigarillos (Mrd)	Cigarettes (Mrd)	Tobacco (¹) (1 000 t)
	EUR 15	:	:	:
1	B	1,9	25,5	4,1
2	DK	0,5	6,5	4,0
3	D	1,0	205,0	11,7
4	EL	:	29,4 (²)	1,9 (²)
5	E	:	70,0	:
6	F	0,5	46,8	4,2
7	IRL	:	5,1 (²)	:
8	I	:	85,5 (²)	1,6
9	L	:	:	:
10	NL	1,4 (²)	77,0 (²)	28,0 (²)
11	A	:	16,1	0,1
12	P	:	16,2 (²)	:
13	FIN	:	7,0	1,0
14	S	:	9,6 (³)	5,2 (²)
15	UK	:	96,9 (³)	7,2
16	ISL	—	—	—
17	NOR	:	2,9	3,7
	EEA	:	:	:
18	CHE	:	32,9 (³)	0,6
	CIS	:	**231,0**	:
	of which			
19	RUS	:	146,0	:
20	USA	:	705,0	78,1 (²)
21	CAN	:	42,0 (³)	6,4 (²)
22	JPN	:	333,0	7,9
	⊕	:	:	:

(¹) Smoking and chewing tobacco, snuff.
(²) 1992.
(³) 1991.

Industrial production

4.13. Production of wood pulp, paper and board — 1993

(1 000 t)

	Country	Wood pulp	Newsprint	Other paper and board	Total
		1	2	3	2 + 3
	EUR 15	**28 757**	**7 335**	**56 251**	**63 586**
1	B	453	119	1 147	1 266
2	DK	66	:	328	328
3	D	2 097	1 270	11 523	12 793
4	EL	25	–	750	750
5	E	1 454	94	3 254	3 348
6	F	2 608	801	7 023	7 824
7	IRL	–	:	:	:
8	I	508	83	5 936	6 019
9	L	–	–	–	–
10	NL	175	:	2 855	2 855
11	A	1 339	387	2 914	3 301
12	P	1 619	:	998	998
13	FIN	8 331	1 428	8 565	9 993
14	S	9 566	2 412	6 456	8 868
15	UK	516	741	4 502	5 243
16	ISL	–	–	–	–
17	NOR	2 008	1 007	6 456	1 968
	EEA	**30 765**	**8 342**	**62 707**	**65 554**
18	CHE	327	228	1 044	1 332
	CIS	**5 578**	**846**	**4 354**	**5 200**
	of which				
19	RUS	5 468	845	3 646	4 491
20	USA	56 653	6 339	70 132	76 471
21	CAN	23 006	9 321	8 192	17 513
22	JPN	11 538	2 972	27 432	30 404
	🌐	:	:	:	:

Industrial production

4.14. Building: number of dwellings completed (¹) — 1994

Country	Dwellings completed (1 000)	Rooms completed (1 000)	Dwellings completed per 1 000 inhabitants
EUR 15	:	:	:
1 B	:	:	:
2 DK	11,3	:	2,2
3 D	573,9	:	7,0
4 EL	:	:	:
5 E	219,5	:	5,6
6 F	:	:	:
7 IRL	26,8	:	7,5
8 I	:	:	:
9 L	2,7	:	6,7
10 NL	77,7	:	5,1
11 A	48,9	:	6,1
12 P	55,1	:	5,6
13 FIN	26,7	:	5,2
14 S	21,6	:	2,5
15 UK	179,0	:	3,1
16 ISL	1,7	:	6,3
17 NOR	17,8	:	4,1
EEA	:	:	:
18 CHE	45,0	:	6,4
CIS of which	933,2 *	:	3,3 *
19 RUS	610,9	:	4,1
20 USA	:	:	:
21 CAN	:	:	:
22 JPN	:	:	:
🌐	:	:	:

(¹) *Source*: UN.

4.15. Production of primary energy — 1994

(Mio toe)

	Country	Coal and lignite	Crude oil	Natural gas	Nuclear energy	Primary electricity ([1])	Total primary energy ([2])
	EUR 15	136,0	153,1	186,7	202,1	25,8	725,3
1	B	–	–	0,0	10,5	0,0	10,9
2	DK	–	9,2	4,3	–	0,1	14,8
3	D	80,9	3,0	14,3	36,8	1,6	141,1
4	EL	7,4	0,5	0,0	–	0,2	9,7
5	E	10,5	0,9	0,2	14,3	2,4	32,2
6	F	5,2	2,8	2,9	92,9	6,8	120,7
7	IRL	1,2	–	2,2	–	0,1	3,6
8	I	0,1	4,9	16,5	–	3,8	31,2
9	L	–	–	–	–	0,0	0,1
10	NL	–	4,4	59,9	1,0	0,0	66,3
11	A	0,3	1,1	1,2	–	3,1	8,8
12	P	0,1	–	–	–	0,9	3,3
13	FIN	2,2	–	–	5,0	1,0	12,7
14	S	0,3	0,0	–	18,9	5,1	30,8
15	UK	27,9	126,2	58,2	22,8	0,5	239,1
16	ISL	–	–	–	–	0,4	1,5
17	NOR	0,2	128,1	27,1	–	11,4	175,7
	EEA	136,2	281,2	186,7	202,1	37,5	902,5
18	CHE	–	–	0,0	6,0	4,3	11,4
19	USA	535,6	395,0	439,6	176,9	22,6	1 651,3
20	CAN	39,4	108,5	123,9	28,2	28,2	337,7
21	JPN	3,8	0,8	2,0	70,1	5,8	89,3
	⊕	:	:	:	:	:	:

([1]) Primary electrical energy has been converted into tonnes of oil equivalent on the basis of real energy content, i.e. 86 grams oil equivalent per kWh (3 600 kJ/kWh).
([2]) For the EU countries, total primary energy includes other fuel (wood, garbage, etc.), consumed in electricity-generation plants.

Energy

4.16. Production of primary energy

(Mio toe)

	Country	1990	1991	1992	1993	1994
	EUR 15	**645,992**	**705,077**	**699,114**	**706,542**	**725,311**
1	B	11,796	11,591	11,353	10,832	10,885
2	DK	9,944	11,806	12,769	13,687	14,832
3	D	129,134	164,696	159,470	148,006	141,094
4	EL	9,672	9,580	9,489	9,315	9,669
5	E	33,359	33,344	32,615	32,483	32,234
6	F	106,514	112,658	112,909	119,587	120,680
7	IRL	3,495	3,291	3,082	3,470	3,628
8	I	26,210	26,748	27,688	28,800	31,240
9	L	0,043	0,043	0,048	0,047	0,051
10	NL	60,396	67,255	67,233	68,360	66,262
11	A	8,811	8,666	8,899	9,055	8,810
12	P	2,861	2,968	2,712	3,166	3,259
13	FIN	11,118	10,742	11,747	12,344	12,721
14	S	29,742	31,540	29,139	28,923	30,813
15	UK	202,899	210,149	209,960	218,468	239,134
16	ISL	1,330	1,300	1,300	1,320	1,476
17	NOR	120,120	130,880	146,810	154,190	175,704 (¹)
	EEA	**767,442**	**837,257**	**847,224**	**862,052**	**902,491**
18	CHE	9,942	10,084	10,271	10,698	11,350

(¹) *Source*: Energy balance sheet for Norway.

4.17. Energy trade
(net imports (+); net exports (–))

(Mio toe)

	Country	1990	1991	1992	1993	1994
	EUR 15	**625,597**	**668,784**	**680,397**	**652,381**	**633,993**
1	B	38,857	41,523	42,692	41,003	43,071
2	DK	9,076	8,367	7,827	6,078	6,234
3	D	146,877	180,577	186,908	189,574	193,044
4	EL	15,373	15,617	17,741	17,236	15,799
5	E	59,853	63,609	66,956	63,284	68,402
6	F	120,021	126,465	123,942	115,616	110,233
7	IRL	7,084	6,910	6,693	6,809	7,049
8	I	131,960	129,096	134,222	127,188	125,819
9	L	3,516	3,704	3,768	3,777	3,705
10	NL	17,355	14,443	14,066	13,341	17,166
11	A	17,278	17,824	17,476	16,986	16,753
12	P	15,159	15,058	16,573	15,937	16,024
13	FIN	18,031	17,042	15,806	16,473	20,450
14	S	17,818	17,297	17,303	18,045	19,405
15	UK	7,340	11,253	8,426	1,035	-29,160
16	ISL	0,802	0,691	0,793	0,780	0,816
17	NOR	-96,300	-108,710	-125,000	-131,135	-149,472
	EEA	**530,099**	**560,765**	**556,190**	**522,026**	**485,337**
18	CHE	14,477	14,779	14,927	13,473	13,850

Energy

4.18. Inland consumption of energy (¹)

(Mio toe)

	Country	1990	1991	1992	1993	1994
	EUR 15	**1 238,039**	**1 341,926**	**1 332,088**	**1 330,121**	**1 337,684**
1	B	47,089	49,330	50,078	48,699	50,294
2	DK	18,204	19,887	19,300	19,635	20,163
3	D	276,142	344,305	337,711	335,551	333,991
4	EL	22,765	22,933	23,556	23,123	24,129
5	E	89,087	94,135	95,458	91,692	97,400
6	F	221,901	234,315	231,770	233,972	228,535
7	IRL	10,193	10,247	10,169	10,268	10,968
8	I	153,760	155,704	157,596	155,051	154,104
9	L	3,548	3,769	3,790	3,843	3,755
10	NL	66,918	70,044	69,660	70,912	70,741
11	A	25,758	27,049	25,695	25,487	26,062
12	P	16,943	17,366	18,753	18,524	19,024
13	FIN	27,847	28,526	28,046	29,059	30,356
14	S	47,079	48,739	46,231	46,267	48,550
15	UK	210,808	215,578	214,277	218,037	219,612
16	ISL	2,148	2,122	2,158	2,167	2,273
17	NOR	21,980	20,960	20,400	19,100	25,200 (²)
	EEA	**1 262,167**	**1 365,008**	**1 354,646**	**1 351,388**	**1 365,157**
18	CHE	25,001	25,485	25,950	25,579	26,646

(¹) Production of primary energy plus net imports and changes in stocks of primary and derived energy sources – bunkers.
(²) *Source*: Energy balance sheet for Norway.

4.19. Inland consumption of energy (¹) — 1994

(Mio toe)

	Country	Coal and lignite (²)	Crude oil and oil products	Natural gas	Nuclear energy	Primary electricity (³)	Other fuels	Total primary energy
	EUR 15	**243,2**	**565,5**	**253,8**	**202,1**	**25,8**	**43,0**	**1 337,6**
1	B	9,3	20,0	9,7	10,5	0,0	0,5	50,3
2	DK	7,6	9,0	2,7	–	0,1	1,2	20,2
3	D	96,6	133,1	61,2	36,8	1,7	4,3	333,9
4	EL	8,5	13,8	0,0	–	0,2	1,4	24,1
5	E	18,9	51,4	6,3	14,3	2,4	3,9	97,4
6	F	14,4	82,5	27,8	92,9	6,8	9,5	228,5
7	IRL	3,0	5,6	2,2	–	0,1	0,2	11,0
8	I	11,4	89,1	40,5	–	3,8	3,6	154,1
9	L	0,9	1,9	0,5	–	0,0	0,0	3,8
10	NL	8,8	25,6	33,4	1,0	0,0	1,0	70,7
11	A	2,9	11,2	5,8	–	3,1	3,1	26,1
12	P	3,3	12,4	–	–	0,9	2,2	19,0
13	FIN	6,5	9,9	2,8	5,0	1,0	4,5	30,4
14	S	2,7	14,6	0,6	18,9	5,1	6,6	48,6
15	UK	48,4	85,4	60,2	22,8	0,5	1,0	219,6
16	ISL	0,1	0,7	–	–	0,4	1,1	2,3
17	NOR	1,0	8,5	0,0	–	11,4	4,1 (⁴)	25,2
	EEA	**244,3**	**574,8**	**253,8**	**202,1**	**37,6**	**48,2**	**1 365,1**
18	CHE	0,2	12,9	2,2	6,0	4,2	1,1	26,6
19	USA	473,4	789,2	490,4	176,9	22,6	66,2	2 038,0
20	CAN	24,9	77,3	65,5	28,2	28,2	9,5	229,7
21	JPN	78,8	269,3	51,2	70,1	5,8	4,3	481,9
	⊕	:	:	:	:	:	:	:

(¹) Production of primary energy and net imports and changes in stocks of primary and derived energy sources.
(²) Primary electrical energy has been converted into tonnes of oil equivalent on the basis of real energy content, i.e. 86 grams oil equivalent per kWh (3 600 kJ/kWh).
(³) Including the derived products, coke and the like.
(⁴) Fuelwood, other gases.

Energy

4.20. Proportion of different sources of primary energy in inland consumption — 1994

(%)

	Country	Hard coal and derived products	Lignite and derived products	Crude oil and oil products	Natural gas	Nuclear energy	Primary electricity	Other fuels	Total energy
	EUR 15	**13,8**	**4,3**	**42,3**	**19,0**	**15,1**	**1,9**	**3,2**	**100,0**
1	B	18,5	0,1	39,7	19,2	20,8	0,1	1,0	100,0
2	DK	37,8	0,0	44,4	13,3	–	0,5	6,0	100,0
3	D	15,6	13,3	39,9	18,3	11,0	0,5	1,3	100,0
4	EL	3,9	31,2	57,4	0,2	–	0,9	5,8	100,0
5	E	17,4	2,0	52,8	6,5	14,6	2,5	4,0	100,0
6	F	6,1	0,2	36,1	12,2	40,6	3,0	4,1	100,0
7	IRL	15,7	11,2	50,8	20,0	–	0,7	1,8	100,0
8	I	7,3	0,1	57,9	26,3	–	2,5	1,6	100,0
9	L	23,9	0,2	51,4	13,0	–	0,3	1,1	100,0
10	NL	12,5	0,0	36,2	47,2	1,4	0,0	1,4	100,0
11	A	9,8	1,5	42,8	22,4	–	11,8	11,9	100,0
12	P	17,4	–	65,4	–	–	4,8	11,7	100,0
13	FIN	16,1	5,3	32,6	9,4	16,5	3,3	14,9	100,0
14	S	5,0	0,6	30,2	1,3	38,9	10,5	13,6	100,0
15	UK	22,0	–	38,9	27,4	10,4	0,2	0,4	100,0
16	ISL	3,3	–	34,6	–	–	18,5	–	100,0
17	NOR	4,7	–	33,8	–	–	45,4	16,1	100,0
	EEA	**17,9**	**–**	**42,1**	**18,6**	**14,8**	**2,8**	**3,5**	**100,0**
18	CHE	–	–	–	–	22,7	16,3	4,2	100,0

EUR 15

1990	16,8	17,7	43,0	17,4	14,5	1,8	3,1	100,0
1991	15,9	34,5	41,8	17,9	13,9	1,7	3,1	100,0
1992	15,1	33,1	42,8	17,8	14,1	1,9	3,1	100,0
1993	14,0	33,3	42,2	18,9	14,9	1,9	3,1	100,0
1994	13,8	31,4	42,3	19,0	15,1	1,9	3,2	100,0

4.21a. Consumption of energy per head
Gross inland consumption

(toe)

	Country	1990	1991	1992	1993	1994
	EUR 15	**3,397**	**3,664**	**3,620**	**3,598**	**3,602**
1	B	4,724	4,931	4,985	4,829	4,972
2	DK	3,542	3,859	3,733	3,784	3,874
3	D	3,479	4,305	4,190	4,133	4,101
4	EL	2,241	2,238	2,282	2,228	2,314
5	E	2,294	2,419	2,447	2,346	2,488
6	F	3,911	4,107	4,040	4,058	3,947
7	IRL	2,907	2,906	2,865	2,882	3,072
8	I	2,711	2,744	2,772	2,718	2,671
9	L	9,290	9,738	9,655	9,654	9,300
10	NL	4,476	4,648	4,588	4,638	4,599
11	A	3,333	3,462	3,247	3,189	3,246
12	P	1,712	1,760	1,901	1,876	1,921
13	FIN	5,585	5,690	5,562	5,736	5,966
14	S	5,501	5,656	5,333	5,307	5,529
15	UK	3,662	3,729	3,694	3,747	3,761
16	ISL	8,431	8,224	8,263	8,215	8,545
17	NOR	5,182	4,918	4,860	4,532	5,827
	EEA	**3,420**	**3,682**	**3,637**	**3,611**	**3,631**
18	CHE	3,679	3,708	3,738	3,670	3,787

4.21b. Consumption of energy per head
Consumption by industry

(toe)

	Country	1990	1991	1992	1993	1994
	EUR 15	**0,689**	**0,699**	**0,697**	**0,678**	**0,692**
1	B	1,138	1,157	1,161	1,093	1,147
2	DK	0,534	0,556	0,513	0,519	0,546
3	D	0,729	0,808	0,849	0,785	0,794
4	EL	0,382	0,361	0,364	0,352	0,357
5	E	0,509	0,520	0,492	0,485	0,519
6	F	0,649	0,637	0,636	0,629	0,612
7	IRL	0,599	0,599	0,562	0,458	0,485
8	I	0,650	0,635	0,594	0,612	0,628
9	L	4,501	4,374	4,083	4,133	3,846
10	NL	0,884	0,819	0,826	0,865	0,810
11	A	0,754	0,732	0,672	0,649	0,650
12	P	0,391	0,413	0,426	0,425	0,444
13	FIN	1,786	1,734	1,809	1,952	1,940
14	S	1,386	1,341	1,306	1,342	1,373
15	UK	0,594	0,592	0,592	0,551	0,599
16	ISL	1,665	1,562	1,587	1,618	1,619
17	NOR	1,747	1,635	1,590	1,487	1,571
	EEA	**0,701**	**0,710**	**0,708**	**0,688**	**0,703**
18	CHE	0,480	0,488	0,477	0,471	0,449

4.21c. Consumption of energy per head
Consumption by transport

(toe)

	Country	1990	1991	1992	1993	1994
	EUR 15	**0,677**	**0,703**	**0,719**	**0,733**	**0,734**
1	B	0,773	0,783	0,825	0,828	0,838
2	DK	0,875	0,857	0,861	0,845	0,879
3	D	0,650	0,745	0,753	0,769	0,761
4	EL	0,572	0,583	0,596	0,622	0,618
5	E	0,575	0,621	0,637	0,629	0,656
6	F	0,739	0,728	0,742	0,772	0,752
7	IRL	0,562	0,573	0,575	0,582	0,645
8	I	0,589	0,605	0,630	0,642	0,642
9	L	2,637	3,064	3,253	3,234	3,321
10	NL	0,690	0,697	0,735	0,754	0,765
11	A	0,698	0,763	0,759	0,760	0,758
12	P	0,377	0,404	0,438	0,453	0,473
13	FIN	0,855	0,825	0,811	0,795	0,817
14	S	0,845	0,828	0,857	0,837	0,861
15	UK	0,790	0,773	0,786	0,803	0,804
16	ISL	1,166	1,144	1,131	1,071	1,101
17	NOR	0,960	0,946	0,945	0,962	0,966
	EEA	**0,680**	**0,706**	**0,722**	**0,735**	**0,737**
18	CHE	0,946	1,002	0,967	0,918	0,922

Energy

4.21d. Consumption of energy per head
Consumption by households, commerce and services, etc.

(toe)

	Country	1990	1991	1992	1993	1994
	EUR 15	**0,875**	**1,007**	**0,972**	**0,994**	**0,958**
1	B	1,171	1,297	1,312	1,309	1,312
2	DK	1,409	1,380	1,378	1,429	1,393
3	D	0,930	1,265	1,159	1,230	1,157
4	EL	0,527	0,554	0,540	0,542	0,551
5	E	0,372	0,404	0,401	0,395	0,428
6	F	0,991	1,110	1,093	1,079	1,025
7	IRL	0,899	0,870	0,896	0,957	1,006
8	I	0,689	0,739	0,712	0,718	0,665
9	L	1,530	1,763	1,714	1,704	1,640
10	NL	1,309	1,490	1,398	1,425	1,406
11	A	1,103	1,193	1,167	1,218	1,176
12	P	0,369	0,383	0,396	0,404	0,412
13	FIN	1,517	1,547	1,554	1,511	1,537
14	S	1,331	1,380	1,371	1,508	1,530
15	UK	0,984	1,073	1,062	1,070	1,031
16	ISL	3,889	3,785	3,957	3,962	3,722
17	NOR	1,351	1,305	1,323	1,476	1,543
	EEA	**0,882**	**1,012**	**0,978**	**1,001**	**0,967**
18	CHE	1,308	1,375	1,378	1,331	1,275

Net imports

4.22. Gross inland consumption + bunkers

(%)

	Country	1990	1991	1992	1993	1994
	EUR 15	**49,2**	**48,6**	**49,8**	**47,8**	**46,3**
1	B	75,9	77,6	78,7	77,4	79,2
2	DK	47,4	40,4	38,7	29,0	28,8
3	D	52,8	52,1	55,1	56,1	57,5
4	EL	60,8	61,8	67,7	65,7	57,6
5	E	64,4	64,9	67,4	66,6	68,1
6	F	53,5	53,4	52,9	48,9	47,8
7	IRL	69,4	67,2	65,7	66,0	64,0
8	I	84,4	81,6	83,9	80,8	81,1
9	L	99,1	98,3	99,4	98,3	98,7
10	NL	22,3	17,8	17,4	16,2	21,0
11	A	67,1	65,9	68,0	66,6	64,3
12	P	86,4	83,8	85,6	83,7	82,1
13	FIN	63,5	58,6	55,0	55,7	66,5
14	S	37,3	34,9	36,7	38,3	39,1
15	UK	3,4	5,2	3,9	0,5	-13,1
16	ISL	37,0	32,3	36,4	35,5	35,4
17	NOR	-429,1	-509,2	-562,4	-686,6	-690,5
	EEA	**40,9**	**40,1**	**40,0**	**37,7**	**34,8**
18	CHE	57,9	58,0	57,5	52,7	52,0

Energy

4.23. Coal — Total production

(1 000 t)

	Country	1990	1991	1992	1993	1994
	EUR 15	**197 212**	**194 464**	**184 757**	**158 828**	**131 220**
1	B	1 036	634	218	—	—
2	DK	—	—	—	—	—
3	D	76 553	72 744	72 153	64 175	57 623
4	EL	—	—	—	—	—
5	E	19 440	17 922	18 551	18 402	18 194
6	F	10 487	10 127	9 478	8 576	7 538
7	IRL	45	6	1	1	1
8	I	58	21	111	10	—
9	L	—	—	—	—	—
10	NL	—	—	—	—	—
11	A	—	—	—	—	—
12	P	281	270	221	197	147
13	FIN	—	—	—	—	—
14	S	11	28	37	4	—
15	UK	89 301	92 712	83 987	67 463	47 717
16	ISL	—	—	—	—	—
17	NOR	358	330	359	268	301
	EEA	**197 570**	**194 794**	**185 116**	**159 096**	**131 521**
18	CHE	—	—	—	—	—

4.24. Coal, lignite, coke-oven coke — 1994

(1 000 t)

	Country	Coal Production	Coal Balance of trade	Coal Consumption in the internal market	Lignite Production	Coke-oven coke Production
	EUR 15	**131 220**	**127 962**	**290 569**	**293 044**	**42 303**
1	B	–	11 688	13 601	–	3 736
2	DK	–	11 713	13 145	–	–
3	D	57 623	13 864	76 015	207 077	11 095
4	EL	–	1 500	1 436	56 672	–
5	E	18 194	11 769	31 371	11 362	2 993
6	F	7 538	11 640	21 512	1 501	5 880
7	IRL	1	2 391	2 695	5 378	–
8	I	–	15 901	16 345	267	5 293
9	L	–	314	314	–	–
10	NL	–	14 250	13 839	–	2 886
11	A	–	3 015	3 163	1 391	1 432
12	P	147	5 012	5 225	–	290
13	FIN	–	8 060	7 501	8 413	922
14	S	–	3 029	3 305	983	1 142
15	UK	47 717	13 816	81 102	–	6 634
16	ISL	–	71	71	–	–
17	NOR	301	617	878	–	–
	EEA	**131 521**	**128 650**	**291 518**	**293 044**	**42 303**
18	CHE	–	126	233	–	–
	CIS	**368 746**	:	:	**107 152**	:
	of which					
19	RUS	176 754	:	:	95 292	
20	USA	585 049	-55 686	490 520	79 906	20 581
21	CAN	62 139	4 862	42 015	10 685	3 684
22	JPN	6 933	116 171	125 355	–	41 992
	🌐	:	:	:	:	:

Energy

4.25. Crude oil — 1994

(1 000 t)

	Country	Production (¹)	Imports	Refinery input (²)	Refining capacity (³)
	EUR 15	**151 022**	**507 407**	**634 782**	**637 200**
1	B	–	28 372	32 094	34 500
2	DK	9 118	5 263	8 877	9 200
3	D	2 938	106 262	120 251	113 100
4	EL	531	12 914	16 383	18 200
5	E	948	53 796	56 391	60 000
6	F	2 769	74 644	80 704	90 400
7	IRL	–	2 292	2 310	2 800
8	I	4 895	75 225	93 952	102 300
9	L	–	–	–	–
10	NL	4 323	56 741	75 282	59 600
11	A	1 147	7 790	9 777	10 000
12	P	–	13 454	13 931	14 400
13	FIN	–	9 899	12 056	11 000
14	S	5	18 016	19 613	21 000
15	UK	124 348	42 739	93 161	90 700
16	ISL	–	–	–	–
17	NOR	124 133	1 055	14 706	14 200
	EEA	**275 155**	**508 462**	**649 488**	**651 400**
18	CHE	–	4 880	4 878	5 300
	CIS	**363 581**	:	:	:
	of which				
19	RUS	317 773	:	:	:
20	USA	387 098	378 571	732 322	762 000
21	CAN	105 432	30 770	82 889	95 000
22	JPN	710	226 849	210 467	241 300
	🌐	:	:	:	:

(¹) Condensates included.
(²) Includes feed stocks and recovered products.
(³) Atmospheric distillation, end of year, provisional.

4.26. Net production of petroleum products (¹) — 1994

(1 000 t)

	Country	Refinery gas	Liquefied petroleum gas (LPG)	Motor spirit	Kerosenes and jet fuels	Gas/diesel oil
	EUR 15	**20 215**	**17 121**	**139 855**	**39 473**	**213 159**
1	B	667	501	5 686	1 702	11 438
2	DK	306	145	1 597	249	4 111
3	D	4 040	3 425	26 419	2 904	48 840
4	EL	424	470	3 543	1 633	3 723
5	E	1 486	1 710	9 711	4 131	16 312
6	F	2 356	2 488	17 620	5 348	30 443
7	IRL	46	30	354	124	840
8	I	2 963	2 550	19 913	4 995	31 926
9	L	–	–	–	–	–
10	NL	3 808	3 109	14 459	5 702	19 165
11	A	341	37	2 541	378	3 648
12	P	298	477	2 354	1 081	4 186
13	FIN	584	295	4 145	476	4 628
14	S	–	273	3 814	86	6 747
15	UK	2 896	1 611	27 699	10 664	27 152
16	ISL	–	–	–	–	–
17	NOR	0	280	3 949	1 111	6 781
	EEA	**20 215**	**17 401**	**143 804**	**40 584**	**219 940**
18	CHE	191	188	1 107	311	2 078
	CIS	:	**93 955**	**37 032**	:	**64 138**
	of which					
19	RUS	:	69 544	26 828	:	46 721
20	USA	33 235	18 429	315 345	71 878	162 214
21	CAN	3 787	1 969	27 182	5 876	23 493
22	JPN	8 375	4 585	36 678	27 763	60 841
	⊕	:	:	:	:	:

(¹) Refined products, not including own consumption of refineries.

Energy

4.26. Net production of petroleum products (¹) — 1994

(1 000 t)

Residual fuel oil	Lubricants	Bitumen	Other products	Total	Country	
111 891	**7 131**	**18 415**	**19 071**	**628 765**	**EUR 15**	
5 379	–	817	4 034	31 807	B	1
2 283	–	–	–	8 828	DK	2
13 968	1 539	4 200	2 880	119 583	D	3
5 308	154	288	45	16 283	EL	4
14 252	422	2 345	2 415	55 653	E	5
10 647	1 725	3 348	1 740	80 247	F	6
819	–	–	–	2 266	IRL	7
20 949	1 295	2 254	1 038	93 007	I	8
–	–	–	–	–	L	9
12 638	549	695	4 806	75 001	NL	10
1 472	4	552	797	9 777	A	11
3 855	147	186	239	13 760	P	12
770	–	283	328	11 953	FIN	13
5 725	–	878	4	17 563	S	14
13 826	1 296	2 569	745	93 037	UK	15
–	–	–	–	–	ISL	16
986	–	–	110	13 217	NOR	17
112 877	**7 131**	**18 415**	**19 181**	**641 982**	**EEA**	
873	:	140	8	4 705	CHE	18
:	3 199	6 635	:	:	**CIS** *of which*	
:	2 200	5 138	:	:	RUS	19
50 048	:	:	754 572	754 572	USA	20
6 299	:	:	83 810	83 810	CAN	21
47 357	:	:	209 870	209 870	JPN	22
:	:	:	:	:	⊕	

(¹) Refined products, not including own consumption of refineries.

4.27. Petroleum products — Total production (¹)

(1 000 t)

	Country	1990	1991	1992	1993	1994
	EUR 15	**568,1**	**597,7**	**615,0**	**620,5**	**628,8**
1	B	29,4	32,5	32,3	31,3	31,8
2	DK	7,8	8,2	8,4	8,6	8,8
3	D	87,9	104,5	111,8	116,1	119,6
4	EL	16,4	15,1	16,0	14,1	16,3
5	E	52,9	54,8	56,7	53,4	55,7
6	F	78,3	81,7	80,2	82,7	80,2
7	IRL	1,7	1,8	2,0	1,9	2,3
8	I	90,4	90,9	94,3	93,5	93,0
9	L	–	–	–	–	–
10	NL	67,9	70,3	71,5	73,5	75,0
11	A	8,8	9,1	9,6	9,6	9,8
12	P	10,9	10,2	11,7	11,3	13,8
13	FIN	10,3	10,7	10,6	10,1	12,0
14	S	17,1	16,6	18,0	18,5	17,6
15	UK	88,1	91,5	91,9	96,1	93,0
16	ISL	–	–	–	–	–
17	NOR	13,4	12,9	14,5	14,5	13,2 (²)
	EEA	**581,5**	**610,6**	**629,5**	**635,0**	**642,0**
18	CHE	3,1	4,5	4,1	4,6	4,7

(¹) Net production in the refineries.
(²) Except own consumption in refineries.

Energy

4.28. Net imports of petroleum (crude oil and petroleum products)

(1 000 t)

	Country	1990	1991	1992	1993	1994
	EUR 15	**447 192**	**475 756**	**482 464**	**466 718**	**446 702**
1	B	22 227	24 762	25 370	24 602	25 399
2	DK	3 124	1 991	1 477	1 127	1 347
3	D	106 685	128 074	131 556	130 408	130 799
4	EL	14 404	14 726	16 339	16 346	14 857
5	E	49 056	50 930	52 497	50 147	54 567
6	F	85 602	90 612	86 495	85 403	80 647
7	IRL	4 993	4 870	4 738	4 923	5 498
8	I	90 403	85 157	91 246	87 714	87 769
9	L	1 597	1 821	1 922	1 875	1 895
10	NL	30 741	32 684	33 664	32 407	33 665
11	A	9 795	10 173	10 064	9 968	10 197
12	P	12 198	12 384	13 575	12 827	12 699
13	FIN	10 423	10 273	9 534	9 395	12 032
14	S	14 954	14 556	14 608	15 093	16 264
15	UK	- 9 010	- 7 257	- 10 621	- 15 517	- 40 933
16	ISL	658	554	663	655	651
17	NOR	- 71 349	- 84 636	- 97 687	- 105 785	- 119 258
	EEA	**376 501**	**391 674**	**385 440**	**361 588**	**328 095**
18	CHE (¹)	12 382	12 548	12 697	11 350	12 125

(¹) Except non-energy products.

4.29. Natural gas — Production

(1 000 TJ (GCV))

Country	1990	1991	1992	1993	1994
EUR 15	**6 088**	**6 775**	**6 827**	**7 345**	**7 425**
Of which:					
DK	127	161	167	184	200
D	546	630	638	640	664
F	113	133	129	134	134
I	653	656	685	730	770
NL	2 541	2 872	2 885	2 936	2 785
A	52	53	57	59	54
UK	1 904	2 119	2 120	2 530	2 705
EEA	**7 211**	**7 887**	**8 025**	**8 513**	**8 680**
Of which:					
NOR	1 123	1 112	1 198	1 168	1 255

Energy

4.30. Natural gas — 1994

	Country	Reserves	Production	Balance of trade	Gross inland consumption(^{1})
		10^9 m^3	1 000 TJ (GCV) (^{2})	1 000 TJ (GCV)	
	EUR 15	**3 501,0**	**7 424,5**	**4 575,5**	**11 808,5**
1	B	–	0,0	454,8	450,0
2	DK	120,0	199,8	- 69,7	125,2
3	D	350,0	663,7	2 308,6	2 846,5
4	EL	9,0	2,2	–	2,2
5	E	19,0	8,4	301,9	292,9
6	F	36,0	134,4	1 220,3	1 294,4
7	IRL	15,0	102,0	0,1	102,0
8	I	370,0	769,7	1 125,9	1 885,8
9	L	–	–	22,7	22,7
10	NL	1 880,0	2 785,4	-1 233,1	1 552,0
11	A	22,0	53,7	197,4	271,8
12	P	–	–	–	–
13	FIN	–	–	132,3	132,3
14	S	–	–	29,8	29,8
15	UK	680,0	2 705,2	84,6	2 800,9
16	ISL	–	–	–	–
17	NOR	1 920,0	1 255,0	-1 133,0	0,1 (^{3})
	EEA	**5 421,0**	**8 679,5**	**3 442,5**	**11 808,6**
18	CHE	0,0	0,0	102,1	102,1
	CIS	:	**720,0**	:	:
	of which				
19	RUS	:	607,0	:	:
20	USA	4 600,0	20 454,0	2 678,0	22 821,2
21	CAN	2 200,0	5 766,9	-2 674,6	3 045,4
22	JPN	27,0	93,2	2 294,6	2 381,0
	🌐	:	:	:	:

(^{1}) Variations of stock accounted for.
(^{2}) Colliery methane included.
(^{3}) Net domestic consumption except consumption by energy sector.

4.31. Electrical energy — Total net production

(GWh)

	Country	1990	1991	1992	1993	1994
	EUR 15	**1 945 756**	**2 094 815**	**2 103 127**	**2 110 107**	**2 146 372**
1	B	67 161	68 127	68 203	67 243	68 563
2	DK	24 123	34 290	29 112	31 993	37 795
3	D	419 136	500 528	498 749	488 179	489 751
4	EL	32 143	32 856	34 359	35 191	37 377
5	E	144 285	148 371	150 824	149 265	154 289
6	F	399 680	433 530	441 745	450 314	454 636
7	IRL	13 647	14 243	15 032	15 413	16 107
8	I	205 237	210 464	214 433	211 357	219 871
9	L	1 332	1 347	1 163	1 031	1 150
10	NL	69 461	71 746	74 496	74 016	76 507
11	A	48 820	49 830	49 630	52 410	53 177
12	P	27 283	28 657	28 708	29 932	30 191
13	FIN	51 590	55 100	54 960	58 003	62 084
14	S	142 480	143 030	142 530	142 019	138 736
15	UK	299 378	302 696	299 183	303 741	306 138
16	ISL	4 285	4 270	4 319	4 491	4 541
17	NOR	115 530	105 035	111 260	113 712	107 363
	EEA	**2 065 571**	**2 204 120**	**2 218 706**	**2 228 310**	**2 258 276**
18	CHE	52 379	54 132	55 910	58 127	61 447
	CIS of which	**1 673 454**	**1 631 991**	**1 525 700**	**1 433 903**	**1 303 020**
19	RUS	1 082 152	1 068 163	1 008 450	956 587	875 914

Energy

4.32. Production of electrical energy — 1994

(GWh)

	Country	Total generation	Net production (¹)				
			Hydroelectric (²) (³)	Geo-thermal	Nuclear	Conventional thermal	Total
	EUR 15	2 268 044	311 344	3 228	748 204	1 083 596	2 146 372
1	B	72 236	1 187	–	38 533	28 843	68 563
2	DK	40 096	1 170	–	–	36 625	37 795
3	D	528 229	23 480	–	143 019	323 252	489 751
4	EL	40 623	2 862	–	–	34 515	37 377
5	E	161 600	28 852	–	52 922	72 515	154 289
6	F	476 328	80 606	–	341 616	32 414	454 636
7	IRL	17 105	1 203	–	–	14 904	16 107
8	I	231 493	47 172	3 198	–	169 501	219 871
9	L	1 190	681	–	–	469	1 150
10	NL	79 677	370	–	3 738	72 399	76 507
11	A	54 645	36 363	–	–	16 814	53 177
12	P	31 380	10 570	30	–	19 591	30 191
13	FIN	65 546	11 670	–	18 328	32 086	62 084
14	S	142 850	58 721	–	70 086	9 929	138 736
15	UK	325 046	6 437	–	79 962	219 739	306 138
16	ISL (⁴)	4 774	4 510	260	–	4	4 774
17	NOR	113 482	111 785	–	–	676	112 461
	EEA	2 386 300	427 639	3 488	748 204	1 084 276	2 263 607
18	CHE	65 630	39 556	–	22 984	1 121	63 661
	CIS of which	1 303 020	:	–	:	:	:
19	RUS	875 914	176 959	–	97 820	601 135	:
20	USA	3 452 011	:	:	:	:	3 279 410
21	CAN	554 131	:	:	:	:	526 424
22	JPN	955 935	:	:	:	:	908 138

(¹) For example, after deduction of the amount taken by station auxiliaries.
(²) Including wind power.
(³) Pumped-storage power stations are included.
(⁴) Gross production.

Iron and steel

4.33. Output of iron ore — 1995

	Country	Total ore mined	Iron content	
		(1 000 t)	1 000 t	%
	EUR 15	:	:	:
1	B	–	–	–
2	DK	–	–	–
3	D	:	:	:
4	EL	–	–	–
5	E	1 859	939	45,0
6	F	1 497	433	28,0
7	IRL	–	–	–
8	I	–	–	–
9	L	–	–	–
10	NL	–	–	–
11	A	2 107	536	32,3
12	P	:	:	:
13	FIN	–	–	–
14	S	21 658	14 327	66,0
15	UK	–	–	–
16	ISL	–	–	–
17	NOR	2 460	1 599	65,0
	EEA	:	:	:
18	CHE	–	–	–
	CIS (¹) of which	**135 247**	**82 275**	:
19	RUS (¹) (²)	73 259	81 600	60,0
20	USA	63 300	36 897 (¹)	63,2 (¹)
21	CAN	37 909	23 360 (¹)	63,1 (¹)
22	JPN	–	–	–
	⊕	:	:	:

Source: Unctad.
(¹) 1994.
(²) Estimate.

Iron and steel

4.34. Production of pig iron, steel and finished rolled products — 1995

(1 000 t)

	Country	Pig iron	Crude steel	Finished rolled products (¹)
	EUR 15	**97 279**	**155 744**	**134 594**
1	B	9 198	11 557	11 033
2	DK	–	653	631
3	D	30 013	42 051	34 316
4	EL	–	940	1 436
5	E	5 108	13 796	12 771
6	F	12 860	18 105	15 109
7	IRL	–	309	276
8	I	11 684	27 687	24 034
9	L	1 030	2 613	2 407
10	NL	5 530	6 409	4 702
11	A	3 877	5 004	4 213
12	P	411	829	703
13	FIN	2 271	3 216	3 331
14	S	3 035	4 898	4 461
15	UK	12 262	17 677	15 171
16	ISL	–	–	–
17	NOR	70	505	374
	EEA	**97 349**	**156 249**	**134 968**
18	CHE	100	500	:
	CIS (²)	**59 088**	**77 837**	**56 827**
	of which			
19	RUS (²)	36 535	48 812	35 855
20	USA	50 902	93 601	58 830
21	CAN	8 464	14 414	11 138
22	JPN	74 905	101 651	93 226
	🌐	:	:	:

(¹) For the 15 Member States of the EU, these are finished hot-rolled products within the meaning of the ECSC Treaty; whereas products not covered by the Treaty are included for the EFTA and other third countries. The figures are therefore not comparable.
(²) 1994.

4.35. Consumption of steel per head of population (¹)

(kg)

	Country	1991	1992	1993	1994	1995
	EUR 15	**366**	**360**	**318**	:	:
1	B (²)	464	510	423	470	361
2	DK	312	364	284	369	315
3	D	508	496	423	474	452
4	EL	232	168	182	180	208
5	E	301	285	266	303	354
6	F	300	285	249	284	269
7	IRL	84	79	109	140	151
8	I	496	507	420	491	536
9	L (²)	:	:	:	:	:
10	NL	289	258	274	314	326
11	A (³)	416	437	401	:	:
12	P	179	186	171	193	:
13	FIN (³)	292	277	290	:	:
14	S (³)	352	351	381	:	:
15	UK	231	233	239	258	271
16	ISL	160	:	:	:	:
17	NOR (³)	267	323	332	:	:
	EEA	**365**	:	:	:	:
18	CHE (³)	346	325	292	:	:
19	USA (³)	359	379	400	:	:

(¹) Calculated by Eurostat on the basis of ECSC definitions (in equivalent of crude steel).
(²) BLEU.
(³) Iron and steel, Düsseldorf.

Iron and steel

4.36. Production of crude steel

(1 000 t)

	Country	1991	1992	1993	1994	1995
	EUR 15	**148 746**	**143 612**	**144 274**	**151 765**	**155 744**
1	B	11 348	10 331	10 178	11 322	11 557
2	DK	633	592	604	722	653
3	D	42 169	39 711	37 625	40 827	42 051
4	EL	980	923	980	846	940
5	E	12 798	12 254	12 960	13 444	13 796
6	F	18 442	17 979	17 107	18 025	18 105
7	IRL	293	258	329	283	309
8	I	25 112	24 834	25 720	26 148	27 687
9	L	3 379	3 070	3 292	3 074	2 613
10	NL	5 171	5 437	6 001	6 173	6 409
11	A (^{1})	4 187	3 953	4 149	4 399	5 004
12	P	573	768	775	748	829
13	FIN (^{1})	2 890	3 077	3 256	3 420	3 216
14	S (^{1})	4 252	4 358	4 591	4 955	4 898
15	UK	16 519	16 067	16 707	17 379	17 677
16	ISL (^{1})	—	—	—	—	—
17	NOR (^{1})	438	446	505	456	505
	EEA (^{1})	**149 184**	**144 058**	**144 779**	**152 221**	**156 249**
18	CHE (^{1})	1 111	1 238	1260	800	500
	CIS (^{1})	**131 663**	**117 684**	**97 761**	**78 160**	**78 389**
	of which					
19	RUS (^{1})	77 100	67 030	58 300	48 800	51 340

(^{1}) *Source*: IISI.

Agriculture, forestry and fisheries

Production

5.1. Principal categories of land use — 1995

(1 000 ha)

	Country	Utilized agricultural area				Wooded area (²)
		Total	Arable land (¹)	Land under permanent crops	Permanent grassland	
	EUR 15	:	:	:	:	:
1	B	1 366	847	15	495	617
2	DK	2 715	2 502	7	206	445
3	D	17 344	11 835	209	5 282	:
4	EL	:	2 250	:	:	2 940
5	E	25 093	10 118	4 716	10 259	15 915
6	F	30 056	18 102	1 183	10 566	15 043
7	IRL	:	958 (³)	:	3 433 (³)	327
8	I	:	:	:	:	:
9	L	127	58	1	68	88
10	NL	1 981	915	38	1 011	330
11	A	3 449	1 403	76	1 951	:
12	P	3 981	2 317	772	862	3 108
13	FIN	:	2 142	4	15	23 186
14	S	3 438 (³)	2 767	3	673	22 323
15	UK	15 852	5 970	41	9 825	:
16	ISL	148	2	0	146	134
17	NOR	1 026	415	6	595	7 012
	EEA	:	:	:	:	:
18	CHE	1 581	419	22	1 140	1 057
	CIS	**521 500** (³)	**213 800** (³)	**4 600** (³)	**306 140** (³)	**807 970** (⁴)
	of which					
19	RUS	209 183 (³)	128 422 (³)	1 982 (³)	77 766 (³)	771 109 (⁴)
20	USA	:	:	:	:	:
21	CAN	:	:	:	:	:
22	JPN	:	:	:	:	:
	⊕	:	:	:	:	:

(¹) Including kitchen gardens.
(²) Figures refer mostly to previous years.
(³) 1994.
(⁴) 1988.

5.2. Subdivision of the utilized agricultural area — 1995

(1 000 ha)

Land use	EUR 15 (¹)	B	DK	D	EL
Utilized agricultural area	:	1 366	2 715	17 344	:
Arable land	:	847	2 502	11 835	2 250
Cereals	35 582	310	1 449	6 527	1 205
Wheat	16 510	209	608	2 579	852
Rye (²)	1 429	3	96	872	17
Barley	11 024	54	714	2 109	133
Oats (³)	2 049	8	31	354	42
Maize	3 773	26	:	325	160
Other cereals	805	:	:	:	1
Rice	367	:	:	:	26
Dried pulses	:	3	102 (⁴)	123	20
Root crops	:	164	163	857	:
Potatoes	1 501	56	42	316	52
Sugar beet	2 129	99	68	513	42
Fodder beet	181 (⁴)	9	53	23	:
Other root crops	:	1	:	6	:
Industrial crops	:	37	:	:	:
Vegetables	:	31	11	92	122
Flowers and ornamental plants	:	1	4	10	1
Green fodder from arable land	:	376 (⁴)	:	1 792	:
Other arable land (⁴)	:	1 (⁴)	0	0	:
Permanent grassland	:	495	206	5 282	:
Land under permanent crops	:	15	7	209	:
Fruit	:	16 (⁴)	:	:	:
Vineyards	:	0 (⁴)	:	104	137 (⁴)
Olive growing	4 347 (⁴)	:	:	:	690
Other land under permanent crops	:	4 (⁴)	:	38	:
Kitchen garden	:	9	0	19	:

(¹) Where statistics are available.
(²) Including maslin.
(³) Including mixed grains other than maslin.
(⁴) 1994.

Production

5.2. Subdivision of the utilized agricultural area — 1995

(1 000 ha)

E	F	IRL	I	L	NL	A	P
25 093	**30 056**	:	:	**127**	**1 981**	**3 449**	**3 981**
10 118	**18 102**	**958**	:	**58**	**915**	**1 403**	**2 317**
6 594	8 269	276	4 002	29	198	809	676
2 093	4 742	71	2 478	9	135	266	252
170	47	0	8	0	8	80	62
3 574	1 386	181	391	13	36	229	53
365	200	20	146	3	3	50	75
351	1 656	:	941	:	9	120	184
41	237	:	37	:	:	:	:
54	25	:	240	:	:	:	22
419 (¹)	576	6 (¹)	98	0	4	26	48
442	721	74	:	1	297	80	97
211	171	23	89	1	179	27	96
172	458	35 (¹)	282	0	116	52	1
10 (¹)	42	10 (¹)	6 (¹)	0	2	2	:
48 (¹)	51	7 (¹)	:	0	0	:	18
1 547 (¹)	:	:	:	2	:	149	104
342	265	:	:	0	:	11	58
2	7	0 (¹)	:	0	3 (¹)	1	0
830	4 449	:	2 530 (¹)	24	280 (¹)	:	420
0	0	:	:	0	0	:	:
10 259	**10 551**	**3 433 (¹)**	:	**68 (¹)**	**1 011**	**1 951**	**862**
4 716	**1 183**	:	:	**1**	**35 (¹)**	**76**	**772**
:	1 186 (¹)	:	:	:	25	:	:
:	933 (¹)	:	946 (¹)	1	0	:	:
2 170 (¹)	14	:	1 131 (¹)	:	:	:	329 (¹)
0	20	:	0 (¹)	0	10	:	:
:	**220**	**0**	**90 (¹)**	**0**	**17 (¹)**	**19**	**31**

(¹) 1994.

5.2. Subdivision of the utilized agricultural area — 1995

(1 000 ha)

Land use	FIN	S	UK
Utilized agricultural area	:	3 438	15 852
Arable land	2 317	2 142	2 767
Cereals	976	1 082	3 181
Wheat	101	256	1 859
Rye (¹)	21	39	8
Barley	516	444	1 192
Oats (²)	338	299	115
Maize	:	:	0
Other cereals	:	:	:
Rice	:	:	:
Dried pulses	7	:	194
Root crops	71	91	436
Potatoes	36	33	171
Sugar beet	35	58	196
Fodder beet	0	:	11
Other root crops	0	:	:
Industrial crops	85	103	601 (³)
Vegetables	17	9	179
Flowers and ornamental plants	0	0 (³)	11
Green fodder from arable land	:	:	1 494
Other arable land (⁴)	14 (³)	:	:
Permanent grassland	14	673	9 825
Land under permanent crops	4	3	41
Fruit	:	:	40
Vineyards	:	:	1
Olive growing	:	:	:
Other land under permanent crops	:	:	8
Kitchen garden	:	68 (³)	16

(¹) Including maslin.
(²) Including mixed grains other than maslin.
(³) 1994.
(⁴) Seeds, other field products, plants for green manuring, fallow.

Production

5.2. Subdivision of the utilized agricultural area — 1995

(1 000 ha)

ISL (¹)	NOR (⁴)	EEA	CHE	Land use
:	1 025	:	1 581	**Utilized agricultural area**
:	415	:	419	**Arable land**
:	338	:	205	Cereals
–	66	16 576	100	Wheat
–	4	1 433	7	Rye (²)
0	175	11 199	55	Barley
–	93	2 142	9	Oats (³)
–	–	3 773	26	Maize
–	–	805	8	Other cereals
:	–	:	–	Rice
–	1	:	:	Dried pulses
–	19	:	33	Root crops
1	18	1 520	16	Potatoes
–	–	2 129	13	Sugar beet
–	1	182	4	Fodder beet
0	–	:	–	Other root crops
–	:	:	18	Industrial crops
0	4	:	5	Vegetables
–	:	:	0	Flowers and ornamental plants
				Green fodder from arable land
–	42	:	148	
				Other arable land (⁴)
–	11	:	10	
				Permanent grassland
146	595	:	1 140	
–	:	:	22	**Land under permanent crops**
–	3	:	7	Fruit
–	–	:	14	Vineyards
–	–	4 347	–	Olive growing
–	:	:	1	Other land under permanent crops
0	:	:	:	**Kitchen garden**

(¹) 1994.
(²) Including maslin.
(³) Including mixed grains other than maslin.
(⁴) Seeds, other field products, plants for green manuring, fallow.

Production

5.3. Yields of some principal crops from arable land

(100 kg/ha)

Product	EUR 15	B	DK	D	EL
1975					
Wheat	:	38,3	51,0	:	22,9
Barley	:	34,7	35,6	:	23,2
Maize	:	58,8	:	:	38,3
Total cereals	:	36,2	36,3	:	23,9
Rice ([1])	**55,5**	:	:	:	50,9
Peas	:	:	:	:	11,6
Potatoes	:	288,7	209,5	:	153,2
Sugar beet	:	443,4	364,9	:	604,1
Fodder beet	:	928,8	463,2	:	159,6
Lucerne	:	87,6	:	:	102,8
Permanent meadows	:	77,6	:	:	:
1995					
Wheat	**53,1**	70,0	75,6	68,9	25,4
Barley	**39,7**	65,9	54,7	56,4	28,1
Maize	**79,0**	90,6	:	73,7	95,0
Total cereals	**50,0**	69,6	63,3	61,1	34,7
Rice ([1])	**59,2**	:	:	:	81,2
Peas	:	:	38,1	33,7	19,4
Potatoes	**300,1** ([2])	352,1	376,7	313,5	215,7
Sugar beet	**515,8** ([2])	615,4	473,4	507,9	605,7
Fodder beet	**659,4** ([2])	728,7	586,0	942,0	250,0
Lucerne	:	86,3 ([2])	:	59,6	:
Permanent meadows	:	86,2 ([2])	77,4 ([2])	:	:

([1]) Paddy.
([2]) 1994.

Production

5.3. Yields of some principal crops from arable land

(100 kg/ha)

E	F	IRL	I	L	NL	A	P

1975

E	F	IRL	I	L	NL	A	P
16,2	38,7	43,7	26,8	25,3	49,4	:	13,0
20,6	33,7	41,6	25,7	27,1	40,4	:	8,6
37,0	41,8	:	58,6	:	52,0	:	12,9
19,4	36,9	40,7	32,2	25,1	44,7	:	10,6
60,9	40,2	:	57,0	:	:	:	43,9
11,2	26,4	:	:	:	:	:	:
138,7	230,6	250,9	162,3	200,0	331,0	:	94,8
316,6	395,5	429,9	454,8	444,3	434,2	:	417,1
310,6	519,4	547,2	574,1	450,1	716,9	:	:
105,8	73,0	:	64,7	42,0	:	:	:
:	49,7	:	49,3	54,5	:	:	:

1995

E	F	IRL	I	L	NL	A	P
14,1	65,1	82,5	32,5	56,5	86,6	49,0	13,7
14,5	55,4	60,6	37,1	49,7	56,9	46,5	10,9
72,9	77,2	:	90,0	:	70,4	85,3	40,3
16,9	64,7	65,6	46,2	51,4	78,2	55,1	19,2
60,2	49,8	:	58,0	:	:	:	55,0
11,2 (¹)	48,4	44,2 (¹)	36,5 (¹)	:	44,0	31,5	:
198,5	337,2	275,2 (¹)	238,1	285,0	409,6	267,9	150,1
435,2	662,9	392,7 (¹)	453,2	375,0 (¹)	555,6	558,8	457,6
311,4 (¹)	605,4	590,8 (¹)	363,9 (¹)	550,0	840,1	486,6	:
108,5	88,1	:	327,1 (¹)	:	:	:	:
:	40,2	:	170,1 (¹)	60,0	:	:	:

(¹) 1994.

5.3. Yields of some principal crops from arable land

(100 kg/ha)

Product	FIN	S	UK
1975			
Wheat	:	:	43,4
Barley	:	:	36,3
Maize	:	:	28,6
Total cereals	:	:	38,1
Rice (¹)	:	:	:
Peas	:	:	:
Potatoes	:	:	223,1
Sugar beet	:	:	247,5
Fodder beet	:	:	595,9
Lucerne	:	:	:
Permanent meadows	:	:	:
1995			
Wheat	37,7	60,7	77,5
Barley	34,2	40,4	57,5
Maize	:	:	:
Total cereals	34,1	44,3	69,1
Rice (¹)	:	:	:
Peas	24,2	:	37,8
Potatoes	221,1	328,2	368,3
Sugar beet	319,0	427,2	436,6
Fodder beet	:	:	560,9
Lucerne	:	:	:
Permanent meadows	:	:	:

(¹) Paddy.

5.3. Yields of some principal crops from arable land

(100 kg/ha)

ISL	NOR	**EEA**	CHE	Product
		1974		
–	43,8	:	458,0	Wheat
–	38,1	:	455,0	Barley
–	–	:	580,0	Maize
–	38,8	:	477,0	Total cereals
–	–	:	–	Rice (¹)
–	64,5	:	:	Peas
–	285,0	:	3870,0	Potatoes
–	–	:	4980,0	Sugar beet
–	585,3	:	:	Fodder beet
–	–	:	:	Lucerne
–	65,7 (²)	:	:	Permanent meadows
		1994		
–	28,4	:	595,0	Wheat
2,1	29,4	:	597,0	Barley
–	–	:	890,0	Maize
2,1	28,4	:	621,0	Total cereals
–	–	:	–	Rice (¹)
–	47,6	:	342,0	Peas
140,0	230,9	:	4393,0	Potatoes
–	–	:	6934,0	Sugar beet
–	526,7	:	9023,0	Fodder beet
–	–	:	704,0	Lucerne
–	73,4 (²)	:	565,0	Permanent meadows

(¹) Paddy.
(²) Hay.

5.4. Production of cereals (¹) — Average 1993–95

(1 000 t)

	Country	Total of all cereals (¹)	Wheat	Rye and maslin (²)	Barley	Oats and mixed grains other than maslin (³)	Grain and maize	Other cereals (⁴)
	EUR 15	**176 841**	**85 811**	**5 351**	**44 923**	**7 078**	**30 264**	:
1	B	2 129	1 450	11	364	47	204	:
2	DK	8 391	4 219	429	3 574	169	:	:
3	D	37 247	16 670	3 702	11 266	1 804	2 499	:
4	EL	4 592	2 276	40	430	94	1 749	:
5	E	14 386	4 078	249	7 437	354	2 179	90
6	F	54 094	30 216	181	8 103	895	13 531	1 168
7	IRL	1 682	566	0	988	128	:	:
8	I	18 250	8 154	21	1 517	333	7 996	229
9	L	144	49	2	64	17	:	:
10	NL	1 486	1 061	37	227	25	80	:
11	A	4 459	1 217	336	1 116	219	1 323	:
12	P	1 397	410	56	84	70	702	:
13	FIN	3 351	358	48	1 767	1 178	:	:
14	S	4 767	1 548	203	1 708	1 167	:	:
15	UK	20 468	13 537	39	6 278	579	0	:
16	ISL	1	–	:	1	:	–	:
17	NOR	1 201	289	11	567	333	–	–
	EEA	**178 043**	**86 100**	:	**45 491**	:	:	:
18	CHE	:	:	:	:	:	:	:
	CIS (⁵) of which	**174 011**	**76 736**	**13 916**	**51 582**	**14 150**	**6 610**	**11 017**
19	RUS (⁵)	95 749	40 615	9 678	26 962	11 135	1 823	5 486
20	USA	:	:	:	:	:	:	:
21	CAN	:	:	:	:	:	:	:
22	JPN	:	:	:	:	:	:	:
	🌐	:	:	:	:	:	:	:

(¹) Excluding rice.
(²) Non-EU countries: excluding maslin.
(³) Non-EU countries: excluding mixed grains other than maslin.
(⁴) Non-EU countries: including mixed grains.
(⁵) 1992–94.

Production

5.5a. Production of selected agricultural commodities — Average 1993–95

(1 000 t)

	Country	Rice (^{1})	Potatoes	Sugar beet	Refined sugar	Wine (10 000 hl)
	EUR 15	2 087	47 276 (^{2})	113 772 (^{2})	16 591 (^{2})	:
1	B (^{3})	–	1 928	5 518	983 (^{2})	2
2	DK	–	1 561	3 331	460	0
3	D	–	10 609	26 289	4 027	11 269
4	EL	173	1 050	2 567	312 (^{2})	3 493
5	E	351	3 958	8 247	1 102	27 174
6	F (^{4})	125	5 691	30 400	4 483	56 213
7	IRL	–	599 (^{2})	1 301 (^{2})	208	0
8	I	1 331	2 083	12 160	1 593	62 977
9	L (^{3})	–	23	1 (^{2})	:	205
10	NL	–	7 376	6 692	1 082	0
11	A	–	735	2 813	436 (^{2})	:
12	P	107	1 334	43	3 (^{2})	6 388
13	FIN	–	767	1 068	155 (^{2})	0 (^{2})
14	S	–	938	2 454	307 (^{2})	0 (^{2})
15	UK	–	6 631	8 535	1 392	21
16	ISL	–	8	–	–	–
17	NOR	–	416	–	–	–
	EEA	2 087	47 754	113 787	17 596	:
18	CHE	:	:	:	:	:
	CIS (^{5})	1 915	69 448	62 437	8 775 (^{6})	:
	of which					
19	RUS (^{5})	738	36 770	25 105	3 755 (^{6})	:
20	USA (^{7})	8 037	20 197	26 330	6 480	1 475
21	CAN (^{7})	:	3 425	988	115	39
22	JPN (^{7})	12 468	3 397	3 580	767	53
	🌐	537 315	277 225	269 711	103 954	25 474

(^{1}) Paddy.
(^{2}) Average 1992–94.
(^{3}) BLEU.
(^{4}) Sugar: including overseas departments.
(^{5}) 1991-93.
(^{6}) Granulated sugar.
(^{7}) *Source*: FAO.

5.5b. Production of selected agricultural commodities — Average 1992–94

(1 000 t)

	Country	Fresh vegetables		Fresh fruit		Nuts	Citrus fruit	Dried fruit
		Total	Tomatoes	Total (¹)	Apples (²)			
	EUR 15	**44 349**	**12 675**	**24 589**	**9 978**	**767**	**9 451**	:
1	B	1 447	329	691	492	1	–	:
2	DK	196	15	58	40	–	–	:
3	D	2 280 (³)	26	3 678	2 269	16	–	:
4	EL	3 981	1 814	2 560	352	92	1 145	92
5	E	10 420	2 838	4 031	886	310	5 031	11
6	F	5 715	777	3 766	2 219	44	28	:
7	IRL	225	12	18	8	0	–	:
8	I	12 390	5 405	7 470	2 255	254	3 020	3
9	L	2	1	13	9	0	–	:
10	NL	3 761	606	767	566	0	–	:
11	A	258	11	447	279	13	–	:
12	P	–	676	574	252	37	227	3
13	FIN	202	32	15	2	0	–	:
14	S	205	19	33	18	0	–	:
15	UK	3 267	114	468	331	0	–	:
16	ISL	:	1	–	–	–	–	–
17	NOR	146	10	24	20	–	–	–
	EEA	:	**12 686**	**24 613**	**9 998**	:	**9 451**	:
18	CHE	304	:	496	319	3	:	:
	CIS	**23 283**	:	**10 907**	:	:	:	:
	of which							
19	RUS	9 819	:	2 981	:	:	:	:
20	USA	34 355	9 025	9 969	4 869	872	12 807	:
21	CAN	1 929	549	735	561	:	:	:
22	JPN	13 963	753	2 325	1 033	31	2 024	:
	⊕ (⁴)	**476 565**	**75 264**	**244 432**	**46 981**	**4 794**	**81 281**	:

(¹) Excluding grapes but including cider fruit for extra-EU countries and world.
(²) Including cider fruit for extra-EU countries and world.
(³) Excluding kitchen garden.
(⁴) *Source*: FAO.

Production

5.6. Livestock — 1994

(1 000)

	Country	Date of census	Cattle Total	Cattle of which: dairy cows	Pigs	Sheep and goats
	EUR 15	**12.1994**	**84 463**	**34 014**	**117 594**	**108 827**
1	B	12.1994	3 161	1 201	6 984	127
2	DK	12.1994	2 082	822	10 864	79
3	D	12.1994	15 962	5 896	24 698	2 429
4	EL	12.1994	520	266	951	14 788
5	E	12.1994	5 237	2 813	18 296	25 982
6	F	12.1994	20 524	8 759	14 593	11 388
7	IRL	12.1994	6 410	2 226	1 498	5 772
8	I	12.1994	7 272	2 910	8 023	12 129
9	L	12.1994	204	78	76	6
10	NL	12.1994	4 588	1 829	13 931	1 353
11	A	12.1994	2 329	900	3 729	392
12	P	12.1994	1 329	641	2 416	4 235
13	FIN	6.1994	1 185	446	1 332	85
14	S	6.1994	1 790	657	2 324	488
15	UK	12.1994	11 868	4 569	7 878	29 574
16	ISL	12.1994	73	30	4	499
17	NOR	7.1994	980	319	1 276 (¹)	1 050 (²)
	EEA	**12.1994**	**85 516**	**34 364**	**118 873**	**110 376**
18	CHE	5.1994	1 756	766	1 611	498
	CIS of which	**1.1995**	**89 182**	**37 663**	**46 968**	**97 110**
19	RUS	1.1995	43 296	18 398	24 859	34 540
20	USA		:	:	:	:
21	CAN		:	:	:	:
22	JPN		:	:	:	:
	⊕		:	:	:	:

(¹) Pigs for breeding and pigs for slaughtering in 12 months.
(²) Milking goats and sheep one year and over.

5.7. Meat production (¹) — 1994

(1 000 t (carcass weight))

	Country	Total meat and offal (²)	Beef and veal	Pigmeat (³)	Mutton, lamb and goatmeat (³)
	EUR 15	**35 152**	**7 829**	**16 071**	**1 151**
1	B (⁴)	1 765	349	1 013	5
2	DK	1 971	190	1 521	2
3	D	6 105	1 420	3 606	40
4	EL	572	74	142	129
5	E	4 096	478	2 105	240
6	F	6 679	1 627	2 126	154
7	IRL	961	444	216	94
8	I	4 225	1 171	1 369	79
9	L (⁴)	:	:	:	:
10	NL	3 040	:	1 673	17
11	A	829	212	473	6
12	P	746	95	316	27
13	FIN	344	108	171	1
14	S	529	142	308	4
15	UK	3 634	916	1 035	352
16	ISL	19	4	3	9
17	NOR	231 (³)	87 (³)	91	25
	EEA	**35 402**	**7 920**	**16 165**	**1 185**
18	CHE	405	147	251	7
	CIS	**12 697**	**6 429**	**3 590**	**831**
	of which				
19	RUS	6 803	3 240	2 104	315
20	USA	32 892	11 200	8 027	149
21	CAN	3 035	904	1 234	10
22	JPN	3 303	602	1 390	:
	🌐	:	:	:	:

(¹) Gross home production: including meat equivalent of animals exported alive but not including meat equivalent of animals imported alive.
(²) For FAO figures (lines 16-22), production refers to animals slaughtered within the countries.
(³) Excluding offal.
(⁴) BLEU.

Production

5.8. Production of cow milk, milk products and eggs — 1994

(1 000 t)

	Country	Cow milk	Butter	Cheese (¹)	Eggs
	EUR 15	:	1 822	6 162	5 220
1	B (²)	3 606	70	71	244
2	DK	4 641	78	288	90
3	D	27 866	461	1 400	843
4	EL	769	3	198	121
5	E	5 656	19	255	609
6	F	25 285	448	1 586	1 007
7	IRL	5 402	142	98	34
8	I	10 055	93	900	630
9	L (²)	:	:	:	:
10	NL	10 963	184	634	623
11	A	:	43	109	101
12	P	1 638	17	68	110
13	FIN	:	45	93	72
14	S	:	65	133	109
15	UK	15 020	154	329	628
16	ISL	102	2	3	2
17	NOR	1 789	16	63	52
	EEA	:	1 840	6 228	5 274
18	CHE	3 887	40	150	37
	CIS	**79 445**	:	:	57 235 (³)
	of which				
19	RUS	42 176	:	:	37 476 (³)
20	USA	:	:	:	:
21	CAN	:	:	:	:
22	JPN	:	:	:	:
	⊕	:	:	:	:

(¹) Including fresh cheese.
(²) BLEU.
(³) In millions of units.

5.9. Consumption of selected vegetable products — 1994

(kg per head per year)

	Country	Total grain cereals (as flour) (¹)	Rice (²)	Potatoes	Refined sugar	Vegetables	Wine (³)
	EUR 15	:	:	:	**32,1**	:	:
1	B (⁴)	73,8	3,9	99,0	40,3	110,7	19,5
2	DK	71,0	2,3	57,0	40,2	:	23,1
3	D	71,2	2,5	73,3	32,4	80,0	23,3
4	EL	104,7	5,2	87,4	29,1	246,9	30,0
5	E	73,6	6,6	92,3	28,6	162,1	42,5
6	F	80,4	4,2 (⁵)	72,6	34,4	:	63,5
7	IRL	77,9	3,2	171,9	38,1	87,7 (⁵)	5,8
8	I	120,1	4,9	41,0	25,6	175,4	62,8
9	L (⁴)	:	:	:	:	:	63,3
10	NL	50,4	8,3	81,8	30,8	118,5	13,1
11	A	63,3	:	60,6	34,0	79,8	:
12	P	:	15,5 (⁵)	145,5	28,8	112,9 (⁵)	58,8
13	FIN	66,4	6,6	59,7	14,4	63,1	5,5
14	S	:	:	:	42,7	:	:
15	UK	82,9	3,7	108,3	36,6	:	11,6
16	ISL	58,2	2,5	47,1	54,5	33,5	6,4
17	NOR	80,5 (⁶)	:	42,7 (⁷)	44,5 (⁸)	58,3	:
	EEA	:	:	:	**32,3**	:	:
18	CHE (⁵)	66,1	5,2	44,7	42,3	84,4	41,3
	CIS	**134,0**	:	**107,0**	**27,0**	**77,0** (⁹)	:
	of which						
19	RUS	124,0	:	122,0	31,0	68,0 (⁹)	:
20	USA	:	:	:	:	:	:
21	CAN	:	:	:	:	:	:
22	JPN	:	:	:	:	:	:
	🌐	:	:	:	:	:	:

(¹) Without rice.
(²) Milled rice: lines 1-15; husked rice: others.
(³) Litres per head per year.
(⁴) BLEU, except for wine.
(⁵) 1993.
(⁶) Including rice.
(⁷) Fresh potatoes.
(⁸) Including honey.
(⁹) Including melons.

5.10. Consumption of selected animal products — 1994

(kg per head per year)

	Country	Meat carcass (weight)	Fresh milk products (except cream)	Butter (pure fat content)	Eggs (in shell)	Total fats and oils (pure fat content) (¹)(²)
	EUR 15	:	111,2	5,1	13,5	:
1	B (³)	103,2	83,4	6,4	14,4	:
2	DK	105,6	143,4	2,3	16,1	:
3	D	93,1	92,3	6,9	13,3	17,8
4	EL	83,2	64,4	1,1	10,9	32,7
5	E	108,4	125,8	0,5	14,9	31,3
6	F	106,8	95,3	8,6	15,8	12,7
7	IRL	90,6	196,2	5,9	9,3	:
8	I	89,4	62,1	2,2	10,5	24,4
9	L (³)	:	:	:	:	:
10	NL	90,2	129,0	6,0	13,2	:
11	A	:	111,1	5,2	13,7	0,8
12	P	87,0	100,8	1,5	8,7	:
13	FIN	:	201,5	5,3	10,4	:
14	S	:	153,4	5,8	10,1	:
15	UK	73,3	138,5	4,1	10,2	:
16	ISL	67,5	201,3	6,2	8,6	147,2
17	NOR	56,9	160,2	3,0	11,3	:
	EEA	:	111,8	5,1	13,5	:
18	CHE (⁴)	60,7	115,6	6,3	10,5	21,1
	CIS of which	**49,0** (⁵)	**251,0**	:	**187,0**	:
19	RUS	57,0 (⁵)	278,0	:	236,0	:
20	USA	:	:	:	:	:
21	CAN	:	:	:	:	:
22	JPN	:	:	:	:	:
	🌐	:	:	:	:	:

(¹) Lines 1-15: without butter.
(²) Lines 16-22: without butter and margarine.
(³) BLEU.
(⁴) 1993.
(⁵) Including lard and edible offal.

5.11. Cereal supply balance sheets — 1993/94

(1 000 t)

Item in balance sheet	EUR 15	B (¹)	DK	D	EL
			Wheat		
Usable production	:	1 512	4 334	15 766	1 970
Imports	:	2 552	300	2 327	457
Total resources/uses	:	**4 064**	**4 634**	**18 093**	**2 427**
Exports	:	2 085	1 203	7 865	702
Change in stocks	:	- 29	415	-3 356	- 267
Total domestic uses	:	2 008	3 016	13 584	1 992
– Seeds	:	33	103	436	190
– Animal feed	:	608	2 436	6 522	350
– Losses	:	16	130	397	0
– Industrial uses	:	374	0	519	0
– Human consumption	:	977	347	5 710	1 452
			Cereals other than wheat (²)		
Usable production	:	780	3 863	19 781	2 305
Imports	:	2 518	300	3 561	492
Total resources/uses	:	**3 298**	**4 163**	**23 342**	**2 797**
Exports	:	1 301	861	5 623	116
Change in stocks	:	- 144	- 63	- 458	88
Total domestic uses	:	2 141	3 365	18 177	2 593
– Seeds	:	12	150	592	53
– Animal feed	:	1 262	2 757	12 175	2 431
– Losses	:	5	116	517	0
– Industrial uses	:	815	202	3 066	70
– Processing	:	0	0	0	10
– Human consumption	:	47	140	1 827	29

(¹) BLEU.
(²) Excluding rice.

5.11. Cereal supply balance sheets — 1993/94

(1 000 t)

E	F	IRL	I	L (¹)	NL	A	P
\multicolumn{8}{c}{Wheat}							

E	F	IRL	I	L (¹)	NL	A	P
4 898	29 209	539	8 126	:			
1 975	855	459	5 426	:	2 478	27	
6 873	**30 064**	**998**	**13 552**	:	**3 513**	**1 045**	:
839	19 623	223	3 434	:	1 197	254	:
262	-3 733	- 12	-1 070	:	- 2	- 21	:
5 772	14 174	787	11 188	:	2 318	812	:
352	738	15	610	:	21	44	:
1 683	7 378	427	1 554	:	827	279	:
21	261	42	3	:	11	20	:
58	353	5	60	:	629	3	:
3 658	5 444	298	8 961	:	830	467	:

Cereals other than wheat (²)

E	F	IRL	I	L (¹)	NL	A	P
11 995	26 289	1 087	9 970	:	430	3 190	1 028
3 419	741	231	1 782	:	3 792	143	:
15 414	**27 030**	**1 318**	**11 752**	:	**4 222**	**3 333**	:
964	16 883	209	945	:	1 742	282	:
1 138	-2 918	29	- 173	:	- 16	48	:
13 312	13 065	1 080	10 980	:	2 496	3 001	:
734	360	30	141	:	16	79	:
11 030	10 913	728	9 763	:	1 574	2 411	:
37	206	79	12	:	19	105	:
1 435	974	159	517	:	719	237	:
0	30	0	0	:	0	0	:
76	582	84	547	:	168	170	:

(¹) BLEU.
(²) Excluding rice.

5.11. Cereal supply balance sheets — 1993/94

(1 000 t)

Item in balance sheet	FIN	S	UK
	Wheat		
Usable production	337	:	12 890
Imports	118	:	2 194
Total resources/uses	**455**	**:**	**15 084**
Exports	87	:	3 333
Change in stocks	-34	:	-8
Total domestic uses	402	:	11 759
– Seeds	25	:	315
– Animal feed	63	:	5 190
– Losses	0	:	249
– Industrial uses	4	:	484
– Human consumption	310	:	5 521
	Cereals other than wheat ([1])		
Usable production	3 062	:	6 594
Imports	28	:	2 576
Total resources/uses	**3 090**	**:**	**9 170**
Exports	1 004	:	2 280
Change in stocks	-65	:	-97
Total domestic uses	2 151	:	6 987
– Seeds	174	:	191
– Animal feed	1 502	:	3 711
– Losses	4	:	123
– Industrial uses	337	:	1 411
– Processing	0	:	0
– Human consumption	134	:	1 551

([1]) Excluding rice.

5.11. Cereal supply balance sheets — 1993/94

(1 000 t)

ISL	NOR	EEA	CHE	Item in balance sheet
		Wheat		
–	:	:	:	Usable production
13	:	:	:	Imports
:	:	:	:	**Total resources/uses**
–	:	:	:	Exports
:	:	:	:	Change in stocks
13	:	:	:	Total domestic uses
–	:	:	:	– Seeds
:	:	:	:	– Animal feed
:	:	:	:	– Losses
:	:	:	:	– Industrial uses
13	:	:	:	– Human consumption
		Cereals other than wheat (¹)		
–	:	:	:	Usable production
31	:	:	:	Imports
:	:	:	:	**Total resources/uses**
–	:	:	:	Exports
:	:	:	:	Change in stocks
31	:	:	:	Total domestic uses
:	:	:	:	– Seeds
:	:	:	:	– Animal feed
:	:	:	:	– Losses
:	:	:	:	– Industrial uses
:	:	:	:	– Processing
31	:	:	:	– Human consumption

(¹) Excluding rice.

5.12. Sugar and wine supply balance sheets — 1993/94

Item in balance sheet	**EUR 15** (¹)	B (²)	DK	D	EL
	Sugar (in 1 000 t of white sugar equivalent)				
Usable production	17 216	1 029	521	4 359	307
Imports	4 996	559	83	801	47
Total resources/uses	**22 212**	**1 588**	**604**	**5 160**	**354**
Exports	9 813	1 105	332	2 386	41
Change in stocks	133	51	57	106	9
Total domestic uses	12 267	432	215	2 668	305
– Animal feed	9	0	1	2	1
– Losses (market)	:	0	5	0	0
– Industrial uses	360	9	0	34	0
– Human consumption	11 887	423	209	2 632	303
	Wine (in 1 000 hl)				
Usable production	:	2	0	9 920	3 378
Imports	:	2 272	1 235	10 692	59
Total resources/uses	:	**2 274**	**1 235**	**20 612**	**3 437**
Exports	:	192	36	3 255	620
Change in stocks	:	96	0	-1 595	-1 085
Total domestic uses	:	1 986	1 199	18 952	3 902
– Losses (total)	:	10	0	0	60
– Industrial uses	:	6	0	3	678
– Human consumption	:	1 970	1 199	18 949	3 124

(¹) Sugar: including overseas departments.
(²) Sugar: BLEU.

Balances

5.12. Sugar and wine supply balance sheets — 1993/94

E	F (¹)	IRL	I	L (²)	NL	A	P
Sugar (in 1 000 t of white sugar equivalent)								
1 234	4 589	187	1 418	:	1 130	478	4
286	570	77	309	:	314	2	336
1 520	**5 159**	**264**	**1 727**	:	**1 444**	**480**	**340**
244	3 227	139	450	:	997	90	15
151	- 129	- 11	- 184	:	- 41	2	34
1 125	2 061	136	1 461	:	488	388	291
0	0	0	0	:	0	4	0
0	0	0	0	:	0	0	6
50	22	0	0	:	15	112	0
1 075	2 039	136	1 461	:	473	272	285

Wine (in 1 000 hl)

E	F (¹)	IRL	I	L (²)	NL	A	P
26 495	52 059	0	62 068	170	0	:	4 871
146	6 910	206	281	192	2 181	:	1 205
26 641	**58 969**	**206**	**62 349**	**362**	**2 181**	:	**6 076**
8 003	11 552	0	15 015	115	101	:	2 096
-2 841	-2 293	1	-4 257	- 7	45	:	-2 630
21 479	49 710	205	51 591	254	2 035	:	6 610
336	360	0	250	0	26	:	130
4 594	12 387	0	14 222	0	0	:	662
15 965	36 663	205	35 859	254	2 009	:	5 818

(¹) Sugar: including overseas departments.
(²) Sugar: BLEU.

5.12. Sugar and wine supply balance sheets — 1993/94

Item in balance sheet	FIN	S	UK
	Sugar (in 1 000 t of white sugar equivalent)		
Usable production	154	370	1 436
Imports	100	65	1 447
Total resources/uses	**254**	**435**	**2 883**
Exports	56	62	669
Change in stocks	7	-1	82
Total domestic uses	191	374	2 132
– Animal feed	0	0	0
– Losses (market)	0	:	0
– Industrial uses	118	0	0
– Human consumption	73	374	2 132
	Wine (in 1 000 hl)		
Usable production	0	0	18
Imports	281	:	6 798
Total resources/uses	**281**	**:**	**6 816**
Exports	1	:	65
Change in stocks	:	:	19
Total domestic uses	280	:	6 732
– Losses (total)	0	:	0
– Industrial uses	0	:	0
– Human consumption	280	:	6 732

Balances

5.12. Sugar and wine supply balance sheets — 1993/94

ISL	NOR	**EEA**	CHE (¹)	Item in balance sheet
Sugar (in 1 000 t of white sugar equivalent)				
–	–	**17 216**	116	Usable production
13	:	:	213	Imports
:	:	:	**329**	**Total resources/uses**
–	:	:	57	Exports
:	:	:	-37	Change in stocks
13	:	:	309	Total domestic uses
:	:	:	–	– Animal feed
:	:	:	–	– Losses (market)
:	:	:	–	– Industrial uses
13	:	:	309	– Human consumption
Wine (in 1 000 hl)				
–	–	:	1 117	Usable production
13	12	:	1 753	Imports
:	**12**	:	**2 870**	**Total resources/uses**
–	0	:	14	Exports
:	:	:	-65	Change in stocks
13	12	:	2 921	Total domestic uses
:	–	:	–	– Losses (total)
:	–	:	–	– Industrial uses
13	12	:	2 921	– Human consumption

(¹) 1991/92.

5.13. Meat supply balance sheets — 1994

(1 000 t (carcass weight))

Item in balance sheet	EUR 15	B (¹)	DK	D	EL
			Total meat		
Usable production	:	1 765	1 971	6 105	572
Change in stocks	:	0	- 48	- 45	0
Exports	:	1 038	1 564	823	19
Imports	:	357	94	2 246	312
Total domestic uses	:	**1 084**	**549**	**7 573**	**865**
			Cattle		
Usable production	:	349	190	1 420	74
Change in stocks	:	0	- 27	- 44	0
Exports	:	163	166	473	3
Imports	:	36	47	430	156
Total domestic uses	:	**222**	**98**	**1 421**	**227**
			Pigs		
Usable production	:	1 013	1 521	3 606	142
Change in stocks	:	0	- 26	- 1	0
Exports	:	582	1 238	233	4
Imports	:	83	20	1 146	97
Total domestic uses	:	**514**	**329**	**4 519**	**236**
			Sheep and goats		
Usable production	:	5	2	40	129
Change in stocks	:	0	0	0	0
Exports	:	9	1	2	1
Imports	:	26	5	45	15
Total domestic uses	:	**22**	**6**	**83**	**144**
			Poultry		
Usable production	:	272	172	626	172
Change in stocks	:	0	4	0	0
Exports	:	162	109	66	9
Importations	:	115	18	506	30
Total domestic uses	:	**225**	**77**	**1 065**	**193**

(¹) BLEU.

5.13. Meat supply balance sheets — 1994

(1 000 t (carcass weight))

E	F	IRL	I	L (¹)	NL	A	P

Total meat

E	F	IRL	I	L (¹)	NL	A	P
4 096	6 679	961	4 225	:	3 040	829	746
- 5	- 90	- 170	- 16	:	4	0	15
226	1 940	876	274	:	2 095	84	15
200	1 340	68	1 140	:	443	32	144
4 074	**6 169**	**323**	**5 107**	:	**1 384**	**777**	**860**

Cattle

478	1 627	444	1 171	:	603	212	95
- 5	- 84	- 170	- 16	:	- 1	0	1
58	593	582	134	:	431	51	0
54	464	25	427	:	139	2	75
479	**1 582**	**57**	**1 480**	:	**312**	**164**	**169**

Pigs

2 105	2 126	216	1 369	:	1 673	473	316
0	0	0	0	:	0	0	10
117	453	102	67	:	1 080	26	8
47	416	15	597	:	88	2	44
2 035	**2 089**	**129**	**1 899**	:	**681**	**449**	**342**

Sheep and goats

240	154	94	79	:	17	6	27
0	0	0	0	:	0	0	0
6	8	65	0	:	4	0	0
17	165	0	26	:	9	4	9
252	**311**	**29**	**105**	:	**22**	**10**	**36**

Poultry

870	1 973	102	1 094	:	609	102	225
0	- 6	0	0	:	5	0	2
15	785	22	57	:	408	3	5
65	98	20	39	:	135	21	6
920	**1 292**	**100**	**1 076**	:	**331**	**119**	**224**

(¹) BLEU.

5.13. Meat supply balance sheets — 1994

(1 000 t (carcass weight))

Item in balance sheet	FIN	S	UK
		Total meat	
Usable production	4 095	:	3 634
Change in stocks	0	:	-126
Exports	34	:	683
Imports	8	:	1 194
Total domestic uses	**318**	**:**	**4 271**
		Cattle	
Usable production	108	:	916
Change in stocks	1	:	-121
Exports	12	:	266
Imports	5	:	285
Total domestic uses	**100**	**:**	**1 055**
		Pigs	
Usable production	171	:	1 035
Change in stocks	-1	:	-1
Exports	22	:	137
Imports	2	:	487
Total domestic uses	**152**	**:**	**1 386**
		Sheep and goats	
Usable production	1	:	352
Change in stocks	0	:	-6
Exports	0	:	114
Imports	0	:	117
Total domestic uses	**2**	**:**	**361**
		Poultry	
Usable production	39	:	1 161
Change in stocks	0	:	-1
Exports	0	:	120
Imports	0	:	227
Total domestic uses	**40**	**:**	**1 268**

5.13. Meat supply balance sheets — 1994

(1 000 t (carcass weight))

ISL (¹)	NOR	**EEA**	CHE (¹)	Item in balance sheet
	Total meat			
17	240	:	467	Usable production
0	:	:	:	Change in stocks
1	0	:	:	Exports
–	3	:	:	Imports
16	**243**	**:**	**540**	**Total domestic uses**
	Cattle			
3	88	:	160	Usable production
0	:	:	:	Change in stocks
–	0	:	:	Exports
–	1	:	:	Imports
3	**89**	**:**	**170**	**Total domestic uses**
	Pigs			
3	91	:	260	Usable production
0	:	:	:	Change in stocks
–	0	:	:	Exports
–	2	:	:	Imports
3	**93**	**:**	**267**	**Total domestic uses**
	Sheep and goats			
9	27	:	6	Usable production
0	:	:	:	Change in stocks
1	0	:	:	Exports
–	0	:	:	Imports
8	**27**	**:**	**13**	**Total domestic uses**
	Poultry			
2	26	:	36	Usable production
0	:	:	:	Change in stocks
–	0	:	:	Exports
–	0	:	:	Imports
2	**26**	**:**	**74**	**Total domestic uses**

(¹) 1993.

5.14. Degree of self-sufficiency

(%)

Product	EUR 15	B (¹)	DK	D	EL
Crop products — 1993/94					
Wheat	:	75,3	143,7	116,1	98,9
Rye	:	42,9	183,5	123,6	100,0
Barley	:	55,8	113,0	113,6	72,5
Oats	:	80,8	99,3	108,6	97,9
Maize	:	15,7	0,0	86,4	93,8
Total grain	**124,2** (²)	55,2	128,5	111,9	93,2
Rice	:	0,0	0,0	0,0	171,1
Potatoes	:	171,9	96,8	97,7	87,4
Sugar	**140,4**	238,2	242,3	163,4	100,7
Vegetables	:	137,8	:	40,4	130,4
Fresh fruit	:	90,0	:	19,4	124,9
Citrus fruit	:	0,0	:	0,0	178,6
Wine	**104,6** (²)	0,1	0,0	52,3	86,6
Livestock products — 1994					
Cheese	**106,6**	41,3	316,5	92,2	98,4
Butter	**100,0**	104,5	156,0	82,3	24,0
Beef	:	167,1	196,9	108,4	28,9
Pork	:	193,0	467,8	76,9	60,2
Poultry	:	104,9	240,3	60,2	89,2
Total meat	:	159,1	365,4	80,7	64,4
Oils and fats — 1994					
Vegetable oils and fats	:	2,0 (³)	0,0	49,1	:
Slaughtering fat	:	90,4 (³)	0,0	115,1	:
Marine oils and fats	:	0,0 (³)	0,0	10,1	:
Total oils and fats	:	22,9 (³)	0,0	52,8	:

(¹) BLEU, except for wine.
(²) 1992/93.
(³) 1993.

Balances

5.14. Degree of self-sufficiency

(%)

E	F (¹)	IRL	I	L (²)	NL	A	P

Crop products – 1993/94

E	F (¹)	IRL	I	L (²)	NL	A	P
84,9	206,1	68,5	72,6	:	44,7	125,4	32,2 (³)
131,6	100,0	0,0	68,8	:	47,1	114,1	86,3 (³)
118,1	217,3	119,9	67,4	:	20,4	102,9	27,8 (³)
103,4	111,8	109,3	87,7	:	50,8	102,5	112,5 (³)
38,3	215,9	0,0	99,4	:	9,1	107,9	46,7 (³)
88,5	203,7	87,1	81,6	:	30,4	110,3	43,7 (³)
72,0	27,7 (³)	0,0	260,9	:	0,0	:	:
85,6	99,5	71,5	77,5	:	147,7	97,5	78,1
109,7	222,7	137,5	97,1	:	231,6	123,2	1,4
132,8	:	85,9 (³)	122,3	:	208,0	70,7	122,9 (³)
128,4	:	15,8 (³)	132,9	:	74,7	52,2	77,7 (³)
299,2	:	:	104,5	:	0,0	0,0	87,6 (³)
123,4	104,7	0,0	120,3	66,9	0,0	95,6 (³)	73,7

Livestock products – 1994

E	F (¹)	IRL	I	L (²)	NL	A	P
83,4	119,6	426,1	85,5	:	254,6	103,3	97,1
113,5	89,8	676,2	73,8	:	200,0	87,3	113,3
92,5	115,0	956,1	65,5	:	171,8	143,9	52,7
103,6	101,3	160,5	68,2	:	283,0	105,4	88,0
94,2	154,1	100,0	101,5	:	177,3	63,8	100,9
99,8	111,3	331,3	75,3	:	232,9	109,8	84,4

Oils and fats – 1994

E	F (¹)	IRL	I	L (²)	NL	A	P
0,0	68,0 (⁴)	:	53,4 (⁴)	:	:	43,8	:
64,6	100,0 (⁴)	:	66,4 (⁴)	:	:	110,8	:
:	0,0 (⁴)	:	0,0 (⁴)	:	:	0,0	:
:	73,7 (⁴)	:	53,6 (⁴)	:	:	41,6	:

(¹) Including overseas departments.
(²) BLEU, except for wine.
(³) 1992/93.
(⁴) 1993.

5.14. Degree of self-sufficiency

(%)

Product	FIN	S	UK
Crop products — 1993/93			
Wheat	83,8	:	109,6
Rye	24,7	:	90,9
Barley	147,3	:	125,8
Oats	149,1	:	108,6
Maize	0,0	:	0,0
Total grain	133,1	124,8	103,9
Rice	0,0	:	0,0
Potatoes	92,0	:	89,0
Sugar	80,6	98,9	67,4
Vegetables	78,8	:	:
Fresh fruit	3,0	:	:
Citrus fruit	0,0	:	:
Wine	0,0	:	0,3
Livestock products — 1994			
Cheese	136,1	91,2	73,1
Butter	168,8	127,4	65,0
Beef	107,6	90,0	89,1
Pork	112,3	103,0	76,1
Poultry	:	109,0	91,8
Total meat	108,3	98,0	87,5
Oils and fats — 1994			
Vegetable oils and fats	0,0	:	28,9 ([1])
Slaughtering fat	0,0	:	60,8 ([1])
Marine oils and fats	0,0	:	0,0 ([1])
Total oils and fats	0,0	:	0,0 ([1])

([1]) 1993.

Balances

5.14. Degree of self-sufficiency

(%)

ISL	NOR (¹)	**EEA**	CHE	Product
Crop products — 1993/93				
0	:	:	70	Wheat
0	:	:	113	Rye
26	:	:	69	Barley
0	:	:	46	Oats
0	:	:	61	Maize
4	43 (²)	:	68	Total grain
0	–	:	0	Rice
50	90	:	:	Potatoes
0	2 (³)	:	47	Sugar
40	64	:	68	Vegetables
0	21	:	36	Fresh fruit
0	0	:	0	Citrus fruit
0	0	:	37	Wine
Livestock products — 1993				
100	96	:	134	Cheese
100	100	:	86	Butter
100	:	:	93	Beef
100	:	:	97	Pork
100	:	:	49	Poultry
100	96	:	87	Total meat
Oils and fats — 1993				
0	:	:	24	Vegetable oils and fats
:	:	:	92	Slaughtering fat
:	:	:	0	Marine oils and fats
:	:	:	50	Total oils and fats

(¹) 1994.
(²) Including rice.
(³) Including honey.

Structure

5.15. Agricultural holdings by size group — 1993

Size group (ha AA)	EUR 15 (¹)	B	DK	D	EL
	Number of holdings (x 1 000)				
< 5	**4 271,4**	26,7	2,0	191,6	620,2
5 < 10	**929,7**	11,2	11,8	95,2	122,2
10 < 20	**746,4**	14,4	17,0	111,7	53,6
20 < 50	**782,5**	18,7	26,7	141,8	20,0
50 < 100	**344,8**	4,5	12,1	49,3	2,6
≥ 100	**189,2**	0,9	4,3	16,4	0,6
Total	**7 264,0**	76,3	73,8	606,1	819,2
	%				
< 5	**58,8**	35,0	2,6	31,6	75,7
5 < 10	**12,8**	14,6	15,9	15,7	14,9
10 < 20	**10,3**	18,9	23,1	18,4	6,5
20 < 50	**10,8**	24,5	36,1	23,4	2,4
50 < 100	**4,7**	5,9	16,4	8,1	0,3
≥ 100	**2,6**	1,1	5,8	2,7	0,1
Total	**100,0**	100,0	100,0	100,0	100,0
	% of EUR 15				
< 5	:	:	:	:	:
5 < 10	:	:	:	:	:
10 < 20	:	:	:	:	:
20 < 50	:	:	:	:	:
50 < 100	:	:	:	:	:
≥ 100	:	:	:	:	:
Total	:	:	:	:	:

(¹) EUR 12.

5.15. Agricultural holdings by size group — 1993

E	F	IRL	I	L	NL	A	P
Number of holdings (x 1 000)							
804,5	221,1	16,5	1 927,9	0,90	40,8	:	382,1
216,9	77,5	22,2	269,0	0,28	19,3	:	54,0
154,9	103,8	44,9	157,5	0,29	22,4	:	28,6
114,9	205,3	56,8	93,5	0,77	30,4	:	14,8
49,6	132,4	15,3	26,7	0,98	6,0	:	4,1
43,1	61,2	3,7	13,9	0,18	0,9	:	5,3
1 383,9	801,3	159,4	2 488,4	3,40	119,7	:	489,0
%							
58,1	27,6	10,4	77,5	26,5	34,1	:	78,1
15,7	9,7	13,9	10,8	8,2	16,1	:	11,0
11,2	13,0	28,2	6,3	8,5	18,7	:	5,9
8,3	25,6	35,6	3,8	22,6	25,4	:	3,0
3,6	16,5	9,6	1,1	28,8	5,0	:	0,8
3,1	7,6	2,3	0,6	5,3	0,7	:	1,1
100,0	100,0	100,0	100,0	100,0	100,0	100,0	100,0
% of EUR 15							
:	:	:	:	:	:	:	:
:	:	:	:	:	:	:	:
:	:	:	:	:	:	:	:
:	:	:	:	:	:	:	:
:	:	:	:	:	:	:	:
:	:	:	:	:	:	:	:
:	:	:	:	:	:	:	:

5.15. Agricultural holdings by size group — 1993

Size group (ha AA)	FIN	S	UK
	Number of holdings (x 1 000)		
< 5	:	:	37,09
5 < 10	:	:	30,3
10 < 20	:	:	37,3
20 < 50	:	:	58,9
50 < 100	:	:	41,2
≥ 100	:	:	38,7
Total	**:**	**:**	**243,5**
	%		
< 5	:	:	15,2
5 < 10	:	:	12,4
10 < 20	:	:	15,3
20 < 50	:	:	24,2
50 < 100	:	:	16,9
≥ 100	:	:	15,9
Total	**:**	**:**	**100,0**
	% of EUR 15		
< 5	:	:	:
5 < 10	:	:	:
10 < 20	:	:	:
20 < 50	:	:	:
50 < 100	:	:	:
≥ 100	:	:	:
Total	**:**	**:**	**:**

5.15. Agricultural holdings by size group — 1993

ISL	NOR	EEA	CHE (¹)	Size group (ha AA)
	Number of holdings (x 1 000)			
:	2,0	:	23,5	< 5
0,5	25,0	:	20,5	5 < 10
0,9	22,0	:	18,8	10 < 20
1,4	25,0	:	31,5	20 < 50
2,5	13,0	:	13,4	50 < 100
0,5	1,0	:	0,7	≥ 100
:	**88,0**	:	108,3	Total
	%			
:	2,2	:	21,6	< 5
8,0	28,4	:	18,9	5 < 10
12,0	25,0	:	17,4	10 < 20
26,0	28,4	:	29,1	20 < 50
45,0	14,8	:	12,4	50 < 100
9,0	1,1	:	0,0	≥ 100
:	**100,0**	:	100,0	Total
	% of EUR 15			
:	:	:	:	< 5
:	:	:	:	5 < 10
:	:	:	:	10 < 20
:	:	:	:	20 < 50
:	:	:	:	50 < 100
:	:	:	:	≥ 100
:	:	:	:	Total

(¹) 1990.

5.16. Utilized agricultural area (UAA) on holdings by size group — 1993

Size group (ha AA)	EUR 15 (¹)	B	DK	D	EL
			x 1 000 ha		
< 5	**7 384**	51	3	426	1 143
5 < 10	**6 496**	80	85	688	836
10 < 20	**10 529**	210	247	1 627	724
20 < 50	**24 799**	581	860	4 495	564
50 < 100	**23 734**	299	825	3 317	169
≥ 100	**46 012**	123	718	6 469	103
Total	118 954	1 344	2 739	17 022	3 539
			%		
< 5	**6,2**	3,8	0,1	2,5	32,3
5 < 10	**5,5**	6,0	3,1	4,0	23,6
10 < 20	**8,9**	15,6	9,0	9,6	20,5
20 < 50	**20,8**	43,2	31,4	26,4	15,9
50 < 100	**20,0**	22,2	30,1	19,5	4,8
≥ 100	**38,7**	9,2	26,2	38,0	2,9
Total	100,0	100,0	100,0	100,0	100,0
			% of EUR 15		
< 5	:	:	:	:	:
5 < 10	:	:	:	:	:
10 < 20	:	:	:	:	:
20 < 50	:	:	:	:	:
50 < 100	:	:	:	:	:
≥ 100	:	:	:	:	:
Total	:	:	:	:	:

(¹) EUR 12.

Structure

5.16. Utilized agricultural area (UAA) on holdings by size group — 1993

E	F	IRL	I	L	NL	A	P
			x 1 000 ha				
1 567	440	50	2 886	2	83	:	649
1 489	558	167	1 856	2	138	:	373
2 136	1 506	664	2 156	4	325	:	393
3 539	6 810	1 786	2 807	28	939	:	448
3 443	9 165	1 027	1 830	68	383	:	288
12 540	9 627	583	3 202	23	146	:	1 798
24 714	28 107	4 278	14 736	127	2 015	:	3 950
			%				
6,3	1,6	1,2	19,6	1,4	4,1	:	16,4
6,0	2,0	3,9	12,6	1,5	6,9	:	9,5
8,6	5,4	15,5	14,6	3,4	16,2	:	9,9
14,3	24,2	41,7	19,0	21,7	46,6	:	11,3
13,9	32,6	24,0	12,4	53,6	19,0	:	7,3
50,7	34,3	13,6	21,7	18,4	7,2	:	45,5
100,0	100,0	100,0	100,0	100,0	100,0	:	100,0
			% of EUR 15				
:	:	:	:	:	:	:	:
:	:	:	:	:	:	:	:
:	:	:	:	:	:	:	:
:	:	:	:	:	:	:	:
:	:	:	:	:	:	:	:
:	:	:	:	:	:	:	:
:	:	:	:	:	:	:	:

Structure

5.16. Utilized agricultural area (UAA) on holdings by size group — 1993

Size group (ha AA)	FIN	S	UK
		× 1 000 ha	
< 5	:	:	84
5 < 10	:	:	223
10 < 20	:	:	535
20 < 50	:	:	1 943
50 < 100	:	:	2 919
≥ 100	:	:	10 679
Total	**:**	**:**	**16 383**
		%	
< 5	:	:	0,5
5 < 10	:	:	1,4
10 < 20	:	:	3,3
20 < 50	:	:	11,9
50 < 100	:	:	17,8
≥ 100	:	:	65,2
Total	**:**	**:**	**100,0**
		% of EUR 15	
< 5	:	:	:
5 < 10	:	:	:
10 < 20	:	:	:
20 < 50	:	:	:
50 < 100	:	:	:
≥ 100	:	:	:
Total	**:**	**:**	**:**

Structure

5.16. Utilized agricultural area (UAA) onholdings by size group — 1993

ISL	NOR	EEA	CHE (¹)	Size group (ha UAA)
	× 1 000 ha			
:	1,0	:	7,3	< 5
2,0	72,0	:	46,0	5 < 10
5,0	158,0	:	101,0	10 < 20
22,0	359,0	:	394,0	20 < 50
83,0	345,0	:	456,0	50 < 100
4,0	77,0	:	67,0	≥ 100
:	**1 012,0**	:	**1 071,3**	**Total**
	%			
:	0,1	:	0,6	< 5
1,0	7,1	:	4,3	5 < 10
3,0	15,6	:	9,4	10 < 20
15,0	33,5	:	36,8	20 < 50
55,0	34,1	:	42,6	50 < 100
3,0	7,6	:	6,3	≥ 100
:	**100,0**	:	**100,0**	**Total**
	% of EUR 15			
:	:	:	:	< 5
:	:	:	:	5 < 10
:	:	:	:	10 < 20
:	:	:	:	20 < 50
:	:	:	:	50 < 100
:	:	:	:	≥ 100
:	:	:	:	**Total**

(¹) 1990/1991.

Structure

5.17. Survey on the structure of agricultural holdings — 1993
Land use, animal breeding, labour force

Characteristics	EUR 15 (¹)	B	DK	D	EL
Total holdings (x 1 000)	:	:	:	:	:
Holdings with:					
Arable land	4 688,9	59,3	71,6	477,2	540,0
Permanent pasture and meadow	2 692,2	54,7	32,1	473,5	89,8
Permanent crops	3 854,9	4,0	1,5	76,0	578,3
Cereals	3 116,6	35,7	66,4	411,6	348,1
Root and tuber crops	1 283,5	32,4	26,1	211,9	91,2
Industrial plants	608,4	3,8	18,0	81,0	155,1
Fresh vegetables (open air)	848,4	9,4	2,3	24,1	82,0
Fruit plantations	1 136,0	2,6	1,1	36,2	142,9
Vineyards	1 936,9	0,0	0,0	44,3	208,1
Bovine animals	1 834,1	50,9	33,7	313,2	45,0
Dairy cows	965,0	24,7	17,9	229,2	30,6
Sheep	859,7	6,3	5,1	42,9	151,0
Pigs	1 188,2	15,1	26,9	245,6	54,6
Laying hens	2 218,4	8,9	10,4	202,8	399,6
Table fowl	1 015,7	1,8	1,0	43,7	123,7
Total labour force (x 1 000 persons)	:	:	:	:	:
Holders:					
total	7 174,4	75,0	73,3	600,3	819,0
full-time	1 850,3	45,4	44,1	237,7	112,6
aged 45 or above	5 510,5	51,9	52,3	350,9	642,6
Family workers:					
total	14 038,0	123,2	114,8	1 269,2	1 767,3
full-time	2 698,7	53,4	57,3	322,1	168,3
Non-family regular workers:					
total	962,6	8,6	27,6	208,7	6,2
full-time	635,1	5,1	20,1	174,2	4,3

(¹) EUR 12.

Structure

5.17. Survey on the structure of agricultural holdings — 1993
Land use, animal breeding, labour force

E	F	IRL	I	L	NL	A	P
:	:	:	:	:	:	:	:
797,2	585,2	73,6	1 462,4	2,6	78,3	:	400,2
395,1	527,1	152,6	577,7	2,7	82,5	:	94,7
851,9	230,1	0,6	1 688,0	0,7	9,0	:	405,9
468,4	473,7	19,9	925,0	2,3	18,9	:	272,1
250,3	121,0	20,5	201,9	0,8	26,9	:	263,1
125,0	122,8	0,6	74,3	0,3	1,1	:	5,4
261,2	61,6	1,3	328,1	0,0	13,7	:	53,1
353,4	57,0	0,6	412,6	0,1	4,9	:	118,5
235,6	188,2	0,0	954,6	0,7	0,0	:	305,1
243,3	377,2	142,2	267,3	2,3	60,2	:	159,5
144,0	177,8	46,8	143,1	1,6	40,5	:	67,5
120,4	124,3	53,4	150,4	0,2	25,4	:	84,8
235,4	105,9	2,6	285,7	0,5	26,9	:	172,9
323,1	354,4	17,7	564,9	1,1	4,0	:	295,7
105,4	167,6	2,3	368,6	0,1	1,5	:	197,4
1 354,5	786,3	158,8	2 475,3	3,4	116,5	:	483,9
297,3	385,6	108,1	353,8	1,9	81,9	:	70,7
1 087,2	510,1	103,7	2 051,9	2,2	82,0	:	402,6
2 430,0	1 443,0	305,0	4 689,6	7,3	228,4	:	1 197,9
454,6	523,9	162,6	547,7	2,8	117,2	:	109,1
140,8	167,3	13,0	72,2	0,6	61,3	:	65,6
93,5	105,9	7,7	40,6	0,6	34,4	:	36,5

5.17. Survey on the structure of agricultural holdings — 1993
Land use, animal breeding, labour force

Characteristics	FIN	S	UK
Total holdings (x 1 000)	:	:	:
Holdings with:			
Arable land	:	:	141,4
Permanent pasture and meadow	:	:	209,9
Permanent crops	:	:	8,9
Cereals	:	:	74,6
Root and tuber crops	:	:	37,2
Industrial plants	:	:	21,0
Fresh vegetables (open air)	:	:	11,6
Fruit plantations	:	:	6,2
Vineyards	:	:	0,3
Bovine animals	:	:	139,3
Dairy cows	:	:	41,4
Sheep	:	:	95,5
Pigs	:	:	16,2
Laying hens	:	:	35,8
Table fowl	:	:	2,6
Total labour force (x 1 000 persons)			
Holders:			
total	:	:	228,2
full-time	:	:	111,3
aged 45 or above	:	:	173,0
Family labour force:			
total	:	:	462,4
full-time	:	:	179,8
Non-family regular workers:			
total	:	:	188,7
full-time	:	:	112,5

Structure

5.17. Survey on the structure of agricultural holdings — 1993
Land use, animal breeding, labour force

ISL	NOR	EEA	CHE	Characteristics
:	**88,0**	:	**108,3**	**Total holdings** **(x 1 000)**
				Holdings with:
0,2	43,0	:	51,0	Arable land
–	58,0	:	91,1	Permanent pasture and meadow
–	2,0	:	23,1	Permanent crops
0,0	28,0	:	43,3	Cereals
–	:	:	31,3	Root and tuber crops
–	:	:	10,6	Industrial plants
–	3,0	:	4,5	Fresh vegetables (open air)
–	2,0	:	31,3	Fruit plantations
–	–	:	16,0	Vineyards
2,0	35,0	:	66,2	Bovine animals
1,6	29,0	:	54,7	Dairy cows
3,3	27,0	:	19,8	Sheep
0,1	8,0	:	25,9	Pigs
:	5,0	:	36,1	Laying hens
:	0,0	:	1,3	Table fowl
:	**223,0**	:	**260,3**	**Total labour force** **(x 1 000 persons)**
				Holders:
4,8	88,0	:	108,3	total
:	34,0	:	62,8	full-time
2,4	52,0	:	10,0	aged 45 or above
				Family workers:
:	70,0	:	237,1	total
:	10,0	:	98,2	full-time
				Non-family regular workers:
:	65,0	:	23,1	total
:	2,0	:	15,4	full-time

5.18. Survey on the structure of agricultural holdings — 1993
Holdings broken down by type of farming and economic size class

(Total holdings x 1 000)

Characteristics	EUR 15 (¹)	B	DK	D	EL	E
I. Holdings by type of farming						
A. Specialized farming						
Cereals	569,7	1,5	16,6	33,2	57,0	101,4
General field cropping	887,7	7,0	15,3	90,9	144,9	124,4
Horticulture	199,4	6,1	1,5	13,9	14,7	70,5
Vineyards	555,1	0,0	0,0	33,6	16,7	75,3
Fruits and citrus fruit	609,3	1,8	0,4	8,9	66,7	252,6
Olives	775,0	0,0	0,0	:	231,5	163,0
Other permanent crops	422,7	1,0	0,4	6,2	80,7	64,0
Cattle — dairying	529,0	12,3	12,8	138,6	0,8	83,4
Cattle — rearing, fattening	302,3	14,0	0,5	13,3	0,9	42,3
Cattle combined	78,2	4,8	0,2	11,3	0,7	14,4
Sheep, goats and other grazing livestock	697,3	5,7	1,5	62,8	43,9	147,2
Granivores (pigs and poultry)	184,4	1,6	1,8	27,7	17,0	33,3
B. Mixed farming						
Mixed cropping	692,4	2,1	3,1	26,8	93,2	102,9
Mixed livestock (grazing livestock)	184,4	1,6	1,8	27,7	17,0	33,3
Mixed livestock (granivores)	72,7	3,3	1,2	17,9	2,0	9,3
Field crops and grazing livestock	307,8	7,7	5,0	66,4	16,3	35,9
Other 'cropping/livestock'	227,3	1,6	8,1	33,8	29,6	32,8
II. Holdings by economic size class (Standard gross margin in size units — ESU)						
0 —< 2 ESU	2 644,3	9,1	0,4	119,6	267,7	564,1
2 —< 4 ESU	1 194,6	6,2	3,7	72,5	166,0	255,4
4 —< 8 ESU	1 042,3	7,3	10,3	79,1	183,8	220,1
8 —< 16 ESU	841,7	8,6	13,7	86,7	132,7	169,6
16 —< 40 ESU	845,4	17,1	17,4	138,3	61,4	118,5
40 —< 100 ESU	489,6	21,5	18,9	91,6	7,3	34,1
≥ 100 ESU	156,4	6,2	9,3	18,4	0,2	9,9
Total	**7 214,3**	**76,1**	**73,8**	**606,1**	**819,1**	**1 371,6**

(¹) EUR 12.

Structure

5.18. Survey on the structure of agricultural holdings — 1993
Holdings broken down by type of farming and economic size class

(Total holdings x 1 000)

F	IRL	I	L	NL	A	P	FIN	S	UK
I. Holdings by type of farming									
68,1	2,0	269,0	0,1	0,44	:	6,1	:	:	14,16
83,5	2,4	332,8	0,1	14,14	:	44,3	:	:	28,01
23,0	0,5	32,4	0,0	16,77	:	13,9	:	:	6,22
96,8	0,0	282,9	0,6	0,00	:	49,1	:	:	0,12
19,4	0,1	221,1	0,0	2,87	:	33,3	:	:	2,29
1,9	0,0	364,2	0,0	0,00	:	14,4	:	:	0
10,3	0,0	220,2	0,0	3,02	:	35,7	:	:	1,23
96,1	39,0	66,0	1,3	32,81	:	12,0	:	:	33,75
93,8	68,9	20,3	0,3	4,19	:	5,6	:	:	38,03
23,1	5,2	10,9	0,1	1,67	:	3,6	:	:	2,24
92,3	35,7	182,8	0,2	19,31	:	18,8	:	:	87,1
35,2	0,1	30,2	0,1	0,66	:	35,9	:	:	0,84
47,7	0,2	280,8	0,0	2,66	:	129,3	:	:	3,5
35,2	0,1	30,2	0,1	0,66	:	35,9	:	:	0,84
11,2	0,3	9,3	0,1	4,91	:	10,8	:	:	2,32
61,1	4,1	62,8	0,3	3,26	:	33,3	:	:	11,68
24,7	0,2	57,7	0,1	1,87	:	34,5	:	:	2,43
II. Holdings by economic size class (Standard gross margin in size units - ESU)									
148,7	27,2	1 214,5	0,5	0,08	:	241,1	:	:	51,58
73,0	25,7	447,8	0,3	1,88	:	118,3	:	:	24,02
77,8	31,2	323,6	0,4	11,88	:	70,1	:	:	26,76
105,1	28,6	218,0	0,3	15,23	:	34,5	:	:	28,72
210,5	32,2	165,4	0,8	22,64	:	17,8	:	:	43,28
146,9	13,0	64,2	1,1	42,14	:	5,3	:	:	43,59
39,2	1,4	20,9	0,0	25,83	:	1,7	:	:	23,32
801,0	**159,2**	**2 454,3**	**3,4**	**119,66**	**:**	**488,8**	**:**	**:**	**241,27**

293

5.19. Wooded area and timber production — 1989 (¹)

	Country	Wooded area (1 000 ha)	Total production of roundwood (1 000 m³ without bark)	Production of sawn softwood (1 000 m³)	Production of sawn hardwood (1 000 m³)
	EUR 15	**124 796**	**251 139**	**50 571**	**9 362**
1	B	620	4 832 (²)	880 (²)	270 (²)
2	DK	466	2 101	450	400
3	D (³)	7 754	35 060	9 731	1 599
4	EL	6 032	2 491	187	230
5	E	25 622	17 047	2 102	569
6	F	14 155	44 076	6 740	3 760
7	IRL	429	1 500	350	6
8	I	8 550	8 780	896	1 043
9	L	87	:	:	:
10	NL	334	1 325	165	300
11	A	3 877	16 255	6 634	251
12	P	3 102	10 205	1 700	290
13	FIN	23 373	46 460	7 660	70
14	S	28 015	54 580	11 251	210
15	UK	2 380	6 427	1 825	364
16	ISL	134	–	–	–
17	NOR (⁴)	7 012 (⁵)	10 843 (⁶)	4 685 (⁷)	16 (⁷)
	EEA	**134 495**	**262 647**	**53 051**	**9 372**
18	CHE	1 057	4 483	3 303	1 180
19	USA	295 989	512 600	88 606	25 932
20	CAN	453 300	174 223	58 000	1 245
21	JPN	24 718	31 306	27 067	3 414
	🌐	:	:	:	:

(¹) FAO.
(²) BLEU.
(³) In its borders prior to 3.10.1990.
(⁴) Include properties with at least 2,5 hectares of productive forest area.
(⁵) Forest land.
(⁶) Total roundwood cut (including cut for own consumption or ceded or usufruct).
(⁷) Roundwood cut for sale and industrial production, (softwood = coniferous; hardwood = non coniferous). *Source*: NOS roundwood cut 1988–1989.

5.20. Indices UE des prix agricoles
Indices nominaux

(1990 = 100)

	Country	1991	1992	1993	1994	1995
		\multicolumn{5}{l}{EU indices of producer prices of agricultural products}				
	EUR 15	**102,7**	**98,2**	**97,6**	**101,5**	**105,6**
1	B	101,2	97,6	91,0	94,3	90,2
2	DK	98,5	97,0	84,7	85,8	85,7
3	D	99,4	97,0	90,0	91,7	92,2
4	EL	121,7	129,1	135,0	153,9	168,9
5	E	100,5	93,6	98,7	109,1	121,1
6	F	100,4	92,9	88,7	89,0	89,8
7	IRL	96,3	97,8	104,3	105,6	108,2
8	I	109,2	100,4	102,5	106,2	116,1
9	L	92,4	87,5	85,9	85,4	84,4
10	NL	104,7	98,7	91,8	95,2	97,9
11	A	100,4	99,4	97,2	98,1	74,1
12	P	97,0	89,6	92,0	100,0	103,4
13	FIN	96,8	96,5	96,5	96,2	71,5
14	S	98,6	96,4	94,3	97,5	97,8
15	UK	99,2	100,9	109,4	110,3	117,7
		\multicolumn{5}{l}{EU indices of purchase prices of the means of agricultural production}				
	EUR 15	**103,2**	**105,4**	**107,8**	**109,2**	**112,5**
1	B	100,5	100,5	100,1	100,1	100,6
2	DK	99,7	99,4	99,6	98,1	99,0
3	D	102,8	105,4	104,8	106,0	107,2
4	EL	123,3	140,3	158,2	170,3	181,9
5	E	102,1	102,6	105,7	108,8	113,1
6	F	101,3	101,6	101,9	102,1	103,9
7	IRL	100,8	101,3	102,0	103,5	106,0
8	I	104,3	108,1	114,6	117,4	126,3
9	L	102,9	105,5	105,3	105,8	107,3
10	NL	101,9	103,8	102,7	100,9	104,2
11	A	103,3	105,8	107,9	107,4	107,0
12	P	104,5	108,9	105,6	107,7	111,7
13	FIN	105,7	107,6	110,0	107,6	86,6
14	S	104,7	104,7	105,8	108,6	114,8
15	UK	103,9	107,1	112,1	112,9	116,6

5.21. EU indices of agricultural prices
Deflated indices (¹)

(1990 = 100)

	Country	1991	1992	1993	1994	1995
		\multicolumn{5}{c}{EU indices of producer prices of agricultural products}				

	Country	1991	1992	1993	1994	1995
	EUR 15	**97,3**	**89,0**	**85,1**	**85,4**	**85,6**
1	B	98,1	92,3	83,8	84,8	80,0
2	DK	96,2	92,8	80,0	79,5	77,7
3	D	95,9	90,0	80,6	80,0	78,9
4	EL	101,9	93,3	85,3	87,6	88,0
5	E	94,9	83,4	84,1	88,8	94,1
6	F	97,3	88,0	82,3	81,1	80,4
7	IRL	93,4	91,9	96,7	95,7	95,6
8	I	102,8	89,8	87,8	87,5	90,9
9	L	89,6	82,3	78,0	75,8	73,5
10	NL	100,8	92,1	83,5	84,2	84,9
11	A	97,1	92,5	85,7	85,5	63,2
12	P	87,5	74,1	71,5	73,8	73,3
13	FIN	92,8	89,9	88,0	86,7	63,9
14	S	90,2	86,2	80,6	81,6	79,8
15	UK	93,7	91,9	98,1	96,5	99,6
		\multicolumn{5}{c}{EU indices of purchase prices of the means of agricultural production}				
	EUR 15	**98,1**	**96,0**	**94,6**	**92,8**	**92,6**
1	B	97,4	95,1	92,2	90,0	89,1
2	DK	97,3	95,1	94,1	90,9	89,8
3	D	99,2	97,8	93,9	92,4	91,8
4	EL	103,2	101,3	99,9	96,9	94,8
5	E	96,4	91,4	90,1	88,6	88,0
6	F	98,1	96,1	94,5	93,1	93,1
7	IRL	97,7	95,3	94,5	93,8	93,7
8	I	98,1	96,7	98,2	96,7	98,9
9	L	99,8	99,2	95,6	94,0	93,5
10	NL	98,1	96,9	93,4	89,2	90,4
11	A	100,0	98,4	95,2	93,7	91,3
12	P	94,3	90,0	82,0	79,5	79,2
13	FIN	101,3	100,3	100,3	97,1	77,4
14	S	95,8	93,7	90,4	90,8	93,6
15	UK	98,2	97,6	100,5	98,8	98,7

(¹) Deflated by the consumer price index.

Economic accounts

5.22. Agricultural accounts
(current prices and exchange rates)

(Mio ECU)

Heading	Year	EUR 15	B	DK	D	EL	E	F
Final crop production (¹)	1992	**104 173**	2 346	1 844	12 668	5 942	14 161	23 680
	1993	**94 144**	2 587	2 034	12 015	5 698	12 900	20 691
	1994	**97 627**	2 868	1 858	12 278	6 102	13 182	21 813
Final livestock production (¹)	1992	**112 927**	4 244	4 687	20 367	2 589	10 358	22 038
	1993	**107 324**	3 956	4 430	19 574	2 493	9 425	21 420
	1994	**108 213**	3 981	4 479	19 174	2 620	9 557	22 128
Final agricultural production (²)	1992	**217 673**	6 602	6 531	33 096	8 533	24 514	45 702
	1993	**202 092**	6 557	6 465	31 607	8 192	22 312	42 107
	1994	**206 331**	6 864	6 337	31 470	8 722	22 727	43 917
Intermediate consumption	1992	**96 101**	3 794	3 297	17 166	2 187	11 419	20 858
	1993	**94 093**	3 815	3 607	17 155	2 261	10 283	20 786
	1994	**95 002**	3 893	3 303	17 395	2 287	10 334	21 321
Gross value-added at market prices	1992	**111 329**	2 971	3 034	14 075	6 436	12 392	22 596
	1993	**107 999**	2 742	2 858	14 452	5 931	12 029	21 321
	1994	**121 572**	2 808	3 235	15 930	6 346	13 095	24 844
+ Subsidies	1992	**18 955**	208	112	4 726	1 016	1 816	2 725
	1993	**25 660**	314	509	5 127	1 352	3 138	5 745
	1994	**28 291**	353	640	5 448	1 437	3 707	6 804
− Taxes linked to production	1992	**4 199**	75	158	630	224	164	1 598
	1993	**3 794**	67	119	563	285	108	1 243
	1994	**3 486**	51	113	584	253	105	1 124
Gross value-added at factor cost	1992	**136 328**	2 940	3 189	20 026	7 138	14 747	25 971
	1993	**129 865**	2 989	3 248	19 016	6 999	15 059	25 823
	1994	**136 135**	3 273	3 561	18 939	7 620	15 994	28 276
− Depreciation	1992	**32 167**	523	859	6 804	378	2 169	4 536
	1993	**31 658**	554	892	7 252	377	1 964	4 597
	1994	**31 375**	582	901	6 729	380	1 957	4 659
Net value-added at factor cost	1992	**104 161**	2 417	2 330	13 222	6 760	12 578	21 435
	1993	**98 207**	2 356	2 356	11 765	6 622	13 095	21 226
	1994	**104 759**	2 691	2 659	12 210	7 240	14 038	23 617

(¹) Excluding taxes linked to production, other than VAT (Italy).
(²) Including contract work at agricultural producer level (Belgium, Germany, Greece, Spain, France, Luxembourg and Portugal) and taxes linked to production, other than VAT (Italy).

5.22. Agricultural accounts
(current prices and exchange rates)

Mio ECU)

IRL	I	L	NL	A	P	FIN	S	UK	Year
600	23 841	43	6 778	1 419	1 475	1 015	1 088	7 272	1992
486	19 727	35	6 974	1 432	1 233	1 003	991	6 339	1993
511	19 340	35	7 919	1 629	1 569	951	931	6 641	1994
3 822	14 153	146	9 338	3 102	1 951	2 441	2 641	11 048	1992
3 827	12 803	151	8 814	3 243	1 794	2 122	2 294	10 977	1993
3 796	12 571	149	8 888	3 164	1 687	2 341	2 369	11 308	1994
4 422	38 387	189	16 116	4 521	3 554	3 456	3 730	18 320	1992
4 313	33 030	187	15 788	4 675	3 134	3 125	3 286	17 316	1993
4 307	32 332	185	16 807	4 793	3 352	3 269	3 300	17 949	1994
1 814	10 390	82	7 777	1 710	1 864	1 834	2 381	9 529	1992
1 802	9 427	80	7 959	1 822	1 738	1 657	2 071	9 632	1993
1 968	9 104	81	7 871	1 863	1 771	1 715	2 119	9 977	1994
2 339	23 228	104	8 936	2 930	1 580	1 554	1 181	7 972	1992
2 510	23 603	107	7 829	2 853	1 396	1 469	1 214	7 684	1993
2 608	27 997	107	8 340	2 811	1 690	1 622	1 349	8 791	1994
533	3 583	20	213	610	383	1 186	514	1 310	1992
529	3 884	24	234	566	321	919	421	2 577	1993
844	3 539	29	310	726	517	935	346	2 658	1994
58	392	1	459	115	6	61	68	190	1992
52	499	1	521	170	6	33	28	101	1993
40	422	1	502	126	6	26	12	122	1994
3 082	31 187	126	8 093	3 307	2 067	2 747	1 796	9 911	1992
2 987	26 987	130	7 543	3 249	1 712	2 355	1 607	10 161	1993
3 143	26 346	132	8 744	3 531	2 091	2 463	1 514	10 508	1994
457	8 918	35	2 031	1 292	252	815	821	2 277	1992
436	8 103	36	2 201	1 392	247	704	675	2 227	1993
452	8 090	38	2 259	1 400	263	734	674	2 257	1994
2 626	22 269	92	6 062	2 015	1 815	1 932	975	7 634	1992
2 551	18 884	94	5 342	1 857	1 465	1 651	931	7 934	1993
2 691	18 256	94	6 483	2 130	1 829	1 730	841	8 251	1994

5.23. Agricultural accounts
Volume index numbers

(Average 1989 + 1990 + 1991 = 100)

Heading	Year	EUR 15 (¹)	B	DK	D (¹)	EL	E	F
Final crop production (²)	1992	**105,5**	114,7	79,8	119,6	103,4	101,7	106,1
	1993	**100,6**	120,0	96,7	109,2	102,0	95,8	96,9
	1994	**99,2**	111,9	88,9	104,6	108,4	89,5	96,5
Final livestock production (²)	1992	**100,5**	105,3	106,2	96,0	100,7	104,0	103,7
	1993	**100,1**	104,6	109,7	95,1	99,7	103,7	101,8
	1994	**100,7**	104,1	109,7	93,6	97,6	105,3	105,0
Final agricultural production (³)	1992	**102,8**	108,9	97,4	104,9	102,6	101,9	104,9
	1993	**100,2**	110,5	105,3	100,4	101,3	98,3	99,1
	1994	**99,8**	107,0	102,8	97,7	105,2	95,1	100,3
Intermediate consumption	1992	**98,7**	105,3	102,3	96,1	100,8	101,8	99,1
	1993	**97,7**	104,1	103,3	91,6	107,5	101,7	97,1
	1994	**98,8**	104,7	101,9	91,2	108,8	106,8	98,9
Gross value-added at market prices	1992	**105,8**	113,3	92,9	114,0	103,1	102,0	109,4
	1993	**102,0**	118,4	107,2	109,6	99,4	95,8	100,7
	1994	**100,5**	109,9	103,5	104,5	104,1	86,6	101,3

(¹) Indices (average 1990 + 1991 = 100).
(²) Excluding taxes linked to production, other than VAT (Italy).
(³) Including contract work at agricultural producer level (Belgium, Germany, Greece, Spain, France, Luxembourg and Portugal and taxes linked to production, other than VAT (Italy).

Economic accounts

5.23. Agricultural accounts
Volume index numbers

(Average 1989 + 1990 + 1991 = 100)

IRL	I	L	NL	A	P	FIN	S	UK	Year
111,8	106,9	140,3	109,9	91,9	93,2	75,3	83,1	102,6	1992
93,5	103,5	108,5	111,3	88,5	79,2	84,0	99,3	95,4	1993
93,8	102,1	106,1	114,7	97,6	90,6	80,3	104,8	94,9	1994
109,1	101,3	98,8	100,4	101,1	103,1	95,1	92,6	102,5	1992
107,8	101,2	100,6	100,9	103,4	106,1	92,9	100,1	100,8	1993
106,1	101,9	99,8	101,0	100,3	103,0	93,6	101,3	103,5	1994
109,5	104,8	106,1	104,4	98,0	98,4	88,2	89,4	102,5	1992
105,9	102,6	101,9	105,3	98,4	92,6	89,8	99,8	98,5	1993
104,5	102,0	100,8	106,8	99,4	96,5	89,0	102,5	99,9	1994
101,5	99,1	104,1	101,7	103,0	92,6	89,2	90,0	96,4	1992
105,9	96,6	98,8	100,8	105,3	92,0	89,6	94,5	98,2	1993
113,5	95,7	101,4	98,7	106,2	91,9	86,0	100,0	101,0	1994
115,8	107,0	107,4	106,8	95,3	104,3	87,4	88,6	109,1	1992
105,9	105,0	103,8	109,4	94,6	93,2	90,1	107,7	98,9	1993
97,5	104,4	100,4	114,0	95,7	101,0	91,5	106,2	98,7	1994

5.24. Forestry accounts

(Mio ECU)

Heading	Year (¹)	B	DK	D (²)	EL	E	F
Gross timber output, total (³)	1992	178	163	1 602	:	729	2 405
	1993	186	145	1 236	:	562	2 444
	1994	189	152	:	:	:	2 575
Final forestry production (⁴)	1992	189	163	1 161	95	822	2 539
	1993	195	145	1 139	89	673	2 582
	1994	199	152	:	82	:	2 637
Intermediate consumption	1992	17	21	574	6	76	249
	1993	17	19	615	5	69	251
	1994	18	20	:	5	:	263
Gross value-added at market prices	1992	172	142	587	90	746	2 290
	1993	178	127	525	83	605	2 331
	1994	182	133	:	77	:	2 375
+ Subsidies	1992	0	0	:	:	11	171
	1993	0	0	:	:	9	190
	1994	0	0	:	:	:	175
− Taxes linked to production	1992	:	:	:	:	:	:
	1993	:	:	:	:	:	:
	1994	:	:	:	:	:	:
Gross value-added at factor cost	1992	172	142	569	:	754	0
	1993	177	127	475	:	610	0
	1994	181	133	:	:	:	0
− Depreciation	1992	32	0	100	:	15	140
	1993	36	0	108	:	13	144
	1994	36	0	:	:	:	146
Net value-added at factor cost	1992	140	0	469	:	739	0
	1993	141	0	367	:	597	0
	1994	146	0	:	:	:	:

(¹) Crop years (Italy and United Kingdom: 1.4-31.3).
(²) In its borders prior to 3.10.1990.
(³) Excluding taxes linked to production, other than VAT (Italy).
(⁴) Including contract work at silvicultural producer level (Belgium, France, Portugal, Spain, and United Kingdom), other products (France, Italy, Luxembourg, Portugal, Spain and the United Kingdom) and taxes linked to production, other than VAT (Italy).

Economic accounts

5.24. Forestry accounts

(Mio ECU)

IRL	I	L	NL	A	P	FIN	S	UK	Year
:	482	11	:	:	:	1 579	:	241	1992
:	421	10	:	:	:	1 328	:	244	1993
:	448	:	:	:	:	1 817	:	:	1994
:	494	12	:	853	:	1 840	:	359	1992
:	435	10	:	748	:	1 545	:	338	1993
:	460	:	:	961	:	2 030	:	:	1994
:	56	4	:	145	:	180	:	353	1992
:	52	4	:	127	:	160	:	381	1993
:	52	:	:	163	:	182	:	:	1994
:	438	8	:	708	:	1 660	:	6	1992
:	384	7	:	621	:	1 385	:	-43	1993
:	407	:	:	797	:	1 848	:	:	1994
:	19	3	:	:	:	9	:	0	1992
:	14	2	:	:	:	5	:	0	1993
:	12	:	:	:	:	5	:	:	1994
:	:	:	:	:	:	:	:	:	1992
:	:	:	:	:	:	:	:	:	1993
:	:	:	:	:	:	:	:	:	1994
:	450	10	:	726	:	1 667	:	5	1992
:	392	9	:	642	:	1 389	:	-43	1993
:	414	:	:	818	:	1 851	:	:	1994
:	0	1	:	51	:	388	:	22	1992
:	0	1	:	45	:	332	:	19	1993
:	0	:	:	58	:	327	:	:	1994
:	0	9	:	675	:	1 279	:	-16	1992
:	0	8	:	598	:	1 057	:	62	1993
:	0	:	:	760	:	1 525	:	:	1994

Economic accounts

5.25. Forestry accounts
Volume index numbers

(Average 1989 + 1990 + 1991 = 100)

Heading	Year (^{1})	B	DK	D (^{2})	EL	E	F
Gross timber output, total (^{3})	1992	106,0	100,3	:	:	92,4	94,8
	1993	107,4	97,1	:	:	92,1	90,0
	1994	107,1	105,4	:	:	:	95,5
Final forestry production (^{4})	1992	103,5	100,3	:	:	91,9	93,5
	1993	103,5	97,1	:	:	95,8	89,0
	1994	103,8	105,4	:	:	:	91,5
Intermediate consumption	1992	107,6	100,2	:	:	95,3	104,4
	1993	110,0	97,1	:	:	90,3	97,7
	1994	113,3	105,1	:	:	:	101,6
Gross value-added at market prices	1992	103,1	100,3	:	:	91,6	92,4
	1993	102,8	97,1	:	:	96,2	88,1
	1994	102,8	105,4	:	:	:	90,5

(^{1}) Crop years (Italy and United Kingdom: 1.4-31.3).
(^{2}) In its borders prior to 3.10.1990.
(^{3}) Excluding taxes linked to production, other than VAT (Italy).
(^{4}) Including contract work at silvicultural producer level (Belgium, France, Portugal, Spain, and United Kingdom), other products (France, Italy, Luxembourg, Portugal, Spain and the United Kingdom) and taxes linked to production, other than VAT (Italy).

5.25. Forestry accounts
Volume index numbers

(Average 1989 + 1990 + 1991 = 100)

IRL	I	L	NL	A	P	FIN	S	UK	Year (¹)
:	104,9	55,4	:	:	:	96,3	:	99,1	1992
:	104,8	55,0	:	:	:	100,9	:	88,4	1993
:	111,1	:	:	:	:	118,4	:	:	1994
:	105,1	55,6	:	:	:	96,3	:	102,7	1992
:	105,2	55,3	:	:	:	99,8	:	89,3	1993
:	111,4	:	:	:	:	114,3	:	:	1994
:	105,9	90,5	:	:	:	90,1	:	117,2	1992
:	105,9	79,9	:	:	:	90,1	:	129,6	1993
:	112,8	:	:	:	:	95,6	:	:	1994
:	105,0	44,1	:	:	:	96,8	:	57,3	1992
:	105,1	47,1	:	:	:	100,6	:	-46,5	1993
:	111,2	:	:	:	:	116,0	:	:	1994

(¹) Crop years (Italy and United Kingdom: 1.4-31.3).

Economic accounts

5.26. Total volume of work in agriculture in annual work units (AWU)

	Country	1991	1992	1993	1994	1995	1995/1994 (%)
	EUR 15	**8 662,5**	**8 232,9**	**7 817,4**	**7 526,9**	**7 289,4**	**-3,2**
1	B	91,9	88,0	85,8	83,6	81,1	-3,0
2	DK	95,5	93,5	92,7	88,4	84,5	-4,4
3	D	1 028,5	863,6	802,9	750,0	710,0	-5,3
4	EL	680,8	690,6	702,8	681,8	662,0	-2,9
5	E	1 186,7	1 156,9	1 112,1	1 060,2	1 025,2	-3,3
6	F	1 235,3	1 183,0	1 121,0	1 086,5	1 057,4	-2,7
7	IRL	253,7	249,8	242,9	235,1	233,9	-0,5
8	I	2 236,9	2 131,7	1 975,5	1 892,0	1 826,6	-3,5
9	L	5,8	5,5	5,4	5,1	4,9	-3,9
10	NL	236,1	238,3	235,7	229,7	221,2	-3,7
11	A	190,4	178,8	167,8	158,1	148,7	-5,9
12	P	733,1	675,1	609,4	611,4	602,6	-1,4
13	FIN	167,6	167,3	158,2	151,3	144,7	-4,4
14	S	95,9	92,7	90,8	87,9	85,4	-2,8
15	UK	424,3	418,1	414,4	405,8	401,2	-1,1

Fisheries

5.27. Catches by fishing region (¹) — 1993

(1 000 t)

	Country	All regions	North-east Atlantic	North-west Atlantic	Mediterranean	Internal waters
	EUR 15	**6 984,9**	**4 910,7**	**83,8**	**827,5**	**325,9**
1	B	36,0	35,1	–	–	0,8
2	DK	1 650,6	1 614,6	0,5	–	35,5
3	D	314,7	265,0	0,3	–	49,3
4	EL	199,6	–	–	171,6	13,3
5	E	1 200,9 (²)	435,2 (²)	47,4	138,1	30,6
6	F	701,5	391,3	–	73,7	56,8
7	IRL	272,1	271,0	–	–	1,1
8	I	557,0	–	–	443,9	55,2
9	L	–	–	–	–	–
10	NL	417,8	416,2	–	–	1,6
11	A	4,6	–	–	–	4,6
12	P	281,1	209,5	35,5	0,2	1,4
13	FIN	138,6	83,4	–	–	55,2
14	S	344,8	339,6	–	–	5,2
15	UK	865,6	849,9	–	–	15,3
16	ISL	1 726,7	1 723,6	2,2	–	0,9
17	NOR	2 561,8	2 548,2	10,0	–	0,4
	EEA	**11 273,6**	**9 179,2**	**99,4**	**827,5**	**327,2**
18	CHE	1,4	–	–	–	1,4
	CIS of which	**5 487,2**	**975,8**	**46,3**	**41,3**	**595,3**
19	RUS	4 461,4	833,3	26,5	6,7	307,0
20	USA	5 995,5	–	1 231,7	–	345,0
21	CAN	915,3	–	818,0	–	36,2
22	JPN	8 819,9	5,0	6,6	0,6	176,7
	⊕	**107 770,5**	**10 520,0**	**2 345,7**	**1 675,5**	**17 172,4**

(¹) Aquaculture included.
(²) Estimate made by FAO.

Fisheries

5.28. Fisheries: foreign trade and consumption — 1993

	Country	Imports		Exports		Avaibility per head (¹) (kg)
		Tonnes	ECU 1 000	Tonnes	ECU 1 000	
	EUR 15 (²)	6 134 613	12 538 647	3 895 891	6 589 641	**22,6**
1	B (³)	226 632	623 579	53 310	195 037	18,1
2	DK	531 740	934 704	906 037	1 833 959	21,1
3	D	923 345	1 578 253	401 898	520 827	12,2
4	EL	81 373	142 474	32 127	114 360	19,0
5	E	842 287	2 024 840	312 052	623 789	37,7
6	F	852 156	2 201 960	392 267	730 173	31,1
7	IRL	44 386	64 166	229 577	217 995	16,0
8	I	697 738	1 824 034	106 042	223 372	20,4
9	L (³)	:	:	:	:	:
10	NL	604 516	684 931	744 310	1 099 290	9,2
11	A	65 960	134 661	1 199	3 801	8,8
12	P	249 820	530 262	72 997	166 594	60,2
13	FIN	71 487	87 638	2 336	11 412	30,6
14	S	117 650	317 469	230 038	104 685	26,9
15	UK	825 523	1 389 676	411 701	744 347	19,9
16	ISL	19 644	19 961	632 815	971 511	92,1
17	NOR	365 839	265 032	1 255 893	1 966 138	41,1
	EEA	6 520 096	12 823 640	5 784 599	9 527 290	**22,9**
18	CHE	40 276	302 022	410	4 634	6,4
19	USA	1 647 885	5 371 681	1 082 479	2 715 181	21,3
20	CAN	275 648	701 456	496 818	1 755 286	22,9
21	JPN	3 031 250	12 115 424	375 517	654 955	71,9
	⊕	:	38 105 795	:	35 177 991	**13,3**

(¹) Average 1988–90.
(²) Intra + extra trade.
(³) BLEU.

Fisheries

5.29. Average prices of certain species of fish – 1993

(ECU/kg)

	Country	Cod	European hake	Mackerel	Common sole	Redfish	European plaice
	EUR 15	:	:	:	:	:	:
1	B	1,60	1,72	0,56	5,94	1,20	1,38
2	DK	1,29	3,13	0,24	6,39	0,82	1,35
3	D	1,66	1,60	0,41	5,89	1,54	1,55
4	EL	–	3,01	1,61	7,35	–	–
5	E	2,82	3,28	0,39	6,54	:	:
6	F	:	:	:	:	:	:
7	IRL	1,83	3,52	0,17	5,84	0,56	1,49
8	I	–	3,43	1,23	7,87	–	–
9	L	–	–	–	–	–	–
10	NL	1,76	1,86	0,00	6,22	:	1,43
11	A	–	–	–	–	–	–
12	P	1,13	4,56	0,33	5,32	1,11	2,71
13	FIN	:	:	:	:	:	:
14	S	:	:	:	:	:	:
15	UK	3,51	7,14	0,17	4,34	0,96	2,80

Foreign trade

External trade

6.1. Importance of trade (¹)(²) — 1995

	Country	Imports			Exports			Balance (Mio ECU)
		Mio ECU	% of GDP	1 000 ECU per head	Mio ECU	% of GDP	1 000 ECU per head	
	EUR 15	**544 725**	**9,1**	**1,5**	**569 035**	**9,5**	**1,5**	**24 310**
1	B (³)	123 331	59,9	12,2	133 255	64,7	13,1	9 924
2	DK	33 738	25,5	6,5	37 760	28,5	7,2	4 022
3	D	338 647	18,4	4,1	389 265	21,1	4,8	50 618
4	EL	18 952	22,2	1,8	8 246	9,7	0,8	-10 706
5	E	84 090	19,6	2,1	72 913	17,0	1,9	-11 177
6	F	221 245	18,8	3,8	230 245	19,6	4,0	9 000
7	IRL	24 196	49,2	6,8	33 412	67,9	9,3	9 216
8	I	155 948	18,8	2,7	176 654	21,2	3,1	20 706
9	L (³)	:	:	:	:	:	:	:
10	NL	141 612	46,7	9,2	155 328	51,3	10,0	13 716
11	A	50 292	28,2	6,2	43 729	24,5	5,4	-6 563
12	P	24 931	29,7	2,5	17 418	20,8	1,8	-7 513
13	FIN	22 530	23,6	4,4	30 955	32,4	6,1	8 425
14	S	49 681	28,5	5,6	61 069	35,0	6,9	11 388
15	UK	207 804	24,7	3,5	181 250	21,5	3,1	-26 554
16	ISL	1 339	24,9	5,0	1 378	25,6	5,2	132
17	NOR	25 004	22,4	5,7	31 911	28,6	7,3	6 907
	EEA	**525 862**	**8,0**	**1,4**	**558 579**	**8,5**	**1,5**	**32 717**
18	CHE	61 201	26,1	8,6	62 196	26,5	8,8	995
	CIS	**55 995**	:	:	**77 317**	:	:	**21 322**
	of which							
19	RUS	35 443	:	:	59 173	:	:	23 730
19	USA	589 409	10,9	2,2	445 356	8,3	1,7	-144 053
20	CAN	124 843	29,0	4,4	145 403	33,8	5,1	20 560
21	JPN	256 782	6,5	2,1	338 689	8,6	2,7	81 907

(¹) Trade with the rest of the world. Intra-EUR 15 trade is not included in the aggregate EUR 15 but is included for each of the EU Member States. Similarly, the aggregate EEA is equal to the sum of the trade of the 17 countries in question minus trade within the EEA.

(²) The concepts used differ from country to country: Norway, Sweden and Canada use the concept of general trade, whereas all the others use that of special trade. Moreover, imports are generally measured 'cif' (cost, insurance, freight), except in the case of the United States and Canada ('fob'), and exports 'fob' (free on board).

(³) BLEU.

External trade

6.2. Evolution of total imports (¹)(²)

(Mio ECU)

	Country	1991	1992	1993	1994	1995 Value	1995 %
	EUR 15	**471 602**	**465 267**	**470 680**	**518 992**	**544 725**	**18,5**
1	B (³)	102 521	101 915	102 781	109 868	123 331	4,2
2	DK	26 815	26 834	25 980	30 171	33 738	1,1
3	D	314 000	315 614	292 579	320 742	338 647	11,5
4	EL	17 364	18 388	18 798	18 080	18 952	0,6
5	E	72 480	74 862	66 204	74 705	84 090	2,9
6	F	200 074	199 366	185 318	205 419	221 245	7,5
7	IRL	16 831	16 805	18 071	21 393	24 196	0,8
8	I	147 234	145 588	126 469	142 214	155 948	5,3
9	L (³)	:	:	:	:	:	:
10	NL	110 664	113 294	107 831	127 986	141 612	4,8
11	A	40 932	41 688	41 470	46 481	50 292	1,7
12	P	21 331	23 398	20 676	22 749	24 931	0,8
13	FIN	17 525	15 983	15 400	19 637	22 530	0,8
14	S	40 180	38 418	36 424	43 525	49 681	1,7
15	UK	169 465	171 297	180 231	197 407	207 804	7,1
16	ISL	1 403	1 294	1 152	1 238	1 339	0,1
17	NOR	20 607	20 087	20 513	22 946	25 004	0,8
	EEA	**453 674**	**447 295**	**455 848**	**501 690**	**525 862**	**17,9**
18	CHE	53 477	50 642	51 838	57 180	61 201	2,1
	CIS of which	:	**30 982**	**30 680**	**48 910**	**55 995**	**1,9**
19	RUS	:	26 759	22 775	32 391	35 443	1,2
20	USA	411 057	425 731	512 389	579 252	589 409	20,0
21	CAN	97 217	96 171	115 213	127 330	124 843	4,2
22	JPN	190 970	179 360	206 322	230 355	256 782	8,7
	⊕ (⁴)	**2 081 600**	**2 129 100**	**2 448 300**	**2 745 300**	**2 945 900**	**100,0**

(¹) Trade with the rest of the world. Intra-EUR 15 trade is not included in the aggregate EUR 15 but is included for each of the EU Member States. Similarly, the aggregate EEA is equal to the sum of the trade of the 17 countries in question minus trade within the EEA.
(²) The concepts used differ from country to country: Norway, Sweden and Canada use the concept of general trade, whereas all the others use that of special trade. Moreover, imports are generally measured 'cif' (cost, insurance, freight), except in the case of the United States and Canada ('fob'), and exports 'fob' (free on board).
(³) BLEU.
(⁴) Excluding intra-EUR 15 trade.

External trade

6.3. Evolution of total exports (¹)(²)

(Mio ECU)

	Country	1991	1992	1993	1994	1995 Value	1995 %
	EUR 15	**403 491**	**415 211**	**471 877**	**524 349**	**569 035**	**20,2**
1	B (³)	100 322	100 899	107 069	120 483	133 255	4,7
2	DK	29 461	31 226	31 553	35 099	37 760	1,3
3	D	325 014	332 575	324 591	359 047	389 265	13,8
4	EL	7 000	7 587	7 209	7 905	8 246	0,3
5	E	51 039	53 032	55 169	64 477	72 913	2,6
6	F	184 766	192 475	189 330	209 953	230 245	8,2
7	IRL	19 526	21 830	24 746	28 644	33 412	1,2
8	I	136 793	137 581	144 517	160 873	176 654	6,3
9	L (³)	:	:	:	:	:	:
10	NL	116 747	117 445	119 765	133 137	155 328	5,5
11	A	33 156	34 231	34 295	37 891	43 729	1,6
12	P	13 194	14 190	13 175	15 123	17 418	0,6
13	FIN	18 644	18 125	20 070	25 023	30 955	1,1
14	S	44 512	43 154	42 578	51 533	61 069	2,2
15	UK	147 302	144 554	155 190	170 510	181 250	6,4
16	ISL	1 268	1 176	1 195	1 367	1 378	0,1
17	NOR	27 477	27 077	27 245	29 208	31 911	1,1
	EEA	**389 823**	**401 312**	**463 041**	**512 110**	**558 579**	**19,8**
18	CHE	49 537	50 495	53 572	59 222	62 196	2,2
	CIS of which	:	**34 673**	**44 373**	**67 834**	**77 317**	**2,7**
19	RUS	:	30 618	37 482	52 888	59 173	2,1
20	USA	340 390	344 658	397 398	430 586	445 356	15,8
21	CAN	101 824	102 810	120 195	135 520	145 402	5,2
22	JPN	254 112	261 837	309 635	332 102	338 689	12,0
	⊕ (⁴)	**1 990 500**	**2 044 100**	**2 373 000**	**2 627 500**	**2 816 800**	**100,0**

(¹) Trade with the rest of the world. Intra-EUR 15 trade is not included in the aggregate EUR 15 but is included for each of the EU Member States. Similarly, the aggregate EEA is equal to the sum of the trade of the 17 countries in question minus trade within the EEA.
(²) The concepts used differ from country to country: Norway, Sweden and Canada use the concept of general trade, whereas all the others use that of special trade. Moreover, imports are generally measured 'cif' (cost, insurance, freight), except in the case of the United States and Canada ('fob'), and exports 'fob' (free on board).
(³) BLEU.
(⁴) Excluding intra-EUR 15 trade.

External trade

6.4. Evolution of trade balance

(Mio ECU)

	Country	1991	1992	1993	1994	1995
	EUR 15	**-68 111**	**-50 056**	**1 196**	**5 357**	**24 310**
1	B (¹)	-2 199	-1 016	4 288	10 615	9 923
2	DK	2 646	4 393	5 573	4 928	4 022
3	D	11 014	16 961	32 011	38 304	50 618
4	EL	-10 364	-10 801	-11 589	-10 175	-10 706
5	E	-21 441	-21 830	-11 035	-10 228	-11 177
6	F	-15 308	-6 891	4 012	4 533	9 000
7	IRL	2 695	5 024	6 675	7 251	9 216
8	I	-10 441	-8 007	18 048	18 660	20 707
9	L (¹)	:	:	:	:	:
10	NL	6 083	3 971	11 934	5 151	13 716
11	A	-7 776	-7 458	-7 175	-8 590	-6 564
12	P	-8 136	-9 208	-7 501	-7 626	-7 513
13	FIN	1 119	2 141	4 670	5 386	8 425
14	S	4 332	4 736	6 154	8 008	11 389
15	UK	-22 162	-26 743	-25 042	-26 898	-26 554
16	ISL	-135	-118	43	129	39
17	NOR	6 870	6 990	6 732	6 262	6 907
	EEA	**-63 851**	**-45 983**	**7 193**	**10 420**	**32 717**
18	CHE	-3 940	- 147	1 734	2 042	995
	CIS of which	**:**	**3 691**	**13 693**	**18 924**	**21 322**
19	RUS	:	3 859	14 707	20 497	23 730
20	USA	-70 667	-81 073	-114 991	-148 666	-144 053
21	CAN	4 607	6 639	4 982	8 190	20 559
22	JPN	63 142	82 477	103 313	101 747	81 907

(¹) BLEU.

External trade

6.5. The EU's share of the main non-member countries' trade

Country	% of each country's total imports			% of each country's total exports		
	1980	1994	1995	1980	1994	1995
Europe:						
Iceland	51,7	57,9	58,3	52,2	61,5	62,7
Norway	70,8	68,9	71,7	83,5	78,5	77,9
EEA						
Switzerland	74,5	79,4	79,7	60,9	62,1	62,1
Cyprus	55,8	52,7	51,7	32,0	36,2	34,8
Malta	77,7	76,7	72,9	76,7	74,2	71,1
Turkey	33,8	46,9	47,9	47,3	47,9	51,3
CIS	:	32,3	31,8	:	30,8	29,5
Russia	:	39,9	38,8	:	35,6	33,7
Poland	24,3	65,3	64,7	27,4	69,2	70,1
Czech Republic	:	57,7	64,1	:	50,5	58,0
Slovakia	:	38,9	:	:	42,0	45,7
Hungary	30,7	61,5	61,5	26,6	64,4	62,8
Romania	20,5	48,2	50,4	27,7	48,2	53,6
Bulgaria	4,6	53,2	54,0	28,5	48,4	50,4
Africa:						
Morocco	55,9	56,5	56,1	65,3	64,4	63,0
Algeria	71,3	59,9	67,4	44,2	71,1	68,1
Tunisia	70,0	71,9	70,3	72,3	80,2	78,5
Libya	71,5	67,4	67,9	46,0	85,0	81,7
Egypt	46,3	40,6	39,3	48,2	44,3	50,1
Liberia	32,0	12,4	32,6	70,3	68,5	79,2
Côte d'Ivoire	59,6	44,7	52,1	67,4	54,5	56,9
Ghana	42,5	43,9	44,8	42,4	50,2	50,0
Nigeria	60,1	53,1	50,5	40,4	38,8	33,8
Cameroon	67,3	65,3	69,7	59,3	76,6	70,7
Gabon	78,5	58,3	57,9	45,2	28,0	22,0
Angola	59,6	50,3	63,0	16,3	23,6	22,3
Kenya	39,6	33,5	35,6	37,9	41,4	38,7
Tanzania	49,3	31,7	28,0	45,8	39,9	34,9
Mauritius	32,3	45,1	39,2	89,9	73,0	73,3
Zambia	40,3	31,2	27,5	53,8	23,7	19,0
Zimbabwe	54,6	27,2	25,5	70,1	36,8	35,5
South Africa	37,7	45,2	45,5	19,4	21,6	26,7

External trade

6.5. The EU's share of the main non-member countries' trade

Country	% of each country's total imports			% of each country's total exports		
	1980	1994	1995	1980	1994	1995
America:						
United States of America	16,6	18,0	17,8	27,9	21,0	21,2
Canada	8,9	9,5	10,0	13,0	5,0	5,9
Mexico	16,1	11,3	9,3	15,4	5,5	4,2
Guatemala	14,3	11,7	11,2	27,1	12,4	12,4
Honduras	12,2	11,7	9,7	24,9	27,8	16,8
El Salvador	10,3	9,2	9,9	20,3	16,6	19,0
Costa Rica	14,4	10,4	13,3	27,2	29,3	25,6
Panama	7,8	8,5	5,6	13,0	29,3	36,5
Cuba	42,4	10,9	39,3	34,4	32,5	27,4
Bahamas	7,5	23,6	30,5	21,5	35,9	44,3
Dominican Republic	11,0	14,4	13,8	10,5	29,6	33,7
Jamaica	11,8	11,4	13,0	27,0	24,2	24,3
Trinidad and Tobago	15,1	15,4	19,1	12,5	6,4	10,1
Netherlands Antilles	3,6	29,4	29,2	12,0	17,1	21,1
Colombia	22,2	19,9	18,4	41,9	30,8	25,5
Venezuela	25,0	21,4	20,4	18,8	8,2	9,5
Ecuador	19,6	16,7	15,2	8,2	19,7	19,3
Peru	21,5	16,5	17,8	21,2	31,1	30,1
Brazil	17,5	27,1	27,7	32,2	28,0	27,7
Chile	20,5	22,4	20,4	38,1	23,8	27,0
Bolivia	21,3	15,0	20,3	24,4	25,8	25,8
Paraguay	18,3	11,4	7,6	30,9	26,9	21,8
Uruguay	19,9	20,7	20,9	32,3	21,2	20,9
Argentina	32,2	30,9	33,5	31,0	24,6	24,0
Middle East:						
Lebanon	0,0	54,6	55,8	0,0	17,6	19,7
Syria	42,8	35,3	33,2	64,1	55,8	57,1
Iraq	49,8	8,3	5,4	45,3	0,3	0,3
Iran	49,6	45,1	41,1	34,4	31,1	32,7
Israel	30,1	53,4	52,2	43,3	29,4	31,3
Jordan	42,5	31,8	33,3	1,4	5,0	5,7
Saudi Arabia	39,4	34,7	35,6	41,1	22,6	19
Kuwait	34,5	36,1	46,8	26,1	15,3	13,7
Bahrain	13,0	19,3	18,8	0,5	1,2	1,4
Qatar	43,9	47,3	54,1	41,2	2,1	1,8
United Arab Emirates	37,4	34,7	33,0	33,1	3,5	3,7
Oman	34,7	23,9	39,1	22,4	3,5	2,6

External trade

6.5. The EU's share of the main non-member countries' trade

Country	% of each country's total imports			% of each country's total exports		
	1980	1994	1995	1980	1994	1995
Asia:						
Uzbekistan	:	27,0	23,5	:	31,8	28,1
Pakistan	22,8	25,8	23,6	20,7	32,5	30,4
India	23,0	26,6	25,9	23,7	27,5	27,0
Bangladesh	15,8	10,2	11,8	17,5	41,1	44,3
Sri Lanka	23,6	21,8	17,4	21,4	35,1	32,3
Thailand	15,3	15,0	15,1	26,5	15,4	15,0
Viet Nam	0,0	10,1	9,1	0,0	10,0	23,7
Indonesia	14,5	20,3	20,8	6,6	16,6	15,7
Malaysia	17,2	14,8	15,2	17,9	14,3	14,2
Brunei Darussalam	20,7	31,2	22,0	0,0	20,0	8,9
Singapore	12,4	13,0	13,3	13,2	13,4	13,4
Philippines	11,7	11,1	10,9	18,0	17,5	17,4
China	15,8	16,1	16,1	13,7	12,8	12,9
South Korea	7,7	13,6	13,4	16,8	11,3	12,2
Japan	6,5	14,1	14,5	15,2	15,5	15,9
Hong Kong	12,8	10,3	10,8	24,7	15,1	15,0
Macao	3,4	15,5	14,7	61,6	32,6	32,1
Oceania:						
Australia	25,3	23,4	25,4	14,3	11,1	11,1
Papua New Guinea	8,0	3,8	5,3	36,8	14,3	18,8
New Zealand	21,8	20,1	21,5	23,8	14,5	14,1

External trade

6.6. Evolution of intra-Community arrivals (¹)

(Mio ECU)

	Country	1991	1992	1993	1994	1995 Value	1995 %
	EUR 15	**825 813**	**838 364**	**767 553**	**861 387**	**952 274**	**100,0**
1	B (²)	75 898	75 892	75 148	80 060	89 063	9,4
2	DK	18 485	18 740	17 877	20 809	23 961	2,5
3	D	194 790	196 685	172 679	190 027	198 451	20,8
4	EL	11 101	12 221	11 843	12 276	13 031	1,4
5	E	45 511	47 288	43 061	49 611	56 749	6,0
6	F	134 676	136 682	117 743	134 545	151 470	15,9
7	IRL	12 056	12 502	12 129	14 064	15 450	1,6
8	I	90 997	91 675	75 317	86 263	94 309	9,9
9	L (²)	:	:	:	:	:	:
10	NL	69 223	71 137	69 330	79 480	89 495	9,4
11	A	28 722	29 349	28 742	31 781	38 185	4,0
12	P	15 954	17 914	15 406	16 716	18 436	1,9
13	FIN	10 297	9 403	8 767	10 746	14 647	1,5
14	S	25 370	24 170	22 759	27 071	34 085	3,6
15	UK	92 766	94 707	96 752	107 940	114 940	12,1

(¹) In the Intrastat system, the term 'arrivals' replaces 'imports'.
(²) BLEU.

External trade

6.7. Evolution of intra-Community consignments (¹)

(Mio ECU)

	Country	1991	1992	1993	1994	1995 Value	1995 %
	EUR 15	**823 985**	**833 693**	**797 379**	**895 349**	**1 002 465**	**100,0**
1	B (²)	79 566	79 917	81 804	90 525	101 998	10,2
2	DK	20 280	21 243	20 963	23 004	25 200	2,5
3	D	205 047	210 342	189 958	208 246	222 324	22,2
4	EL	4 704	5 212	4 247	4 516	4 875	0,5
5	E	35 152	36 246	35 498	42 970	49 026	4,9
6	F	121 504	125 612	113 609	130 142	145 033	14,5
7	IRL	15 095	16 814	17 909	21 058	24 509	2,4
8	I	86 297	84 696	82 566	92 528	100 318	10,0
9	L (²)	:	:	:	:	:	:
10	NL	94 950	94 409	93 052	103 723	124 167	12,4
11	A	22 558	23 323	22 473	24 563	28 623	2,9
12	P	10 743	11 434	10 529	12 092	13 952	1,4
13	FIN	12 031	11 850	11 496	14 203	17 787	1,8
14	S	27 608	26 882	25 102	28 599	36 199	3,6
15	UK	88 451	85 713	88 174	99 179	108 455	10,8

(¹) In the Intrastat system, the term 'consignments' replaces 'exports'.
(²) BLEU.

External trade

6.8. Imports by partner country — 1995

(Mio ECU)

	Importing country	Total imports	Origin: EUR 15	USA	CAN	JPN	Rest of world
	EUR 15	**544 725**	–	**103 635**	**11 706**	**54 287**	**375 097**
1	B (¹)	123 331	89 063	7 833	913	3 558	21 964
2	DK	33 738	23 961	1 494	107	788	7 388
3	D	338 647	198 451	19 261	2 468	15 980	102 487
4	EL	18 952	13 031	638	72	519	4 692
5	E	84 090	56 749	4 797	454	2 196	19 894
6	F	221 245	151 470	14 350	1 525	5 178	48 722
7	IRL	24 196	15 450	3 961	169	1 176	3 440
8	I	155 948	94 309	7 550	1 377	3 426	49 286
9	L (¹)	:	:	:	:	:	:
10	NL	141 612	89 495	11 618	958	5 585	33 956
11	A	50 292	38 185	1 563	206	864	9 474
12	P	24 931	18 436	834	77	561	5 023
13	FIN	22 530	14 647	1 174	107	1 117	5 485
14	S	49 681	34 085	3 059	222	1 719	10 596
15	UK	207 804	114 940	25 504	3 050	11 620	52 690
16	ISL	1 339	801	112	13	59	354
17	NOR	25 004	17 864	1 674	538	959	3 969
	EEA	**525 862**	–	**105 421**	**12 256**	**55 305**	**352 880**
18	CHE	61 201	48 783	3 909	249	1 937	6 323
	CIS of which	**55 995**	**17 795**	**2 593**	**202**	**713**	**34 692**
19	RUS	35 443	13 764	2 027	171	584	18 897
20	USA	589 409	104 642	–	113 382	97 244	274 141
21	CAN	124 843	13 779	83 325	–	6 707	21 032
22	JPN	256 782	37 363	58 013	8 329	–	153 077

(¹) BLEU.

External trade

6.8. Imports by partner country — 1995

(%)

	Importing country	Total imports	Origin				
			EUR 15	USA	CAN	JPN	Rest of world
	EUR 15	100,0	–	19,0	2,2	10,0	68,9
1	B ([1])	100,0	72,2	6,4	0,7	2,9	17,8
2	DK	100,0	71,0	4,4	0,3	2,3	21,9
3	D	100,0	58,6	5,7	0,7	4,7	30,3
4	EL	100,0	68,8	3,4	0,4	2,7	24,8
5	E	100,0	67,5	5,7	0,5	2,6	23,7
6	F	100,0	68,5	6,5	0,7	2,3	22,0
7	IRL	100,0	63,9	16,4	0,7	4,9	14,2
8	I	100,0	60,5	4,8	0,9	2,2	31,6
9	L ([1])	:	:	:	:	:	:
10	NL	100,0	63,2	8,2	0,7	4,0	24,0
11	A	100,0	75,9	3,1	0,4	1,7	18,8
12	P	100,0	73,9	3,3	0,3	2,3	20,1
13	FIN	100,0	65,0	5,2	0,5	5,0	24,4
14	S	100,0	68,6	6,2	0,4	3,5	21,3
15	UK	100,0	55,3	12,3	1,5	5,6	25,4
16	ISL	100,0	59,8	8,4	1,0	4,4	35,3
17	NOR	100,0	71,4	6,7	2,2	3,8	15,9
	EEA	100,0	–	20,0	2,3	10,5	67,3
18	CHE	100,0	79,7	6,4	0,4	3,2	10,4
	CIS of which	100,0	31,8	4,6	0,4	1,3	62,0
19	RUS	100,0	38,8	5,7	0,5	1,7	51,7
20	USA	100,0	17,8	–	19,2	16,5	46,5
21	CAN	100,0	11,0	66,8	–	5,4	16,9
22	JPN	100,0	14,7	22,6	3,3	–	59,6

([1]) BLEU.

External trade

6.9. Exports by partner country — 1995

(Mio ECU)

Exporting country	Total exports	Destination				
		EUR 15	USA	CAN	JPN	Rest of world
EUR 15	**569 035**	–	101 012	10 128	32 878	425 016
1 B (¹)	133 255	101 998	4 747	370	1 650	24 490
2 DK	37 760	25 200	1 511	151	1 387	9 511
3 D	389 265	222 324	29 156	2 193	10 053	125 539
4 EL	8 246	4 875	257	31	64	3 019
5 E	72 913	49 026	2 917	344	921	19 705
6 F	230 245	145 033	13 684	1 468	4 335	65 725
7 IRL	33 412	24 509	2 791	253	992	4 867
8 I	176 654	100 318	12 888	1 633	4 093	57 722
9 L (¹)	:	:	:	:	:	:
10 NL	155 328	124 167	4 930	523	1 580	24 128
11 A	43 729	28 623	1236	258	561	13 051
12 P	17 418	13 952	807	098	136	2 425
13 FIN	30 955	17 787	2 045	210	781	10 132
14 S	61 069	36 199	4574	638	1806	17 852
15 UK	181 250	108 455	19 469	1956	4520	46 850
16 ISL	1 378	864	171	23	156	164
17 NOR	31 911	24 642	1 964	1205	567	3 533
EEA	**558 579**	–	**103 149**	**11 356**	**33 601**	**410 473**
18 CHE	62 196	38 611	5 408	494	2 480	15 203
CIS of which	**77 317**	**22 791**	**4 416**	**120**	**2 638**	**47 352**
19 RUS	59 173	19 917	3 893	93	2 426	32 844
20 USA	445 356	94 507	–	96 349	49 158	205 342
21 CAN	145 402	8 626	116 893	–	6 523	13 361
22 JPN	338 689	53 798	93 299	4 456	–	187 136

(¹) BLEU.

External trade

6.9. Exportations ventilées par pays partenaire — 1995

(%)

	Exporting country	Total exports	Destination				
			EUR 15	USA	CAN	JPN	Rest of world
	EUR 15	**100,0**	–	17,8	1,8	5,8	74,7
1	B (¹)	100,0	76,5	3,6	0,3	1,2	18,4
2	DK	100,0	66,7	4,0	0,4	3,7	25,2
3	D	100,0	57,1	7,5	0,6	2,6	32,3
4	EL	100,0	59,1	3,1	0,4	0,8	36,6
5	E	100,0	67,2	4,0	0,5	1,3	27,0
6	F	100,0	63,0	5,9	0,6	1,9	28,5
7	IRL	100,0	73,4	8,4	0,8	3,0	14,6
8	I	100,0	56,8	7,3	0,9	2,3	32,7
9	L (¹)	:	:	:	:	:	:
10	NL	100,0	79,9	3,2	0,3	1,0	15,5
11	A	100,0	65,5	2,8	0,6	1,3	29,8
12	P	100,0	80,1	4,6	0,8	0,8	13,9
13	FIN	100,0	57,5	6,6	0,7	2,5	32,7
14	S	100,0	59,3	7,5	1,0	3,0	29,2
15	UK	100,0	59,8	10,7	1,1	2,5	25,8
16	ISL	100,0	62,7	12,4	1,7	11,3	11,9
17	NOR	100,0	77,2	6,2	3,8	1,8	11,1
	EEA	**100,0**	–	18,5	2,0	6,0	73,5
18	CHE	100,0	62,1	8,7	0,8	4,0	24,4
	CIS	**100,0**	29,4	5,7	0,2	3,4	61,3
	of which					4,1	
19	RUS	100,0	33,7	6,6	0,2	4,1	55,5
20	USA	100,0	21,2	–	21,6	11,0	46,1
21	CAN	100,0	5,9	80,4	–	4,5	9,2
22	JPN	100,0	15,9	27,6	1,3	–	55,3

(¹) BLEU.

External trade

6.10. Imports (¹) by commodity class — 1995

(Mio ECU)

Importing country	Total imports	Products (SITC, Rev. 3)				
		Food, beverages and tobacco (Sectors 0 + 1)	Crude materials, oils and fats (Sectors 2 + 4)	Mineral fuels, lubricants and related materials (Sector 3)	Machinery and equipment (Sector 7)	Other (Sectors 5 + 6 + 8 + 9)
EUR 15	**544 725**	**43 228**	**40 220**	**64 683**	**173 310**	**223 284**
1 B (²)	123 331	12 880	6 998	7 151	31 163	65 139
2 DK	33 738	3 897	1 399	1 443	10 520	16 479
3 D	338 647	31 282	16 220	21 647	116 340	153 158
4 EL	18 952	2 909	749	1 395	5 237	8 662
5 E	84 090	10 026	5 751	6 925	29 877	31 511
6 F	221 245	20 955	8 580	14 016	85 461	92 233
7 IRL	24 196	2 011	592	812	10 021	10 760
8 I	155 948	16 309	13 335	11 428	45 701	69 175
9 L (²)	:	:	:	:	:	:
10 NL	141 612	14 776	8 007	10 457	41 182	67 190
11 A	50 292	2 948	2 446	2 275	18 406	24 217
12 P	24 931	2 953	1 418	2 085	8 393	10 082
13 FIN	22 530	1 203	1 695	1 915	8 902	8 815
14 S	49 681	2 979	1 965	3 055	19 368	22 314
15 UK	207 804	18 761	8 250	7 003	82 808	90 982
16 ISL	1 339	153	76	97	433	580
17 NOR	25 004	1 559	1 974	724	942	19 805
EEA	**525 862**	**41 477**	**40 162**	**52 360**	**173 938**	**217 925**
18 CHE	61 201	3 817	1 672	1 772	20 486	33 454
19 USA	589 409	26 794	18 191	48 153	273 609	222 662
20 CAN	124 843	6 873	4 668	4 543	64 736	44 023
21 JPN	256 782	38 901	26 929	41 220	57 979	91 753

(¹) Trade with the rest of the world. Intra-EUR 15 trade is not included in the aggregate EUR 15 but is included for each of the EU Member States. Similarly, the aggregate EEA is equal to the sum of the trade of the 17 countries in question minus trade within the EEA.
(²) BLEU.

External trade

6.10. Imports (¹) by commodity class — 1995

(%)

	Importing country	Total Imports	Products (SITC, Rev. 3)				
			Food, beverages and tobacco (Sectors 0 + 1)	Crude materials, oils and fats (Sectors 2 + 4)	Mineral fuels, lubricants and related materials (Sector 3)	Machinery and equipment (Sector 7)	Other (Sectors 5 + 6 + 8 + 9)
	EUR 15	**100,0**	7,9	7,4	11,9	31,8	41,0
1	B (²)	100,0	10,4	5,7	5,8	25,3	52,8
2	DK	100,0	11,6	4,1	4,3	31,2	48,8
3	D	100,0	9,2	4,8	6,4	34,4	45,2
4	EL	100,0	15,3	4,0	7,4	27,6	45,7
5	E	100,0	11,9	6,8	8,2	35,5	37,6
6	F	100,0	9,5	3,9	6,3	38,6	41,7
7	IRL	100,0	8,3	2,4	3,4	41,4	44,5
8	I	100,0	10,5	8,6	7,3	29,3	44,3
9	L (²)	:	:	:	:	:	:
10	NL	100,0	10,4	5,7	7,4	29,1	47,4
11	A	100,0	5,9	4,9	4,5	36,6	48,1
12	P	100,0	11,8	5,7	8,4	33,7	40,4
13	FIN	100,0	5,3	7,5	8,5	39,5	39,2
14	S	100,0	6,0	4,0	6,1	39,0	44,9
15	UK	100,0	9,0	4,0	3,4	39,8	43,8
16	ISL	100,0	11,4	5,7	7,3	32,3	43,3
17	NOR	100,0	6,2	7,9	2,9	3,8	79,2
	EEA	**100,0**	7,9	7,6	10,0	33,1	41,4
18	CHE	100,0	6,2	2,7	2,9	33,4	54,8
19	USA	100,0	4,6	3,1	8,2	46,4	37,7
20	CAN	100,0	5,5	3,7	3,6	51,9	35,3
21	JPN	100,0	15,2	10,4	16,1	22,6	35,7

(¹) Trade with the rest of the world. Intra-EUR 15 trade is not included in the aggregate EUR 15 but is included for each of the EU Member States. Similarly, the aggregate EEA is equal to the sum of the trade of the 17 countries in question minus trade within the EEA.
(²) BLEU.

External trade

6.11. Exports (¹) by commodity class — 1995

(Mio ECU)

	Exporting country	Total exports	Products (SITC, Rev. 3)				
			Food, beverages and tobacco (Sectors 0 + 1)	Crude materials, oils and fats (Sectors 2 + 4)	Mineral fuels, lubricants and related materials (Sector 3)	Machinery and equipment (Sector 7)	Other (Sectors 5 + 6 + 8 + 9)
	EUR 15	**569 035**	**38 926**	**13 654**	**10 161**	**255 661**	**250 633**
1	B (²)	133 255	13 875	3 866	3 021	35 988	76 505
2	DK	37 760	8 843	1 647	961	9 309	17 000
3	D	389 265	18 250	8 439	3 592	192 636	166 348
4	EL	8 246	1 901	1 015	515	629	4 186
5	E	72 913	10 141	2 508	1 510	30 229	28 525
6	F	230 245	30 120	6 058	5 132	98 392	90 543
7	IRL	33 412	6 512	713	147	11 744	14 296
8	I	176 654	10 824	2 501	2 384	66 327	94 618
9	L (²)	:	:	:	:	:	:
10	NL	155 328	25 657	8 647	10 674	38 141	72 209
11	A	43 729	1 746	2 157	390	17 291	22 145
12	P	17 418	1 118	1 227	569	4 691	9 813
13	FIN	30 955	713	2 756	591	11 050	15 845
14	S	61 069	1 247	4 877	1 270	27 095	26 580
15	UK	181 250	11 844	3 581	7 575	77 622	80 628
16	ISL	1 378	1 012	57	1	71	237
17	NOR	31 911	2 621	820	15 088	4 256	9 126
	EEA	**558 579**	**39 234**	**12 998**	**11 964**	**250 622**	**243 761**
18	CHE	62 196	1 844	767	63	19 628	39 894
19	USA	445 356	38 423	28 554	7 992	215 204	155 183
20	CAN	145 402	9 459	18 487	13 194	57 415	46 847
21	JPN	338 689	1 614	2 408	1 906	238 149	94 612

(¹) Trade with the rest of the world. Intra-EUR 15 trade is not included in the aggregate EUR 15 but is included for each of the EU Member States. Similarly, the aggregate EEA is equal to the sum of the trade of the 17 countries in question minus trade within the EEA.
(²) BLEU.

External trade

6.11. Exports (¹) by commodity class — 1995

(%)

	Exporting country	Total exports	Food, beverages and tobacco (Sectors 0 + 1)	Crude materials, oils and fats (Sectors 2 + 4)	Mineral fuels, lubricants and related materials (Sector 3)	Machinery and equipment (Sector 7)	Other (Sectors 5 + 6 + 8 + 9)
	EUR 15	**100,0**	**6,8**	**2,4**	**1,8**	**44,9**	**44,1**
1	B (²)	100,0	10,4	2,9	2,3	27,0	57,4
2	DK	100,0	23,4	4,4	2,5	24,7	45,0
3	D	100,0	4,7	2,2	0,9	49,5	42,7
4	EL	100,0	23,1	12,3	6,2	7,6	50,8
5	E	100,0	13,9	3,4	2,1	41,5	39,1
6	F	100,0	13,1	2,6	2,2	42,7	39,4
7	IRL	100,0	19,5	2,1	0,4	35,1	42,9
8	I	100,0	6,1	1,4	1,3	37,5	53,7
9	L (²)	:	:	:	:	:	:
10	NL	100,0	16,5	5,6	6,9	24,6	46,4
11	A	100,0	4,0	4,9	0,9	39,5	50,7
12	P	100,0	6,4	7,0	3,3	26,9	56,4
13	FIN	100,0	2,3	8,9	1,9	35,7	51,2
14	S	100,0	2,0	8,0	2,1	44,4	43,5
15	UK	100,0	6,5	2,0	4,2	42,8	44,5
16	ISL	100,0	73,4	4,1	0,1	5,2	17,2
17	NOR	100,0	8,2	2,6	47,3	13,3	28,6
	EEA	**100,0**	**7,0**	**2,3**	**2,1**	**44,9**	**43,6**
18	CHE	100,0	3,0	1,2	0,1	31,6	64,1
19	USA	100,0	8,6	6,4	1,8	48,3	34,9
20	CAN	100,0	6,5	12,7	9,1	39,4	32,3
21	JPN	100,0	0,4	0,7	0,6	70,3	28,0

(¹) Trade with the rest of the world. Intra-EUR 15 trade is not included in the aggregate EUR 15 but is included for each of the EU Member States. Similarly, the aggregate EEA is equal to the sum of the trade of the 17 countries in question minus trade within the EEA.
(²) BLEU.

6.12. Volume indices by SITC, Rev. 3

(1990 = 100)

Year	Imports					
	Total	Food, beverages and tobacco (Sectors 0 + 1)	Crude materials, oils and fats (Sectors 2 + 4)	Mineral fuels, lubricants and related materials (Sector 3)	Machinery and equipment (Sector 7)	Other (Sectors 5 + 6 + 8 + 9)
Intra-EUR 15 (¹)						
1991	103,8	108,5	103,8	105,7	103,7	102,6
1992	105,1	114,1	102,4	106,5	102,7	105,0
1993	92,1	107,6	88,6	112,1	84,5	90,1
1994	99,4	115,3	97,8	118,3	92,3	98,5
1995	101,6	117,2	97,4	115,6	98,2	100,0
Extra-EUR 15						
1991	105,7	104,7	97,6	109,1	106,6	105,7
1992	106,5	107,0	100,4	111,7	101,2	109,7
1993	101,3	99,6	93,8	111,0	93,2	109,3
1994	108,6	107,1	106,7	116,8	98,4	119,9
1995	111,4	107,8	104,9	112,3	106,0	121,3

(¹) Owing to the change in the method of collecting intra-EU trade data as from 1.1.1993, comparisons between results prior to and after that date must be made with caution.

External trade

6.12. Volume indices by SITC, Rev. 3

(1990 = 100)

Exports						Year
Total	Food, beverages and tobacco (Sectors 0 + 1)	Crude materials, oils and fats (Sectors 2 + 4)	Mineral fuels, lubricants and related materials (Sector 3)	Machinery and equipment (Sector 7)	Other (Sectors 5 + 6 + 8 + 9) 8)	
Intra-EUR 15 ([1])						
102,8	107,6	101,8	103,0	101,5	102,5	1991
103,1	112,9	100,9	101,4	99,4	105,9	1992
95,2	113,2	92,1	107,2	84,5	99,6	1993
104,7	122,3	103,2	123,2	95,2	110,3	1994
107,8	123,0	100,0	119,3	102,9	112,2	1995
Extra-EUR 15						
98,3	104,2	107,5	95,1	97,3	97,7	1991
99,2	110,1	113,5	104,7	97,0	100,2	1992
106,1	116,3	122,9	153,7	105,1	109,0	1993
114,4	120,0	129,4	135,9	113,9	119,7	1994
119,0	123,6	129,8	96,3	122,6	122,5	1995

([1]) Owing to the change in the method of collecting intra-EU trade data as from 1.1.1993, comparisons between results prior to and after that date must be made with caution.

External trade

6.13. Unit value indices by SITC, Rev. 3

(1990 = 100)

Year	Imports					
	Total	Food, beverages and tobacco (Sectors 0 + 1)	Crude materials, oils and fats (Sectors 2 + 4)	Mineral fuels, lubricants and related materials (Sector 3)	Machinery and equipment (Sector 7)	Other (Sectors 5 + 6 + 8 + 9) 8)
Intra-EUR 15 (¹)						
1991	102,0	102,4	94,7	98,1	104,7	100,8
1992	102,7	102,6	92,2	86,9	108,6	100,4
1993	103,8	100,8	91,6	85,7	112,4	100,5
1994	108,1	102,7	100,5	81,1	117,9	105,5
1995	115,2	105,9	111,9	82,7	122,1	116,1
Extra-EUR 15						
1991	101,1	103,0	94,0	93,3	105,9	102,4
1992	99,1	99,7	89,2	83,2	109,9	100,8
1993	103,7	103,6	89,1	81,7	122,8	104,3
1994	107,5	110,0	97,9	77,1	130,7	108,0
1995	111,3	111,4	108,5	76,8	131,4	114,5

(¹) Owing to the change in the method of collecting intra-EU trade data as from 1.1.1993, comparisons between results prior to and after that date must be made with caution.

6.13. Unit value indices by SITC, Rev. 3

(1990 = 100)

Exports						Year
Total	Food, beverages and tobacco (Sectors 0 + 1)	Crude materials, oils and fats (Sectors 2 + 4)	Mineral fuels, lubricants and related materials (Sector 3)	Machinery and equipment (Sector 7)	Other (Sectors 5 + 6 + 8 + 9)	
Intra-EUR 15 ([1])						
101,9	102,1	93,8	100,9	104,6	100,3	1991
103,0	102,5	92,1	91,6	109,3	100,0	1992
106,6	101,2	92,5	90,9	117,4	101,9	1993
110,3	103,1	102,7	86,2	121,4	106,2	1994
116,5	106,3	114,1	88,3	124,6	115,6	1995
Extra-EUR 15						
103,8	97,8	97,9	99,8	106,3	103,2	1991
105,9	100,1	95,1	90,7	111,6	103,6	1992
110,4	102,7	95,9	91,0	118,0	107,2	1993
113,4	105,4	104,3	91,2	121,9	109,0	1994
118,9	109,4	114,6	100,9	126,2	115,0	1995

([1]) Owing to the change in the method of collecting intra-EU trade data as from 1.1.1993, comparisons between results prior to and after that date must be made with caution.

Services and transport

Services

7.1. Television sets and telephones in use — 1993

	Country	Television receivers				Telephones: main lines	
		1 000		per 1 000 inhabitants		1 000	per 1 000 inhabitants
		Licences (¹)	Receivers (²)	Licences (¹)	Receivers (²)		
	EUR 15	111 053	180 420	301	489	170 431	462
1	B	3 316	4 550	329	452	4 396	437
2	DK	2 039	2 744	394	530	3 060	591
3	D	31 888	45 200	394	558	37 000	457
4	EL	3 679	3 580	355	346	4 744	458
5	E	–	15 800	–	405	14 253	365
6	F	19 882	33 370	345	580	30 900	537
7	IRL	858	1 060	241	298	1 170	329
8	I	15 675	24 500	274	429	24 176	423
9	L	–	140	–	354	215	544
10	NL	5 675	8 296	372	544	7 630	501
11	A	2 677	3 963	336	498	3 579	450
12	P	–	3 007	–	305	3 260	330
13	FIN	1 866	3 200	369	633	2 760	546
14	S	3 321	5 810	382	668	5 907	680
15	UK	20 177	25 200	347	433	27 380	471
16	ISL	89	93	340	355	144	548
17	NOR	1 522	1 835	354	427	2 335	543
	EEA	112 664	182 348	301	488	172 909	463
18	CHE	2 772	5 392	367	781	4 266	618
	CIS (³) of which	:	:	:	:	30 700 *	108
19	RUS (³)	:	:	:	:	17 700 *	120
20	USA	:	210 500	:	816	148 084 (⁴)	:
21	CAN	:	17 800	:	618	16 471 (⁴)	:
22	JPN	:	77 000	:	619	58 830 (⁴)	:

(¹) Number of television licences registered (number of television licence fee accounts registered, including those exempt from payment). In Greece, the television licence fee is based not on possession of a television set, but on the electricity consumed.
(²) Estimated number of television sets in use. For some countries, it is not possible to evaluate ownership of more than one television set.
(³) 1994.
(⁴) *Source*: UIT.

Services

7.2. Index numbers of retail sales volume (¹)

(1990 = 100)

	Country	1991	1992	1993	1994	1995
	EUR 15	:	:	:	:	:
1	B	98,8	99,7	95,1	95,0	94,5
2	DK	102,3	101,3	102,0	107,4	107,8
3	D	105,1	104,4	99,8	98,0	96,1
4	EL	93,6	93,6	90,3	90,9	89,1
5	E	:	:	:	:	:
6	F	100,3	100,6	101,9	103,8	105,3
7	IRL	99,8	102,8	104,6	109,0	111,8
8	I	99,2	99,1	98,1	96,3	97,3
9	L	102,3	99,8	102,4	102,3	100,9
10	NL	102,1	102,8	103,0	102,9	104,3
11	A	:	:	:	:	:
12	P	:	:	:	:	:
13	FIN	:	:	:	:	:
14	S	:	:	:	:	:
15	UK	98,6	99,1	102,6	107,3	107,4
16	ISL (²)	104,7	101,4	95,3	97,2	100,3
17	NOR (²)	100,9	102,9	104,6	109,4	112,5
	EEA	:	:	:	:	:
18	CHE	100,7	100,2	98,7	99,5	98,3
	CIS (²)	**117,0**	**76,0**	**69,0**	**62,6**	:
	of which					
19	RUS (²) (³)	118,0	76,0	77,0	74,9	:
20	USA	110,6	116,1	120,9	:	:
21	JPN	126,7	:	:	:	:

(¹) Data not seasonally adjusted.
(²) 1985 = 100.
(³) Turnover on retail trade by enterprises in the trade register.

7.2. Index numbers of retail sales volume (¹)

(1990 = 100)

Year	EUR 15	B	DK	D	EL	E	F	IRL

Food, beverages and tobacco

Year	EUR 15	B	DK	D	EL	E	F	IRL
1991	:	101,7	101,9	100,2	103,3	:	100,7	102,6
1992	:	102,9	102,5	98,9	102,2	:	102,0	105,7
1993	:	102,2	103,2	97,5	101,5	:	104,2	108,5
1994	:	102,0	106,4	95,3	94,7	:	107,7	108,8
1995	:	100,8	105,4		94,1	:	109,1	110,8

Clothing and footwear

Year	EUR 15	B	DK	D	EL	E	F	IRL
1991	:	95,2	103,1	106,1	97,3	:	99,9	101,5
1992	:	97,0	100,7	103,8	107,2	:	96,9	106,6
1993	:	91,8	102,0	102,0	112,5	:	96,1	106,6
1994	:	87,4	111,4	97,4	132,3	:	93,2	109,1
1995	:	81,0	107,5		125,6	:	91,8	113,2

Household equipment

Year	EUR 15	B	DK	D	EL	E	F	IRL
1991	:	100,9	:	106,0	88,7	:	97,0	100,6
1992	:	102,5	:	107,0	87,9	:	95,1	105,1
1993	:	99,8	:	105,7	83,0	:	94,0	109,0
1994	:	98,9	:	105,1	83,1	:	93,3	117,7
1995	:	101,3	:		75,9	:	95,8	125,2

(¹) Data not seasonally adjusted.

Services

7.2. Index numbers of retail sales volume (¹)

(1990 = 100)

I	L	NL	A	P	FIN	S	UK	Year
Food, beverages and tobacco								
97,5	102,9	100,7	:	:	:	:	101,2	1991
99,6	101,4	101,8	:	:	:	:	103,2	1992
101,5	105,3	101,9	:	:	:	:	106,4	1993
101,9	107,2	102,3	:	:	:	:	111,1	1994
103,5	107,1	103,8	:	:	:	:	112,4	1995
Clothing and footwear								
97,2	97,5	106,2	:	:	:	:	97,2	1991
95,6	87,9	106,2	:	:	:	:	97,7	1992
88,7	83,8	107,1	:	:	:	:	100,9	1993
83,2	75,9	104,9	:	:	:	:	106,1	1994
83,7	66,0	104,7	:	:	:	:	110,3	1995
Household equipment								
96,0	104,8	102,2	:	:	:	:	98,5	1991
93,2	102,5	102,2	:	:	:	:	99,3	1992
88,6	102,5	104,0	:	:	:	:	106,9	1993
81,2	93,8	105,0	:	:	:	:	113,0	1994
86,7	92,4	105,9	:	:	:	:	112,8	1995

(¹) Data not seasonally adjusted.

Transport

7.3. Railways: length of line, passenger-kilometres and tonne-kilometres — 1993

	Country	Length of line operated (km)	Passenger-kilometres (Mio)	Net tonne-kilometres (Mio)
	EUR 15	**155 558**	**262 547**	**204 396**
1	B	3 410	6 694	7 583
2	DK	2 349	4 700	1 797
3	D	40 397	58 003	64 626
4	EL	2 474	1 726	524 (¹)
5	E	12 601	15 457	7 558
6	F	32 579	58 603	45 033
7	IRL	1 944	1 274	575
8	I	15 942	47 101	18 792
9	L	275	262 *	607
10	NL	2 757	14 788	2 681
11	A	5 600	9 342	11 798 (¹)
12	P	3 063	5 397	1 665
13	FIN	5 885	3 007	9 259
14	S	9 746	5 830	18 133
15	UK	16 536	30 363	13 765
16	ISL	–	–	–
17	NOR	4 023	2 341	2 873
	EEA	**159 581**	**264 888**	**207 269**
18	CHE	2 983	11 670	7 746
	CIS of which	**142 000**	**341 000 ***	**1 620 000 ***
19	RUS	87 100	227 000	1 195 000
20	USA	177 712	9 976 (²)	1 619 560 (³)
21	CAN	13 490 (⁴)	1 318 (⁴)	:
22	JPN	38 040	250 015	20 075

Source: The International Union of Railways, Eurostat.
(¹) Including empty passenger coaches.
(²) Amtrak: United States railway company.
(³) Class 1 Rail: United States railway company.
(⁴) VIA Rail: Canadian railway company.

Transport

7.4. Rail freight traffic (¹)

(Mio tkm)

	Country	1990	1991	1992	1993	1994
	EUR 15	:	:	196 198 *	:	:
1	B	7 602	7 517	7 280	6 800	7 275
2	DK	1 159	1 192	1 148	:	:
3	D (²)	55 230	68 112	59 539	58 538	62 886
4	EL	592	547	526	498	322
5	E	10 142	9 444	8 292	7 081	8 258
6	F	46 486	46 025	45 134	40 378	43 549
7	IRL	589	603	633	575	569
8	I	19 259	19 919	19 246	18 116	:
9	L	537	531	482	:	:
10	NL	3 055	3 029	2 751	2 669	2 806
11	A	:	:	8 852 *	8 733 *	9 394 *
12	P	1 444	1 645	1 754	1 665	1 635
13	FIN	:	:	6 650 *	7 873 *	8 466 *
14	S	:	:	18 361 *	18 003 *	18 359 *
15	UK	16 278	15 388	15 550	13 765	12 978

Source: Eurostat/Council Directive 80/1177/EEC.
(¹) Full wagon loads.
(²) Including 'Other railways'.

7.5. Inland waterways — 1993 ([1])

Country	Length of inland waterways in use (km)	Goods-carrying vessels ([2])		Tonnes carried ([3]) (1 000)	Tonne-kilometres ([3]) (Mio)
		Number	Capacity (1 000 t)		
EUR 15	**27 382**	**17 643**	:	**621 915**	:
1 B	1 513	1 604 ([4])	1 475	67 582	3 583
2 DK	:	:	:	:	:
3 D	6 902	4 645	4 401	218 012	57 497
4 EL	:	:	:	:	:
5 E	:	:	:	:	:
6 F	5 822	2 374	953	64 864	7 684
7 IRL	:	:	:	:	:
8 I	1 466	3 137	:	606	:
9 L	37	31	36	10 224	323
10 NL	5 046	5 524	6 865 *	252 528	31 894
11 A	351	178	:	6 452 *	1 454 *
12 P	:	:	:	:	:
13 FIN	6 245	150 ([5])	:	1 647*([6]) ([7])	3 380 ([7])
14 S	:	:	:	:	:
15 UK	:	:	:	:	:
16 ISL	–	–	–	–	–
17 NOR	:	:	:	:	:
EEA	**27 382**	**17 643**	:	**621 915**	:
18 CHE	21	128	267	8 695 *	49 *
CIS of which	**105 700**	**8 700**	:	**182 000**	**94 000**
19 RUS	93 800	7 300	:	155 000	87 000
20 USA	41 484	:	:	:	:
21 CAN	:	:	:	:	:
22 JPN	–	:	:	:	:

Sources: Eurostat; Council Directive 80/1119/EEC; United Nations, Economic Commission for Europe.
([1]) Only includes those countries which transmit data pursuant to Council Directive 80/1119/EEC.
([2]) Self-propelled, dumb and pushed vessels.
([3]) Transit traffic included.
([5]) Including passenger vessels.
([6]) National transport only.
([4]) 1992.
([7]) Does not include floating wood.

Transport

7.6. Civil aviation of principal airline companies — 1993

	Country	Number of airlines	Number of aircrafts (end of year)	Passenger-km (¹) (Mio)	Available seat-km (¹) (Mio)	Load factor (¹) (%)
	EUR 15	46	:	352 884	528 148	66,8
1	B	1	29 (²)	6 484	11 683	55,5
2	DK	1	:	4 403	7 022	62,7
3	D	2	247	52 961	80 525	65,7
4	EL	1	64	7 899	12 886	61,3
5	E	3	172	26 729	40 801	65,5
6	F	6	295	59 604	88 578	67,3
7	IRL	2	31 (³)	4 209	5 880	71,6
8	I	3	148	29 634	45 634	64,9
9	L	1	:	291	532	54,6
10	NL	4	:	38 544	54 737	70,4
11	A	3	45 (⁴)	5 629	9 395	59,9
12	P	1	38	7 868	11 208	70,2
13	FIN	1	44	5 317	9 151	58,1
14	S	4	:	9 332 (⁵)	15 243 (⁵)	61,2 (⁵)
15	UK	13	389	94 000	134 873	69,7
16	ISL	1	11	1 968	2 982	66,0
17	NOR	2	:	7 073	11 376	62,2
	EEA	49	:	361 925	542 506	66,7
18	CHE	2	:	17 704	28 950	61,2
	CIS	10	:	93 239	136 100	68,5
	of which					
19	RUS	1	:	76 444	111 924	68,3
20	USA	16	3 461 (⁶)	744 212 (⁷)	1 173 807 (⁷)	63,4
21	CAN	2	188	40 426	61 055	66,2
22	JPN	4	318	103 967	163 536	63,6

Sources: ICAO statistical year book (Civil aviation statistics of the world 1994);
ICAO digest of statistics (Traffic commercial air carriers 1987–91).

(¹) International and domestic scheduled services.
(²) 1990.
(³) 1991, Aer Lingus only.
(⁴) Austrian and Tyrol Air only.
(⁵) Including 1994 data for Transwede.
(⁶) Does not include data for Business Express and Carnival Airlines.
(⁷) 1994 for Business Express and Carnival Airlines.

Transport

7.7. Maritime fleets — 1994

	Country	All ships			Among which: oil tankers	
		Number	1 000 tonnes gross	% world tonnes gross	Number	1 000 tonnes gross
	EUR 15	**12 851**	**72 090**	**15,1**	**822**	**22 819**
1	B	203	233	0,0	5	3
2	DK	1 202	5 799	1,2	18	788
3	D	1 200	5 696	1,2	29	83
4	EL	1 923	30 162	6,3	327	13 386
5	E	1 807	1 560	0,3	29	430
6	F	827	4 348	0,9	42	2 032
7	IRL	170	190	0,0	3	9
8	I	1 434	6 818	1,4	161	2 181
9	L	47	1 143	0,2	2	3
10	NL	1 189	4 396	0,9	17	435
11	A	31	134	0,0	–	–
12	P	331	884	0,2	16	552
13	FIN	272	1 404	0,3	13	303
14	S	597	2 797	0,6	46	370
15	UK	1 618	6 526	1,4	114	2 244
16	ISL	368	175	0,0	2	2
17	NOR	2 259	22 387	4,7	142	8 962
	EEA	**15 478**	**94 652**	**19,8**	**966**	**31 783**
18	CHE	21	408	0,1	–	–
19	USA	5 270	13 655	2,9	141	4 500
20	CAN	896	2 490	0,5	29	153
21	JPN	9 706	22 102	4,6	1 082	6 421
22	LBR	1 621	57 648	12,1	423	28 275
23	PAN	5 799	64 170	13,5	596	18 649

Source: Lloyd's register.

7.8. Merchant shipping — 1992

(Mio t)

	Country	International traffic			National traffic
		Unloaded		Loaded	
		Total	Among which: petroleum products	Total	
	EUR 15	:	:	:	:
1	B	91,1	:	58,1	:
2	DK	18,5	:	34,0	10,2
3	D	117,9	:	55,5	9,4
4	EL	37,8	:	20,4	40,7
5	E	134,1	:	40,8	64,3
6	F	:	:	:	:
7	IRL	18,5	:	7,3	1,4
8	I	228,4	:	47,0	127,1
9	L	—	:	—	—
10	NL	289,2	:	89,0	:
11	A	—	:	—	—
12	P	30,9	:	8,7	:
13	FIN	32,1	:	27,8	11,3
14	S	55,3	:	46,9	25,8
15	UK	182,6	:	150,2	162,9
16	ISL	:	:	:	:
17	NOR	18,5	:	114,3	:
	EEA	:	:	:	:
18	CHE	:	:	:	:
19	USA	532,3	:	408,9	:
20	CAN	69,4	:	153,8	104,6
21	JPN	:	:	:	:
22	LBR	:	:	:	:
23	PAN	:	:	:	:

Source: United Nations, Economic Commission for Europe.

Transport

7.9. Length of road network by administrative category — 1993

(km)

	Country	Motorways	Other roads	Total
	EUR 15	**44 111**	**3 761 252**	**3 805 363**
1	B	1 665	140 890	142 555
2	DK	737	70 374	71 111
3	D	11 080	628 792 (^{1})	639 872
4	EL	280 (^{1})	81 000 *	81 280
5	E	7 404	153 244	160 648
6	F	7 614	908 121	915 735
7	IRL	53	91 450	91 503
8	I	6 401	809 701	816 102
9	L	100	5 113	5 213
10	NL	2 134 (^{1})	103 683 (^{1})	105 817 (^{1})
11	A	1 554	104 720	106 274
12	P	520	67 390	67 910
13	FIN	318	77 728 (^{2})	78 046 (^{2})
14	S	1 005	133 859	134 864
15	UK	3 246	385 187	388 433
16	ISL	–	12 503	12 503
17	NOR	512	90 503	91 015
	EEA	**44 623**	**3 864 258**	**3 908 881**
18	CHE	1 530	69 515	71 045
19	USA	87 527	6 196 512	6 284 039
20	CAN	15 983 (^{3})	833 421 (^{3})	849 404 (^{3})
21	JPN	5 410 (^{4})	1 125 482	1 130 892

Sources: Eurostat; The International Road Federation.

(^{1}) 1992.
(^{2}) Main or national roads.
(^{3}) 1991.
(^{4}) Not including motorways constructed by local authorities.

Transport

7.10. Motor vehicles in use — 1994

	Country	Private cars (1 000)	Private cars (per 1 000 inhabitants)	Lorries and road tractors (1 000)
	EUR 15	**156 748**	**423**	**18 108**
1	B	4 210	416	443
2	DK	1 610	309	449
3	D	39 765	488	2 234
4	EL	2 074	199	838
5	E	13 734	351	2 906
6	F	24 900	430	3 774
7	IRL	939	263	210
8	I	29 430 (¹)	518 (¹)	2 605
9	L	229	567	25
10	NL	5 884	383	641 (²)
11	A	3 479	433	689
12	P	3 532	357	621
13	FIN	1 873	368	249
14	S	3 594	409	308
15	UK	21 740	373	2 610
16	ISL	116	436	14
17	NOR	1 654	380	366
	EEA	**158 497**	**423**	**18 445**
18	CHE	3 165	450	256
	CIS	**21 000**	**74**	:
	of which			
19	RUS	12 400	84	3 130 (³)
20	USA	133 930	514	81 859
21	CAN	16 000 (²) *	557 (²)	:
22	JPN	42 679	341	20 777

Sources: Eurostat; The International Road Federation.
(¹) 1992.
(²) 1993.
(³) Public buses and lorries (including pick-up trucks and vans).

Transport

7.11. Road traffic accidents

(number)

Year	EUR 15	B	DK	D	EL	E
Accidents involving personal injury (¹)						
1990	**1 293 488**	62 446	9 155	340 043	19 609	101 507
1991	:	58 223	8 757	385 147	20 764	98 128
1992	**1 282 333**	55 438	8 965	395 462	22 006	87 293
1993	:	54 933	8 513	385 384	22 165	79 925
1994	:	53 018	8 279	392 754	22 222	78 474
Deaths (²)						
1990	**48 571**	1 976	634	7 906	1 737	6 948
1991	:	1 873	606	11 300	1 790	6 797
1992	:	1 672	577	10 631	1 829	6 014
1993	:	1 660	559	9 949	1 830	5 506
1994	:	1 692	546	9 814	1 909	5 615
Persons injured (¹)						
1990	**1 744 719**	86 184	10 653	448 158	27 391	155 476
1991	:	80 655	10 265	505 535	28 949	148 450
1992	:	77 109	10 514	516 797	30 284	129 949
1993	:	76 015	9 930	505 591	29 910	118 065
1994	:	73 338	9 757	516 415	30 297	113 716
Total casualities						
1990	**1 793 290**	88 160	11 287	456 064	29 128	162 424
1991	:	82 528	10 871	516 835	30 739	155 247
1992	:	78 781	11 091	527 428	32 113	135 963
1993	:	77 675	10 489	515 540	31 740	123 571
1994	:	75 030	10 303	526 229	32 206	119 331

Sources: Eurostat; The International Road Federation.
(¹) Definitions might vary from country to country.
(²) Persons killed: users died within 30 days following the accident, except: Austria: within three days, within 30 days since 1992; France: within six days; Italy: within seven days; Spain: within 24 hours; Portugal: on the spot; and Greece: within three days.

7.11. Road traffic accidents

(number)

F	IRL	I	L	NL	A	P	Year
Accidents involving personal injury (¹)							
162 573	6 067	161 782	1 216	44 892	46 338	45 110	1990
148 890	6 494	170 702	:	:	46 013	48 953	1991
143 362	6 677	170 814	1 287	41 054 *	44 730	48 739	1992
137 500	:	153 393	:	40 422 *	41 791	48 645	1993
132 726	:	170 679	:	41 394 *	42 015	45 504	1994
Deaths (²)							
10 289	478	6 621	71	1 376	1 391	2 321	1990
9 617	445	7 498	82	:	1 385	2 475	1991
9 083	415	7 434	:	1 285	1 403	2 408	1992
9 052	431	6 645	:	1 252	1 283	2 077	1993
8 533	404	6 578	:	1 298	1 338	1 914	1994
Persons injured (¹)							
225 860	9 429	221 024	1 778	52 032	60 650	63 329	1990
205 968	9 874	240 688	:	:	60 355	69 535	1991
198 104	10 188	241 094	:	48 328 *	57 473	70 335	1992
189 020	9 831	216 100	:	47 577 *	53 987	66 710	1993
180 832	10 229	239 184	:	49 146 *	53 818	60 054	1994
Total casualities							
236 149	9 907	227 645	1 849	53 408	62 041	65 650	1990
215 585	10 319	248 186	:	:	61 740	72 010	1991
207 187	10 603	248 528	:	49 613 *	58 876	72 743	1992
198 072	10 262	222 745	:	48 829 *	55 270	68 787	1993
189 365	10 633	245 762	:	50 444 *	55 156	61 968	1994

Sources: Eurostat; The International Road Federation.
(¹) Definitions might vary from country to country.
(²) Persons killed: users died within 30 days following the accident, except: Austria: within three days, within 30 days since 1992; France: within six days; Italy: within seven days; Spain: within 24 hours; Portugal: on the spot; and Greece: within three days.

Transport

7.11. Road traffic accidents

(number)

Year	FIN	S	UK
Accidents involving personal injury (^{1})			
1990	10 175	16 975	265 600
1991	9 374	16 003	:
1992	7 882	15 599	233 025
1993	6 147	14 959	228 865
1994	6 245	15 888	234 101
Deaths (^{2})			
1990	649	772	5 402
1991	632	745	:
1992	601	759	4 229
1993	484	632	3 814
1994	480	589	3 650
Persons injured (^{1})			
1990	12 758	22 497	347 500
1991	11 547	21 057	:
1992	9 899	20 727	306 444
1993	7 806	19 741	302 206
1994	8 080	21 083	311 539
Total casualities			
1990	13 407	23 269	352 902
1991	12 179	21 802	:
1992	10 500	21 486	310 673
1993	8 290	20 373	306 020
1994	8 560	21 672	315 189

Sources: Eurostat; The International Road Federation.
(^{1}) Definitions might vary from country to country.
(^{2}) Persons killed: users died within 30 days following the accident, except: Austria: within three days, within 30 days since 1992; France: within six days; Italy: within seven days; Spain: within 24 hours; Portugal: on the spot; and Greece: within three days.

Transport

7.11. Road traffic accidents

(number)

ISL	NOR	**EEA**	CHE	Year
Accidents involving personal injury (¹)				
583	8 801	**1 302 872**	23 834	1990
784	8 677	:	22 821	1991
924	8 495	**1 291 752**	23 272	1992
1 003	8 642	:	22 852	1993
1 016	8 406	:	23 526	1994
Deaths (²)				
24	332	**48 927**	954	1990
27	323	:	860	1991
21	325	:	834	1992
17	281	:	723	1993
12	283	:	679	1994
Persons injured (¹)				
857	11 886	**1 757 462**	29 243	1990
1 126	11 712	:	28 240	1991
1 327	11 404	:	28 683	1992
1 434	11 536	:	28 210	1993
1 473	11 247	:	29 278	1994
Total casualities				
881	12 218	**1 806 389**	30 197	1990
1 153	12 035	:	29 100	1991
1 348	11 729	:	29 517	1992
1 451	11 817	:	28 933	1993
1 485	11 530	:	29 957	1994

Sources: Eurostat; The International Road Federation.
(¹) Definitions might vary from country to country.
(²) Persons killed: users died within 30 days following the accident, except: Austria: within three days, within 30 days since 1992; France: within six days; Italy: within seven days; Spain: within 24 hours; Portugal: on the spot; and Greece: within three days.

Tourism

7.12. Hotels and other establishments

Year	B	DK	D (¹) (²)	EL	E	F (³)
			Number of hotels and similar establishments			
1990	2 123	539	37 423	6 713	9 436	20 472
1991	1 957	545	38 393	6 991	9 603	20 602
1992	1 914	555	37 162	7 185	9 792	20 998
1993	1 888	576	36 646	7 510	9 734	20 654
1994	1 980	565	37 307	7 604	10 063	20 057
			Overnight stays in hotels and similar establishments (1 000)			
1990	9 580	10 635	155 387	47 037	128 895	145 803
1991	9 296	11 231	160 457	41 622	134 499	141 058
1992	10 512	11 557	174 495	48 900	131 704	151 239
1993	10 381	11 568	168 560	48 478	138 103	145 614
1994	10 563	11 970	167 675	52 892	154 668	146 644
			Overnight stays in supplementary establishments (1 000)			
1990	27 259	12 037	100 338	1 851	13 497	94 012
1991	24 959	12 640	124 984	1 018	15 817	96 750
1992	17 113	14 132	143 975	1 073	15 543	96 398
1993	16 971	12 816	143 582	1 114	18 888	100 868
1994	16 786	13 000	146 460	1 315	20 165	104 981
			Overnight stays in accommodation establishments (total) (1 000)			
1990	36 839	22 672	255 725	48 888	142 392	239 815
1991	34 255	23 871	285 441	42 640	150 316	237 808
1992	27 625	25 689	318 470	49 973	147 246	247 637
1993	27 352	24 384	312 142	49 592	156 991	246 482
1994	27 350	24 970	314 134	54 207	174 833	251 624

(¹) From 1992 onwards, the data for Germany refer to the territorial situation since 3.10.1990.
(²) The total comprises accommodation establishments with at least nine beds, except campsites. The 1991 figures include data for the new *Länder*.
(³) Approved hotels only. The total number is approximately 30 000.

Tourism

7.12. Hotels and other establishments

IRL	I	L	NL	A	P	Year
Number of hotels and similar establishments						
842	36 423	401	1 546	19 406	1 758	1990
877	35 792	398	1 531	19 257	1 785	1991
866	35 371	401	1 525	18 955	1 777	1992
963	34 870	390	1 698	18 693	1 777	1993
1 036	34 547	373	1 726	18 402	1 728	1994
Overnight stays in hotels and similar establishments (1 000)						
:	191 065	1 194	14 498	77 046	23 814	1990
:	195 707	1 182	14 752	80 257	26 261	1991
:	192 567	1 113	15 211	80 351	25 314	1992
:	186 846	1 183	15 613	77 950	23 600	1993
:	201 116	1 105	16 645	75 216	26 146	1994
Overnight stays in supplementary establishments (1 000)						
:	61 151	1 538	41 329	16 813	8 742	1990
:	64 217	1 732	41 594	17 156	9 100	1991
:	64 796	1 561	43 367	17 397	8 410	1992
:	66 769	1 737	40 555	16 890	8 523	1993
:	73 637	1 561	39 527	16 353	8 309	1994
Overnight stays in accommodation establishments (total) (1 000)						
:	252 216	2 732	55 827	93 859	32 556	1990
:	259 924	2 914	56 346	97 413	35 361	1991
:	257 364	2 673	58 578	97 748	33 724	1992
:	253 614	2 920	56 168	94 840	32 123	1993
:	274 753	2 666	56 172	91 569	34 456	1994

Tourism

7.12. Hotels and other establishments

Year	FIN	S	UK
Number of hotels and similar establishments			
1990	1 096	1 723	39 769
1991	1 124	1 784	38 928
1992	1 097	1 744	38 514
1993	959	1 716	39 600
1994	951	1 855	39 700
Overnight stays in hotels and similar establishments (1 000)			
1990	10 677	16 226	:
1991	9 999	14 494	:
1992	9 782	14 148	:
1993	10 188	14 874	:
1994	10 871	17 218	:
Overnight stays in supplementary establishments (1 000)			
1990	2 414	17 461	:
1991	2 317	14 344	:
1992	2 091	15 408	:
1993	2 477	15 648	:
1994	2 596	17 681	:
Overnight stays in accommodation establishments (total) (1 000)			
1990	13 091	33 687	415 960
1991	12 316	28 838	402 329
1992	11 873	29 557	387 280
1993	12 666	30 522	395 170
1994	13 467	34 899	414 100

Tourism

7.12. Hotels and other establishments

ISL	NOR	CHE	Year
Number of hotels and similar establishments			
122	1 135	6 634	1990
131	1 168	6 468	1991
140	1 183	6 327	1992
142	1 184	6 223	1993
155	1 195	6 165	1994
Overnight stays in hotels and similar establishments (1 000)			
645	12 022	34 628	1990
668	12 825	34 237	1991
663	13 298	33 440	1992
661	14 004	32 595	1993
745	14 685	32 566	1994
Overnight stays in supplementary establishments (1 000)			
384	5 072 (1)	41 247	1990
392	5 070 (1)	42 663	1991
363	4 822 (1)	42 777	1992
361	4 819 (1)	42 277	1993
437	4 715 (1)	41 576	1994
Overnight stays in accommodation establishments (total) (1 000)			
1 028	17 094 (2)	75 875	1990
1 060	17 895 (2)	76 900	1991
1 026	18 120 (2)	76 217	1992
1 022	18 823 (2)	74 872	1993
1 182	19 400 (2)	74 142	1994

(1) Camping.
(2) Hotels and similar establishments + camping.

Environment

Environment

8.1a. Water indicators – Fresh water abstraction

	Country	Total abstractions (Mio m³)		Abstractions per capita (m³)		Groundwater abstractions (in % of total abstractions)	
		1980	1990	1980	1990	1980	1990
	EUR 15 (¹)	**225 358**	**275 635**	**912**	**555**	**12,4**	**13,1**
1	B	9 030	:	916	:	8,6	:
2	DK	:	1 200	:	234	:	100,0
3	D	:	58 852	:	744	:	13,1
4	EL	5 040	:	526	:	31,2	:
5	E	39 920	36 900	1 072	951	12,8	14,9
6	F	37 600	37 733	700	667	18,6	16,5
7	IRL	1 070	:	315	:	11,7	:
8	I	56 200	56 200	997	991	:	:
9	L	40	47	109	125	:	:
10	NL	9 197 (²)	7 798 (³)	653	524	10,9	13,5
11	A	2 190	2 516	290	327	51,8	65,8
12	P	10 500	7 288	1 081	735	19,0	42,1
13	FIN	3 700	2 347	776	472	5,1	10,2
14	S	4 106	2 968	495	348	14,5	20,4
15	UK	13 756	14 279	244	249	18,5	18,3
16	ISL	100	164	441	625 (⁴)	95,0	92,0
17	NOR	2 025	:	491	:	:	:
	EEA	**227 838**	**275 738**	:	:	:	:
18	CHE	1 104	1 162	175	174	83,5	81,0
19	USA	517 720	468 620	2 273	1 875	22,2	23,4
20	CAN	37 594	43 888	1 528	1 579	2,3	2,2
21	JPN	88 200	90 800	755	734	14,5	14,4

(¹) The figures refer to countries having reported data and not necessarily to all Member States.
(²) 1981.
(³) 1991.
(⁴) 1992.

8.1b. Water indicators – Population served by municipal sewage treatment (% of total population)

	Country	Connected to sewer system		Of which, at least secondary treatment (%)		Capacity of treatment total (1 000 i.e.)		Capacity of biological treatment (1 000 i.e.)	
		1980	1990	1980	1990	1980	1990	1980	1990
1	B	:	79,0 (¹)	22,9	30,0 (¹) (²)	2 536	:	2 536	4 174 (¹)
2	DK	:	:	:	90,0 (³)	:	13 000	:	:
3	D	:	89,0	:	79,8	:	148 972 (²)	:	61 196 (²)
4	EL	:	:	1,0	:	50	:	50	:
5	E	:	100,0 (²)	9,1	41,9 (³)	:	46 585 (²)	:	28 062 (²)
6	F	:	:	:	:	50 590	68 400	48 880	60 900
7	IRL	:	66,0	11,0	21,0	762	:	589	:
8	I	:	:	65,0	:	7 849	:	5 249	:
9	L	:	:	:	87,0	:	789	798	614
10	NL	86,0	95,0	:	92,0	19 279	23 898	17 370	21 270
11	A	:	:	28,0	67,0	:	:	:	:
12	P	35,0	55,0	:	11,5	:	:	:	:
13	FIN	69,0	76,0	63,0	76,0	:	:	:	:
14	S	100,0	94,0	81,0	94,0	:	:	:	:
15	UK	95,0	:	76,0	79,0	61 755	:	:	:
16	ISL	:	100,0	:	6,0	:	:	:	:
17	NOR	80,0	77,0	27,0	44,0	2 210	3 877 (²)	100	72 (²)
18	CHE	90,4 (⁴)	95,0 (⁴)	70,0	90,0	14 700	19 000	14 700	19 000

(¹) Flanders only.
(²) 1991.
(³) 1989.
(⁴) Estimate.

Environment

8.1c. Water indicators – Compliance of the total coliform values with the bathing water directive (76/160/EEC)

	Country	Marine water				Fresh surface water			
		Areas sampled		% non compliance		Areas sampled		% non compliance	
		1990	1994	1990	1994	1990	1994	1990	1994
1	B	39	39	0,0	0,0	58	78	6,9	35,9
2	DK	:	316	:	1,3	:	106	:	:
3	D	:	422	:	12,3	1 237	1 117	22,3	13,0
4	EL	471	1 259	4,2	2,1	:	4	:	0,0
5	E	1 190	1 479	9,2	2,1	216	310	24,5	22,6
6	F	1 463 (¹)	1 853	4,2	4,2	:	1 519	:	7,4
7	IRL	60	108	0,0	0,0	:	9	:	0,0
8	I	3 350	4 173	7,0	3,7	606	667	12,5	9,3
9	L	–	–	–	–	20	17	25,0	0,0
10	NL	:	18	0,0	0,0	:	116	:	15,5
11	A (²)	–	–	–	–	:	:	:	:
12	P	210	289	12,9	5,5	:	19	:	0,0
13	FIN (²)	:	:	:	:	:	:	:	:
14	S (²)	:	:	:	:	:	:	:	:
15	UK	446	457	13,7	5,7	:	:	:	:

(¹) 1991.
(²) Bathing water Directive 76/160/EEC not applicable to these Member States until 1995.

8.2. Carbon dioxide emissions (CO_2) from fossil fuels
Total emissions of EU Member States
and EU percentage share of world total — 1980–94

(Mio t CO_2)

	Country	1980 (¹)	1985	1990	1991	1992	1993	1994
	EUR 15 (²)	**2 871**	**2 798**	**3 188**	**3 216**	**3 171**	**3 115**	**3 103**
1	B	133	105	111	116	116	112	117
2	DK	64	61	53	63	57	59	63
3	D	793	735	992	960	936	909	897
4	EL	48	58	73	73	75	76	78
5	E	198	183	209	221	231	217	229
6	F	477	378	368	382	375	364	349
7	IRL	25	26	31	31	32	30	32
8	I	367	350	402	401	392	396	393
9	L	15	12	12	13	13	13	12
10	NL	152	145	157	161	162	168	164
11	A	:	54	58	61	55	57	57
12	P	25	26	40	42	46	45	45
13	FIN	:	48	53	53	54	55	61
14	S	:	60	52	51	53	53	56
15	UK	576	556	579	589	577	559	550
16	ISL	:	2	2	2	2	2	2
17	NOR	:	30	33	32	32	33	35
	EEA	**2 871**	**2 871**	**3 266**	**3 295**	**3 252**	**3 191**	**3 137**
18	CHE	39	39	40	42	41	40	39
19	USA	4 770	4 621	4 895	4 885	4 948	5 095	:
20	CAN	435	405	432	427	439	443	:
21	JPN	920	913	1 068	1 089	1 101	1 091	:
	🌐	**18 347**	**19 185**	**21 109**	**21 207**	**21 141**	:	:
	EUR 15 (%)	**15,6**	**14,6**	**15,1**	**15,2**	**15,0**	:	:

(¹) Break in series.
(²) The figures refer to countries having reported data and not necessarily to all Member States.

Environment

8.3a. Air pollution indicators: SO_2
Sulphur dioxide emissions (SO_2) by sector

	Country	Total emission (1 000 t)		Production of electricity (%)		Industrial combustion (%)	
		1980	1992	1980	1992	1980	1992
	EUR 15 ([1])	**18 158**	**9 383**	**58,4**	**64,1**	**22,2**	**16,1**
1	B ([2])	181	94	45,9	19,2	39,8	57,5
2	DK	448	190	48,2	71,0	20,5	12,6
3	D	:	3 896	:	74,8	:	13,9
4	EL	400	:	:	:	:	:
5	E	:	2 205 ([3])	:	66,0 ([3])	:	22,0 ([3])
6	F	3 348	1 221	36,5	27,0	31,8	20,5
7	IRL	222	:	45,5	:	35,6	:
8	I	3 211	:	47,1	:	:	:
9	L	24	:	4,2	:	:	:
10	NL	489	170	39,7	17,0	32,1	40,0
11	A	397	76	22,7	21,0	42,3	46,1
12	P	266	:	34,6	:	33,1	:
13	FIN	584	139	:	27,3	:	25,9
14	S	519	103	19,5	13,6	27,6	12,6
15	UK	4 903	3 494	61,3	69,5	26,4	21,0
16	ISL	9	8	0,4	0,1	9,7	30,3
17	NOR	141	37	:	2,1	:	16,0
	EEA	**18 308**	**9 445**	**55,9**	**62,6**	**30,0**	**18,7**
18	CHE	116	38	2,0	6,2 ([4])	35,4	23,1
	CIS of which	:	:	:	:	:	:
19	RUS	:	:	:	:	:	:
20	USA	23 779	20 622	66,7	69,7	11,3	13,6
21	CAN	4 643	3 030	16,5	:	:	:
22	JPN	1 277	:	27,2	:	57,6	:

([1]) The figures refer to countries having reported data and not necessarily to all Member States.
([2]) Figures refer to Wallonia only.
([3]) 1994.
([4]) 1991.

Environment

8.3a. Air pollution indicators: SO_2
Sulphur dioxide emissions (SO_2) by sector

Industrial processes (%)		Road transport (%)		Country	
1980	1992	1980	1992		
5,2	:	1,2	:	**EUR 15** ([1])	
:	5,3	:	5,3	B	1
1,6	3,8	1,6	1,6	DK	2
:	:	:	1,9	D	3
:	:	:	:	EL	4
:	:	:	:	E	5
9,0	15,2	:	:	F	6
:	:	:	:	IRL	7
:	:	:	:	I	8
33,3	:	:	:	L	9
16,2	19,4	3,1	8,2	NL	10
14,1	:	3,5	9,2	A	11
28,6	:	2,6	:	P	12
42,0	16,2	:	2,2	FIN	13
:	41,8	2,1	2,9	S	14
0,8	0,5	0,9	1,8	UK	15
19,0	29,0	0,9	2,7	ISL	16
42,1	55,1	3,5	9,1	NOR	17
6,2	**4,6**	**1,2**	**1,9**	**EEA**	
5,1	11,8	5,4	7,6	CHE	18
:	:	:	:	**CIS** of which	
:	:	:	:	RUS	19
14,4	9,3	1,8	3,5	USA	20
67,3	:	:	:	CAN	21
:	:	9,3	:	JPN	22

([1]) The figures refer to countries having reported data and not necessarily to all Member States.

367

Environment

8.3b. Air pollution indicators: SO_2
Per capita SO_2 emissions

	Country	Total emission					
		1980	1985	1990	1991	1992	1993
1	B	18	12	10	10	9	:
2	DK	88	66	36	47	37	31
3	D	52	39	71	56	55	:
4	EL	42	:	:	:	50	:
5	E	:	57	57	:	:	:
6	F	62	26	21	23	21	:
7	IRL	65	38	53	:	:	:
8	I	57	40	30	:	:	:
9	L	66	46	26	:	:	:
10	NL	35	18	14	13	11	11
11	A	53	26	12	11	10	:
12	P	27	20	29	:	:	:
13	FIN	122	78	52	38	28	28
14	S	:	:	:	:	:	12
15	UK	87	66	65	62	60	55
16	ISL	37	27	32	28	30	33
17	NOR	34	23	13	11	9	8
18	CHE	20	15	9	9	9	8
	CIS	**75**	**71**	**:**	**52**	**46**	**41**
	of which						
19	RUS	88	84	:	62	55	49
20	USA	104	89	83	82	81	76
21	CAN	188	142	120	118	107	:
22	JPN	11	7 (¹)	7 (²)	:	:	:

(¹) 1986.
(²) 1989.

Environment

8.4a. Air pollution indicators: NO_x
Emissions of nitroxious oxydes (NO_x) by emitting sector

	Country	Total emission (1 000 t)		Production of electricity (%)		Industrial combustion (%)	
		1980	1992	1980	1992	1980	1992
	EUR 15 ([1])	**11 019**	**8 845**	**26,3**	**13,6**	**10,0**	**7,3**
1	B ([2])	168	173	:	8,1	32,7	31,8
2	DK	273	268	37,4	30,7	6,2	4,9
3	D	2 926 ([3])	2 904	27,0 ([3])	18,1	12,0 ([3])	9,5
4	EL	217	:	:	:	:	:
5	E	:	:	:	:	:	:
6	F ([4])	1 646	1 519	17,4	7,3	12,6	4,9
7	IRL	73	:	28,8	:	11,0	:
8	I	1 585	:	25,4	:	:	:
9	L	23	:	8,7	:	:	:
10	NL	584	566	14,2	12,0	13,2	13,8
11	A	246	201	8,1	5,9	15,0	20,0
12	P	165	:	11,5	:	7,9	:
13	FIN	264	268	:	15,3	:	14,2
14	S	454	402	5,7	3,5	9,3	4,5
15	UK	2 395	2 544	36,6	26,0	12,2	8,7
16	ISL	14	22	0,2	:	4,5	0,9
17	NOR	185	218	:	0,6	:	4,7
	EEA	:	:	:	:	:	:
18	CHE	170	153	0,2	0,7	13,1	9,2
	CIS of which	:	:	:	:	:	:
19	RUS	:	:	:	:	:	:
20	USA	21 469	21 001	29,7	32,2	15,0	15,2
21	CAN	1 959	1 939	12,1	:	:	:
22	JPN	1 622	:	14,4	:	33,4	:

([1]) The figures refer to countries having reported data and not necessarily to all Member States.
([2]) Figures refer to Wallonia only.
([3]) Former German *Länder*.
([4]) Industrial fuel combustion includes agriculture.

Environment

8.4a. Air pollution indicators: NO_x
Emissions of nitroxious oxydes (NO_x) by emitting sector

Industrial processes (%)		Road transport (%)		Country	
1980	1992	1980	1992		
3,9	**2,9**	**38,4**	**42,9**	**EUR 15 ([1])**	
:	0,3	:	54,3	B ([2])	1
1,1	3,0	28,9	35,1	DK	2
2,0 ([3])	1,0 ([3])	47,0 ([3])	56,5	D	3
:	:	:	:	EL	4
:	:	:	:	E	5
10,3	9,5	52,2	71,6	F ([4])	6
:	:	:	:	IRL	7
:	:	:	:	I	8
13,0	:	:	:	L	9
5,0	2,8	46,1	48,1	NL	10
12,2	:	57,3	:	A	11
16,4	:	45,5	:	P	12
6,8	:	:	55,2	FIN	13
8,4	:	40,3	44,3	S	14
2,8	:	35,5	48,9	UK	15
:	2,4	12,4	16,6	ISL	16
4,9	3,2	31,9	36,6	NOR	17
:	:	:	:	**EEA**	
1,0	0,3	64,1	58,2	CHE	18
:	:	:	:	**CIS** of which	
:	:	:	:	RUS	19
2,4	3,8	36,8	32,3	USA	20
2,5	:	:	:	CAN	21
:	:	49,5	:	JPN	22

([1]) The figures refer to countries having reported data and not necessarily to all Member States.
([2]) Figures refer to Wallonia only.
([3]) Former German *Länder*.
([4]) Industrial fuel combustion includes agriculture.

Environment

8.4b. Air pollution indicators: NO_x
NO_x emissions per capita

	Country	Total emissions					
		1980	1985	1990	1991	1992	1993
1	B	17	15	17	17	17	:
2	DK	53	58	53	60	52	:
3	D	48	48	38	37	36	:
4	EL	23	31	33	:	:	:
5	E	:	22	32	:	:	:
6	F	31	25	26	27	27	:
7	IRL	22	26	37	:	:	:
8	I	28	31	36	:	:	:
9	L	63	60	:	:	:	:
10	NL	41	40	39	38	37	36
11	A	33	32	29	28	26	23
12	P	17	10	22	:	:	:
13	FIN	55	52	58	57	53	:
14	S	55	:	48	48	47	46
15	UK	43	43	48	46	44	40
16	ISL	60	86	93	84	84	86
17	NOR	45	52	54	51	51	52
18	CHE	31	33	28	26	24	22
	CIS	**15**	**15**	:	**16**	**14**	**13**
	of which						
19	RUS	19	18	:	20	18	17
20	USA	94	85	86	84	82	82
21	CAN	80	76	72	70	68	:
22	JPN	14	11	12	:	:	:

Environment

8.5a. Waste indicators–Generation of municipal waste

	Country	Total generated (1 000 t)			Generation per capita (kg/inhabitant)		
		1980	1990	1992	1980	1990	1992
	EUR 15 (^{1})	**94 700**	**128 700**	**77 993**	**215**	**388**	**393**
1	B	:	2 300	2 400 (^{2})	:	231	:
2	DK	2 100	:	:	399	:	:
3	D	21 400 (^{3})	21 600 (^{3})	:	349 (^{3})	345 (^{3})	:
4	EL	2 500	3 000	3 200	261	296	311
5	E	10 000 (^{4})	12 546	14 300	:	323	355
6	F	16 900 (^{5})	30 200	27 000	315	534	472
7	IRL	640	:	:	189	:	:
8	I	14 000	20 000	20 033	249	353	353
9	L	128	170	190	353	449	487
10	NL	7 100 (^{6})	4 800 (^{7}) (^{5})	7 600	:	499	:
11	A	:	4 783	:	:	622	:
12	P	2 000	3 000	3 270	204	302	332
13	FIN	:	3 100	:	:	623	:
14	S	2 510	3 200	:	302	375	537
15	UK (^{8})	15 500 (^{5})	20 000 (^{5})	:	275	348	:
16	ISL	:	:	185	:	:	706
17	NOR	1 700	2 000	2 223	417	472	517
	EEA	:	:	:	:	:	:
18	CHE	2 290	2 930	2 820	363	439	412
	CIS of which	:	:	:	:	:	:
19	RUS	:	:	:	:	:	:
20	USA	137 350	177 539	187 790	603	710	736
21	CAN	12 600	18 000	18 800	512	648	661
22	JPN	43 950	50 441	50 767	376	408	408

(^{1}) The figures refer to countries having reported data and not necessarily to all Member States.
(^{2}) 1993.
(^{3}) Old *Länder*.
(^{4}) 1985.
(^{5}) Household waste only.
(^{6}) 1981.
(^{7}) 1991.
(^{8}) Great Britain only.

Environment

8.5b. Waste indicators–Recycling of paper and glass as compared with apparent consumption (¹)

(%)

	Country	Paper			Glass		
		1980	1990	1992	1980	1990	1992
	EUR 15 (²)	**33,3**	**38,3**	**50,4**	**17,5**	**77,6**	**79,3**
1	B	:	:	:	:	:	:
2	DK	26,0	29,8	35,5	40,2	60,4	58,6
3	D	:	40,2	42,8	:	:	:
4	EL	:	28,0	30,0	:	15,1	20,3
5	E	:	50,9	:	:	5,3	:
6	F	30,4	34,4	34,3	:	:	:
7	IRL	:	:	:	8,0	23,0	27,0
8	I	:	:	:	20,0	48,0	53,0
9	L	:	:	:	:	:	:
10	NL	45,5	50,0	:	17,0	65,1	72,9
11	A	30,0	77,9	:	:	60,5	:
12	P	:	44,4	53,6	:	27,0	30,1
13	FIN	35,0	43,0	:	10,0	36,0	44,0
14	S	34,0	42,9	:	:	:	:
15	UK (³)	29,4	30,7	32,3	3,3	:	25,4
16	ISL	:	:	:	:	:	:
17	NOR	21,9	26,0	31,0	:	:	49,0
	EEA	:	:	:	:	:	:
18	CHE	35,3	49,4	53,5	:	65,0	72,0
	CIS of which	:	:	:	:	:	:
19	RUS	:	:	:	:	:	:
20	USA	22,0	29,0	:	5,0	20,0	:
21	CAN	20,0	28,0	:	:	69,0	75,0
22	JPN	48,0	50,0	:	35,0	48,0	56,0

(¹) The figures are not fully comparable between Member States because of different inclusion of waste from different sources.
(²) The figures refer to countries having reported data and not necessarily to all Member States.
(³) Great Britain only.

8.6a. Agriculture–Consumption of commercial fertilizers in agriculture

	Country	Nitrogen (1 000 t N)		Phosphate (1 000 t P$_2$O$_5$)	
		1990	1993	1990	1993
	EUR 15 (¹)	**10 219**	**9 171**	**4 226**	**3 404**
1	B	166	169 (²)	72	51 (²)
2	DK	395	326	89	54
3	D	1 788	1 612	609	415
4	EL	427	337	:	:
5	E	1 063	937	534	497
6	F	2 492	2 222	1 349	1 014
7	IRL	370	401	139	136
8	I	879	873	645	536
9	L	20	: (²)	6	: (²)
10	NL	390	374	74	67
11	A	135	125	74	61
12	P	150	130	80	72
13	FIN	207	171	117	82
14	S	212	226	58	53
15	UK	1 525	1 268	380	366

(¹) The figures refer to countries having reported data and not necessarily to all Member States.
(²) BLEU.

Environment

8.6a. Agriculture–Consumption of commercial fertilizers in agriculture

	Country	Potash		Total commercial fertilizers (1 000 t)	
		1990	1993	1990	1993
	EUR 15 (¹)	**4 854**	**3 904**	**18 869**	**16 141**
1	B	113	100 (²)	351	320 (²)
2	DK	150	105	633	485
3	D	875	645	3 272	2 672
4	EL	:	:	:	:
5	E	379	392	1 976	1 826
6	F	1 842	1 375	5 683	4 611
7	IRL	184	173	692	710
8	I	424	342	1 948	1 750
9	L	7	: (²)	33	: (²)
10	NL	95	82	559	523
11	A	94	76	303	262
12	P	48	35	278	237
13	FIN	119	88	443	341
14	S	59	54	328	333
15	UK	465	437	2 370	2 071

(¹) The figures refer to countries having reported data and not necessarily to all Member States.
(²) BLEU.

Environment

8.6b. Agriculture–Sales of pesticides for use in agriculture–1993

	Country	Fungicides	Herbicides	Insecticides	Other pesticides	Total pesticides
1	B	2 789	5 560	1 128	809	10 286
2	DK	1 033	2 632	107	331	4 103
3	D	7 660	12 696	4 361	4 213	28 930
4	EL	2 467	2 308	2 375	1444	8 595
5	E	19 924	17 283	21 948	20 396	79 551
6	F	54 254	25 982	6 676	5 041	91 953
7	IRL ([1])	663	1 001	144	134	1 942
8	I ([2])	58 473	10 267	10 943	11 998	91 680
9	L ([3])	113	121	10	9	253
10	NL	4 007	2 796	3058	1 900	11 761
11	A	1 580	1 873	141	390	3 983
12	P ([1])	3 932	1 192	754	239	6 117
13	FIN ([4])	210	843	138	89	1 280
14	S ([4])	318	1093	15	38	1 464
15	UK ([1])([5])	6 104	18 376	625	2 642	27 746

<u>NB</u>: The comparability of the data between countries is not always assured. The figures might include different applications.
Unless otherwise specified:
– insecticides include nematicides, acaricides and molluscicides;
– fungicides include bactericides and seed treatments,
– herbicides include defoliants and desiccants;
– other pesticides include plant growth regulators and rodenticides.
([1]) 1992.
([2]) 1990.
([3]) 1991.
([4]) Including forest pesticides.
([5]) Great Britain only.

Statistical supplement: Liechtenstein

Liechtenstein

The Principality of Liechtenstein, EFTA Member State as from 1 September 1991 and EEA Member State as from 1 January 1995, has close links to Switzerland through a customs and monetary union. Statistical data on exchange rates and prices given for Switzerland apply to Liechtenstein as well. Other key data are summarized below:

1995	Total area (km^2)	160
1995	Total population	30 923
1995	Foreign residents	12 083
1995	Population density (inhabitants/km^2	193
1995	Working population	15 431
1995	GDP (Mio PPS)	1 133
1995	GDP per head of population (PPS)	51 111
1995	Exports (except to Switzerland) (Mio ECU)	1 584
1995	Exports per inhabitant (ECU)	51 224
1995	Number of cars	18 800
1995	Number of cars per 1 000 inhabitants	614

Population and employment figures refer to 31 December. GDP figures are estimates. A net influx of approximately 5 900 daily commuters from Switzerland and Austria joins the employed from the resident population as given above.

Statistical supplement: Annex

Year = 1994	CZ	HU	PL	SK
SOCIAL INDICATORS				
Surface area (1 000 km^2)	78,9	93,0	312,7	49,0
Density of population (per km^2)	131	110	123	109
Urban population (% of total)	74,7	63,8	61,9	57,0
Population (end of period) (1 000)	10 321 (^{1})	10 214 (^{1})	38 609 (^{1})	5 368 (^{1})
Women (% of total population)	51,4	52,1	51,3	51,3
Live births (per 1 000 inhabitants)	10,3	11,3	12,5	12,4
Deaths (per 1 000 inhabitants)	11,4	14,4	10,0	9,6
Expectation of life in years Male Female	69,5 76,6	64,8 74,2	67,5 76,1	68,3 76,5
Average employment (1 000)	3 125 (^{1})(^{2})	2 744 (^{1})	8 551 (^{1})	2 020 (^{1})
Economically active population (% of total)	48,6	46,4	44,4	48,4 (^{3})
Unemployment registered (end of period) (1 000)	153,0 (^{1})	495,9 (^{1})	2 628,8 (^{1})	333,3 (^{1})
Unemployment rate (%)	3,6 (^{1})	9,3 (^{1})	13,3 (^{1})	12,8 (^{1})

(^{1}) 1995.
(^{2}) Preliminary data.
(^{3}) Estimate.

Year = 1995	CZ	HU	PL	SK
MAIN ECONOMIC INDICATORS				
Index numbers of gross domestic product (constant prices, previous year = 100)	104,8 ([1])	102,9 ([2])	107,0	107,4 ([3])
General consumer price index (previous year = 100)	109,1	128,2	127,8	109,9
Index numbers of industrial production (constant prices, previous year = 100)	109,2	104,8	110,2	108,3
Index numbers of external trade–Imports (constant prices, previous year = 100)	123,7	96,1	113,4 ([2])	:
Index numbers of external trade–Exports (constant prices, previous year = 100)	105,5	108,4	118,3 ([2])	:
Foreign debt (end of period) (Mio USD)	16 346 ([3])	31 655	42 174 ([2])	5 854 ([3])
Exchange rates (1 ECU = in national currency) (end of period)	34,17 ([2])	178,80	3,1621	39,99 ([2])

([1]) Estimate.
([2]) 1994.
([3]) Preliminary data.

Year = 1995	CZ	HU	PL	SK
ECONOMIC INDICATORS				
Gross domestic product (current prices, billions of national currency)	1 212,0 ([1])	4 364,8 ([2])	210,4 ([2])	518,0
Structure of GDP by kind of activity (NACE classification, current prices) (% of GDP)				
Agriculture, hunting, forestry and fishing	5,2 ([1])	7,5 ([2])	6,3 ([2])	5,6
Mining and quarrying	2,6 ([1])	0,6 ([2])	4,2 ([2])	2,1
Manufacturing	26,7 ([1])	24,1 ([2])	24,3 ([2])	23,5
Electricity, gas and water supply	5,5 ([1])	3,6 ([2])	3,7 ([2])	8,9
Construction	6,2 ([1])	5,7 ([2])	5,7 ([2])	4,6
Transport, storage and communication	6,3 ([1])	9,5 ([2])	6,0 ([2])	8,4
State budget (in billions of national currency)				
Revenues	440,0	1 594,9	83,5	163,1
Expenditures	432,8	1 728,8	91,2	171,4
Deficit (-) or surplus (+)	7,2	-133,9	-7,7	-8,3
Money (M1, end of period) (in billions of national currency)	457,8 ([3])	962,6	37,4	148,4

([1]) Estimate.
([2]) 1994.
([3]) Preliminary data.

Year = 1995	CZ	HU	PL	SK
AGRICULTURE				
Land area by land-use categories (1 000 ha)				
Total	7 887	9 303	31 269	4 904 (¹)
of which:				
Agricultural land	4 280	6 179	18 622	2 446 (¹)
Forest	2 630	1 763	8 822	1 992 (¹)
Arable land	3 143	4 716	14 286	1 483 (¹)
Permanent meadows and pastures	901	1 148	4 046	835 (¹)
Agricultural land by legal status (agricultural land = 100)				
State enterprises	4,5 (¹)	17,6	7,3	22,3 (¹)
Cooperatives	41,9 (¹)	30,5	2,9	69,2 (¹)
Others	53,6 (¹)	51,9	89,8	8,5 (¹)

(¹) 1994.

Year = 1995	CZ	HU	PL	SK
INDUSTRY				
Index numbers of industrial production by kind of activity (NACE classification) (constant prices, previous year = 100)				
Total	109,2	104,8	110,2	108,3
Mining and quarrying	98,7	86,7	99,1	98,5
Manufacturing	108,1	105,3	112,4	108,7
Electricity, gas and water supply	103,5	101,8	100,6	97,5
EXTERNAL TRADE				
Imports and exports (current prices, in billions of national currency)				
Imports	554,3	1 936,4	49,1 ([1])	252,3 ([2])
Exports	452,6	1 622,0	39,3 ([1])	254,1 ([2])
Balance	-101,7	-314,4	-9,8 ([1])	1,8 ([2])
Balance of payments				
Balance of current account	-1 448,4	-2 480,0	-2 101,0	646,0
Trade balance	-3 815,5	-2 442,0	-1 827,0	24,0

([1]) 1994.
([2]) Preliminary data.

Year = 1995	CZ	HU	PL	SK
SERVICES AND TRANSPORT INDICATORS				
Number of telephone subscribers (per 1 000 inhabitants)	342 (¹)	173 (¹)(²)	177 (¹)	284 (¹)
Number of inhabitant per 1 passenger car	3,5 (¹)(³)	4,7 (¹)	5,4 (¹)	5,4 (¹)
Railway network (km per 1 000 km²)	119 (¹)	83 (¹)	78 (¹)	75 (¹)
Railway and passenger transport				
Freight transport and passenger	25 459	8 409	69 116	13 674
Passenger transport (Mio passenger-km)	8 023	8 441	26 635	4 110
National public road network (km per 1 000 km²)	709 (¹)	323 (¹)	750 (¹)	365 (¹)
Road freight and passenger transport				
Freight transport (Mio tkm)	8 713	10 743	45 365	5 158
Passenger transport (Mio passenger-km)	16 777	9 608	34 262	10 314

(¹) 1994.
(²) Only main stations.
(³) Including delivery truck.

European Commission

Basic statistics of the European Union — 33rd edition

Luxembourg: Office for Official Publications of the
              European Communities

1997 — 388 pp. — 10,5 x 14,8 cm

Theme 1: General statistics (midnight blue covers)

Series A: Yearbooks

ISBN 92-827-8495-9

Price (excluding VAT) in Luxembourg: ECU 13

A selection of the European Union's basic statistics and a comparison with a number of other European countries, plus the the CIS, USA, Canada and Japan.

This selection covers the following subjects:
- general statistics
- economy and finance
- population and social conditions
- energy and industry
- agriculture, forestry and fisheries
- foreign trade
- services and transport
- environment.